普通高等教育交通运输专业教材
国家级一流本科课程配套教材

运输组织学

（第2版）

彭勇 主编
刘松 傅志妍 副主编
朱晓宁 主审

人民交通出版社股份有限公司
北京

内 容 提 要

本书从运输组织的概念着手,根据不同运输方式、不同运输对象,分别介绍运输组织技术。全书内容包括:运输组织概论、运输组织效果评价、城市公交运营组织、道路旅客运输组织、道路货物运输组织、特殊货物道路运输组织、城市轨道运营组织、航空运输组织、水路运输组织、多式联运。书中引入了较多的案例,将理论和实践紧密结合,以进一步加深学生对知识的理解。

本书可作为高等院校交通运输类本科生教材或教学参考书使用,也可供从事交通运输相关工作的管理人员和工程技术人员参考。

图书在版编目(CIP)数据

运输组织学/彭勇主编. —2 版. —北京:人民交通出版社股份有限公司,2023.6
ISBN 978-7-114-18755-1

Ⅰ.①运… Ⅱ.①彭… Ⅲ.①交通运输管理 Ⅳ.①F502

中国国家版本馆 CIP 数据核字(2023)第 072898 号

书　　名：	运输组织学(第 2 版)
著 作 者：	彭　勇
责任编辑：	时　旭
责任校对：	赵媛媛　卢　弦
责任印制：	张　凯
出版发行：	人民交通出版社股份有限公司
地　　址：	(100011)北京市朝阳区安定门外外馆斜街 3 号
网　　址：	http://www.ccpcl.com.cn
销售电话：	(010)59757973
总 经 销：	人民交通出版社股份有限公司发行部
经　　销：	各地新华书店
印　　刷：	北京市密东印刷有限公司
开　　本：	787 × 1092　1/16
印　　张：	16
字　　数：	371 千
版　　次：	2017 年 8 月　第 1 版 2023 年 6 月　第 2 版
印　　次：	2023 年 6 月　第 2 版　第 1 次印刷　总第 2 次印刷
书　　号：	ISBN 978-7-114-18755-1
定　　价：	48.00 元

(有印刷、装订质量问题的图书,由本公司负责调换)

PREFACE 第2版前言

为贯彻落实习近平总书记关于教育的重要论述和全国教育大会精神,落实新时代全国高等学校本科教育工作会议要求,2019年10月,教育部印发《关于一流本科课程建设的实施意见》(教高〔2019〕8号),正式实施一流本科课程"双万计划",即经过3年左右时间,建成万门左右国家级和万门左右省级一流本科课程。一流本科课程"双万计划"将全面覆盖所有类型高校、所有类型课程,推动我国本科教育质量整体提升。

本书为首批国家级线上线下混合式一流课程运输组织学的配套教材。为更好地满足交通强国建设需要和国家一流本科课程"两性一度"要求,本书以第一版为基础进行了修编,主要修订内容如下:

(1)强调"立德树人"的根本任务,增加了与专业知识紧密相关的课程思政案例。

(2)注重教材内容的教考融合,增加了国家注册安全工程师(道路运输方向)考试中与运输组织学相关的内容。

(3)注重教材内容的数字化表达,以二维码形式对部分教材内容进行数字化呈现,提升学习体验感。

(4)注重"引企入教",高校教师与企业专家联合修编,强调理论与实践并重。

本书由重庆交通大学交通运输学院彭勇担任主编,重庆交通大学交通运输学院刘松和重庆第二师范学院傅志妍担任副主编,北京交通大学朱晓宁教授担任主审。重庆交通大学交通运输学院陈坚、蒋军,中铁长江交通设计集团有限公司张博,重庆两江新区土地储备整治中心涂喻翔,重庆市市政设计研究院有限公司晏秋萍、廖姜,重庆市永川区交通局王月,重庆市江北交通局张珊、毛丹丹,山东省临沂市交通运输局王洪兴参与修编。全书共分10章,其中,第1章由彭勇、陈坚编写;第2章由王月、晏秋萍和张博编写;第3章由张珊、刘松和廖姜编写;第4章由刘松、高舒晗编写;第5章由彭勇、刘松和傅志妍编写;第6章由刘松、王洪兴和高舒晗编写;第7章由陈坚、傅志妍和任志编写;第8章由涂喻翔、任志编写;第9章由蒋军、张博编写;第10章由彭勇、刘松、傅志妍和毛丹丹编写。重庆交通大学交通运输学院研究生李洋洋、施燕、黄静、阳晓军、周君陶、高新华、蔺雅芝、冯诗媛、刘狄、周思徽、林文婷同学做了大量的资料收集及文字整理工作,在此表示衷心的感谢。

本书的编写得到教育部产学合作协同育人项目"应急物资多式联运路径优化虚拟仿真实验"和"大件运输虚拟仿真实验"、重庆市博士直通车项目"考虑碳排放的多式联运鲁棒优化模型与人工智能方法（CSTB2022BSXM-JCX0099）"、重庆市社会科学规划基金"利益共享视域下成渝地区双城经济圈物流枢纽协同联动机制研究（2020QNGL43）""通道战略下内陆国际物流枢纽转运效率评估及提升策略研究（2019YBGL049）"、山地城市交通系统与安全重点实验室开放基金"大数据环境下基于动态路径诱导的山地城市交通拥堵疏导研究（2018TSSMC04）"、重庆交通大学项目"考虑班期限制的多式联运动态路径优化研究（20JDKJC-B051）""面向超大规模公交网络的智能优化算法研究（F1220072）""基于虚拟仿真的应急物资多式联运实践教学改革研究""集装箱堆场与多式联运路径优化虚拟仿真实验",四川交通职业技术学院项目"山区高速公路应急救援物资布局优化方法研究（E1220005）"等的支持,在此表示由衷的感谢！

在本书修编过程中,作者参阅了大量国内外教材、专著和期刊等资料,并在参考文献中尽可能逐一列出,在此,特向这些作者表示深深的感谢。同时,由于编者疏忽,极有可能出现一些遗漏,也敬请谅解。

由于编者水平所限,书中难免存在不妥之处,恳请读者批评指正。

编 者
2023 年 3 月

CONTENTS 目录

第1章　运输组织概论 1
  1.1　运输与运输组织 1
  1.2　运输组织发展动力及趋势 3
  思考与练习 4

第2章　运输组织效果评价 5
  2.1　运输组织评价指标 5
  2.2　运输组织服务质量评价指标 21
  思考与练习 22

第3章　城市公交运营组织 23
  3.1　城市公交的特征 23
  3.2　城市公交客流 25
  3.3　城市公交线网运营规划 27
  3.4　公交运营组织 29
  思考与练习 56

第4章　道路旅客运输组织 57
  4.1　道路旅客运输概述 57
  4.2　班车客运组织 63
  4.3　城乡公交一体化 70
  4.4　定制客运组织 73
  4.5　旅游客运组织 75
  4.6　道路旅客运输组织安全要求及操作规程 75
  思考与练习 84

第5章　道路货物运输组织 85
  5.1　道路货物运输概述 85
  5.2　道路货物运输组织流程及方法 95
  5.3　货运车辆行驶路线的选择 99
  5.4　道路货物运输组织安全要求及操作规程 106
  思考与练习 116

第6章　特殊货物道路运输组织 117
  6.1　危险货物运输组织 117
  6.2　大型物件道路运输组织 135

6.3 鲜活易腐货物运输组织 ········· 137
　　思考与练习 ········· 140

第7章　城市轨道运营组织 ········· 141
7.1 运营组织内容框架 ········· 141
7.2 运营计划 ········· 142
7.3 列车运行图与运输能力 ········· 149
7.4 列车运行组织 ········· 152
7.5 客运管理 ········· 154
　　思考与练习 ········· 160

第8章　航空运输组织 ········· 161
8.1 航空运输组织导论 ········· 161
8.2 航空运输生产组织优化 ········· 162
8.3 航空旅客运输组织 ········· 168
8.4 航空货运组织 ········· 178
8.5 机组资源组织 ········· 187
　　思考与练习 ········· 197

第9章　水路运输组织 ········· 198
9.1 水路运输组织基本环节 ········· 198
9.2 班轮运输组织 ········· 208
9.3 租船运输组织 ········· 214
9.4 危险货物水路运输组织 ········· 221
　　思考与练习 ········· 225

第10章　多式联运 ········· 226
10.1 多式联运概述 ········· 226
10.2 旅客多式联运 ········· 230
10.3 货物多式联运 ········· 235
10.4 集装箱多式联运方案设计 ········· 241
　　思考与练习 ········· 246

参考文献 ········· 247

第1章　运输组织概论

1.1　运输与运输组织

1.1.1　运输的概念及功能

1.1.1.1　运输的概念

《物流术语》（GB/T 18354—2021）中对"运输"的定义为："利用载运工具、设施设备及人力等运力资源，使货物在较大空间上产生位置移动的活动。"运输包括生产领域的运输和流通领域的运输。生产领域的运输一般在企业内部进行，包括原材料、在制品、半成品、成品的运输，是直接为产品服务的，也称为物料搬运。流通领域的运输则是在大范围内，将货物从生产领域向消费领域转移，或从生产领域向物流网点，或从物流网点向消费所在地移动的活动。流通领域的运输与生产领域的运输的区别在于空间范围的大小有所不同。流通领域的空间范围较大，可以跨城市、跨区域、跨国界，而生产领域的运输仅限于一个部门内部，如车站内、港口内、仓库内或车间内。

以上可以说是货物运输的概念界定。同理，我们可以把旅客运输定义为："利用载运工具、设施设备及人力等运力资源，使旅客在空间上产生位置移动的活动。"

运输组织的理解

1.1.1.2　运输的功能

无论是对旅客还是货物的运输，其中一个重要的功能就是客货位移。对于货物运输来说，其还有货物储存的功能。

（1）客货位移。对于货物来说，无论其处于哪种形式，是材料、零部件、装配件、在制品，还是制成品，也不管是在制造过程中将被转移到下一阶段，还是更接近最终的顾客，运输都是必不可少的。运输的主要功能就是产品在价值链中的移动。由于运输需要消耗时间资源、财务资源和环境资源，因此，只有当运输能提高产品价值时，该产品的移动才是有价值的。对于旅客来说，无论其出于什么目的，一定距离的出行都是需要运输的，运输的功能就是旅客在出行链中起讫点之间的移动。

以货物运输为例，运输涉及时间资源、财务资源和环境资源。货物在运输过程中是难以存取的，通常是指转移中的存货，供应链的准时化和快速响应等各种战略，目的是减少制造和配送中心的存货。运输要使用财务资源，是因为会产生驾驶员劳动报酬、运输工具的运行费用，以及一般杂费和行政管理费用分摊。此外，还要考虑因货物灭失损坏而必须弥补的费用。运输直接和间接地使用环境资源。在直接使用环境资源方面，运输是能源的主要消费者之一；在间接使用环境资源方面，由于运输造成交通拥挤、空气污染和噪声污染而产生环境费用。运输的主要目的就是以尽量低的时间、财务和环境资源成本,将货物从起运地转移到目的地。此外,货物灭失损坏的费用也必须尽量低;同时,货物转移所采用的方式必须能满足客户有关交付履行和装运信息的可得性等方面的要求。

(2)货物储存。货物临时储存功能是指将运输车辆临时作为储存设施。如果转移中的产品需要储存,但在短时间内(如几天后)又将重新转移,那么,该货物在仓库卸下来、入库和出库再装上去的成本,也许会超过储存在运输工具中每天支付的费用。

另外,在仓库空间有限的情况下,利用运输车辆储存货物也许不失为一种可行的选择。可以采取的一种方法是,将货物装到运输车辆上去,然后采用迂回线路或间接线路(若仓库无车辆停放空间)运往其目的地。对于迂回线路来说,转移时间将大于比较直接的线路。当起始地或目的地仓库的储存能力受到限制时,此方法不失为一种可行的选择。本质上,在此种情况下,运输车辆被用作一种临时储存设施,但它是移动的,而不是处于停驶状态。

概括地说,用载运工具储存货物相对成本较高,但当需要考虑装卸成本、仓库储存能力,或延长前置时间的能力时,从物流总成本或完成任务的角度来看,或许是正确的选择。

1.1.2 运输组织的内涵

运输组织是从运输企业的生产经营实践中发展起来的关于运输资源合理配置与利用的理论和技术。运输组织属于企业生产组织和管理范畴,是从系统整体优化的目标出发,以运输过程组织管理的最优化,实现资源投入最小化和产品利益最大化,即不断提高运输效率,为旅客和货主提供优质的运输服务,并获得最佳的经济效益、社会效益和环境效益。

从组织工作的层次来看,一是运输工作的宏观组织,即根据当地的社会经济环境,对一定时期内运输工作作出总体安排,制订出运输计划;二是运输工作微观组织,即对某一具体运输任务的组织实施。前者为后者提供指导,后者是前者的具体化。

从组织工作对象来看,一是对运输企业内部运输工具、装卸机具等的作业组织,以提高运输企业的生产效率;二是对客货流的流向、流量方面组织,以实现客货流动的合理化,避免不合理运输;三是建立科学、合理的运行机制。

因此,运输组织的概念有广义和狭义之分,广义的运输组织是指从宏观出发,从微观着手在既有综合运输网络上,在一定的管理体制的调行与控制下,通过各种运输方式的配合和各运输环节的协作,实现运输工具、装卸机械高效益地运转和客货合理流动的一系列过程。狭义的运输组织是指为完成某一具体任务的运输方案的实施过程。

1.1.3 运输组织的作用与特征

1.1.3.1 运输组织的作用

在市场经济条件下,各种运输方式按照其自身技术经济特征,在服务社会化的过程中,形成分工协作、有机结合、连接贯通、布局合理、竞争有序、运输高效的现代化运输系统,并在按照市场需要整合、配置运输资源的条件下,通过合理的管理与组织,最大程度地发挥各种运输方式的单个及组合优势。运输组织的作用可以归结为以下几个方面:

(1)运输组织能有效地协调运输能力与运量的平衡。

(2)运输组织能够统筹安排,有效地保证运输生产中的协作。

(3)运输组织能有效克服运输体系内的薄弱环节,提高整个运输系统运转的灵活性、高效性。

(4)运输组织有利于促进综合运输规划工作和综合运输管理工作的进一步改善和提高。

运输组织的作用与特征

1.1.3.2 运输组织的特征

从现代运输组织系统建设的角度看,运输组织活动的任务就是为全社会运输活动提供优良的运输资源保障。运输组织活动综合性、一体性、协作性的指导思想,也比较适合现代运输高效率、高效益的运作与发展特点。从运输活动与运输组织系统方法、形态、体系的复杂性和多样性角度来看,针对不同的目标、需求情况,运输组织活动能够采取多变的措施来应对。因此,在支持全社会运输活动、不断调整自身发展策略的同时,运输组织活动也具有以下特点:

(1)生产服务性。

(2)国民经济的基础性。

(3)隐性的社会贡献性。

(4)特殊的时空性。

(5)公共性与企业性的复合性。

1.2 运输组织发展动力及趋势

1.2.1 运输组织的发展动力

1.2.1.1 社会经济发展的促进

社会经济发展对运输多样化需求的带动,有力地促进了现代运输组织技术与实践的发展和演变。正是由于社会经济的发展,旅客出行对方便快捷的更高要求,促进了旅客联程运输、无缝换乘、定制公交等旅客运输组织实践的发展。

1.2.1.2 现代科学技术进步的支持

现代科学技术作为工具应用于运输组织,成为运输组织技术与实践发展的推动力。互联网、无线移动通信、App(应用程序)等工具的出现,为运输供给方实时了解需求信息,运输需求方及时发布需求、获取供给信息创造了条件。这些工具的应用,衍生出多种多样的运输组织实践,如网络预约出租汽车(以下简称网约车)、可变调度公交、互联网打车软件、货运O2O等,无不需要现代科学技术进步的支持。

从"截截车"到"一票达"

1.2.1.3 可持续发展要求的开拓

可持续发展是当代新的发展观,是以新的人文理念对传统的生产方式、消费方式和思维方式的审视和扬弃,是从长远发展的角度对人类自身的生存和发展与资源、环境和生态等自然关系的正反历史经验的总结。运输组织技术与实践的发展,理所当然地必须顺应可持续发展的要求。利用大数据分析、实时信息,采用可变调度公交等方式精准匹配需求,在最大化满足需求的同时减少运营成本浪费,均是顺应可持续发展的要求。

运输组织发展动力及趋势

1.2.2 运输组织的发展趋势

1.2.2.1 运输组织的科技化

依靠提高科技水平,增加运输组织的科技含量,通过提高运输效益来实现运输发展。运输组织的目标就是不断提高运输效率,为旅客和货主提供优质的运输服务,并获得最佳的经济效益、社会效益和环境效益。运输组织的科技化,强调的就是利用先进的科学技术,加强信息的互联互通,实现需求的精准匹配、运力的充分利用。

1.2.2.2 运输组织的协同化

随着经济和社会的发展以及科学技术的进步,运输过程由单一方式向多样化发展,运输工具由简陋化向现代化发展。从运输业发展的历史和现状看,各种运输方式不仅在运输市场和技术发展上相互竞争,同时,在运输生产过程中也存在着协作配合、优势互补的要求。客货多样化的需求往往要求多种运输方式组织协同,实现经济社会效益的最大化。在此条件下,运输组织应运而生,由单一方式运输组织局部优化向多种方式联合运输组织(综合运输)全局优化发展。

航空—地铁创新联运项目上线

1.2.2.3 运输组织的绿色化

运输组织的绿色化,必须坚持在运输组织每个环节上充分贯彻绿色理念。运输需要大量消耗能源,也极易对外部环境产生影响。绿色运输组织是指以节约能源、减少废气排放为特征的运输组织。

绿色运输主要包括:通过合理的网点及配送中心布局而实现合理运输,避免货物迂回运输,减少货运总里程和车辆空驶率,进而提高运输效率;采用节能运输工具和清洁燃料,减少运输燃油污染;通过设计合理的存货策略,来适当加大商品运输批量,进而提高运输效率等。

思考与练习

1. 如何理解运输的两大功能?
2. 什么是运输组织?请谈谈你的理解。
3. 运输组织有何功能?
4. 各种运输方式的技术经济特征是什么?
5. 结合案例,谈谈你对运输组织发展趋势的理解。

淮海战役:人民群众用小车推出来的胜利

第 2 章　运输组织效果评价

2.1　运输组织评价指标

2.1.1　公路运输组织评价指标

2.1.1.1　评价汽车运用程度的单项指标
（1）车辆时间利用指标。

以车日和车时为基础，用以反映车辆时间利用的指标，主要有完好率（α_a）、工作率（α_d）、总车时利用率（ρ）和工作车时利用率（δ）四项。

沃尔玛的运输组织

①完好率。完好率是指统计期内企业营运车辆的完好车日 U_a 与总车日 U 的百分比。完好率表明了总车日可以用于运输工作的最大可能，故又称完好车率。完好车率与非完好车率（非完好车日 U_n 与总车日的百分比）是互补指标，即两者的和是 100%。

$$\alpha_a = \frac{U_a}{U} \times 100\% = \frac{U - U_n}{U} \times 100\% \tag{2-1}$$

$$\alpha_n = \frac{U_n}{U} \times 100\% = 1 - \alpha_a \tag{2-2}$$

完好率是一种车辆技术管理指标，用于表示企业营运车辆的技术完好状况和维修工作水平。完好率指标的高低虽不直接影响车辆生产率，但能说明企业进行运输生产活动时，车辆在时间利用方面可能达到的程度。只有提高了完好率，才有可能提高车辆工作率。

完好率的高低受很多因素的影响，车辆本身所特有的技术性能就是一个主要方面，如车辆的使用寿命和可靠性、对维护和修理的适应性、行车安全性等。车辆的生产活动是在复杂的运用条件下进行的，不利的运输条件常会导致车辆技术状况的恶化，如道路状况对于车辆的完好程度也有很大影响，即使车辆在城市道路和公路干线上行驶，也会因路面的等级和种类、交通量的大小等不同，致使同一种型号车辆的技术状况出现很大的差别。恶劣的气候条件，也会给车辆的技术状况带来不利的影响。

在上述条件一定的情况下，车辆完好率主要取决于车辆的技术管理、使用状况及维修质量。汽车运输企业应加强车辆技术管理和维修工作，特别要注意车辆的例行维护。除了要合理地改进维护作业的劳动组织、改进操作工艺和方法、改进机具设备和广泛采用新技术外，还应建立和健全岗位责任制，不断提高维修工人的技术水平和管理水平，保证原材料的及时供应和质量等。驾驶员的技术操作水平和熟练程度，对于车辆的技术状况也有很大的影响。科学地采用定车、定挂、定人的管理方式，经常注意对驾驶员的技术培训和安全教育等，也是提高完好率的重要措施。

②工作率。工作率是指统计期内工作车日 U_d 与总车日的百分比,反映企业总车日的实际利用程度,故又称为工作车率或出车率。工作车日由完好车日扣除停驶车日 U_w 得到。

$$\alpha_d = \frac{U_d}{U} \times 100\% = \frac{U - U_n - U_w}{U} \times 100\% \qquad (2-3)$$

车辆工作率反映了企业营运车辆的技术状况及运输组织工作水平,它对于车辆生产率有直接的影响。要提高工作率,就必须努力消除导致车辆停驶的各种原因,才有可能使工作率维持在较高水平。提高工作率的具体措施有:加强企业的物资管理和生产调度工作,注意有计划地培养驾驶员;加强与路政部门的联系和协作,逐步有计划地改善路面质量,提高路面等级,改善交通管理,保证路线畅通;加强与气象部门的联系,注意天气变化规律,及时采取必要措施;加强计划运输和货(客)源组织工作,提高车辆完好率等。

③总车时利用率。总车时利用率是指统计期内工作车日内车辆在路线上的工作车时 T_d 与总车时的百分比,用以表示平均一个工作车日的 24h 中,有多少时间用于出车工作,因此,也称为昼夜时间利用系数。

$$\rho = \frac{T_d}{24 U_d} \times 100\% \qquad (2-4)$$

提高总车时利用率,就是要延长车辆在工作日内的出车时间。所谓出车时间,是指车辆由车场驶出,直到返回车场时止的延续时间(扣除计划规定的驾驶员进餐、休息等时间)。要延长出车时间,除了提高完好率外,还应努力开拓运输市场,提高企业的运输组织工作水平。实践证明,采用适宜的运输组织形式(如实行多班制或双班制工作制度),是提高总车时利用率和车辆运用效率的有效措施。

④工作车时利用率。工作车时利用率是指统计期内车辆在路线上的行驶车时 T_t 与路线上的工作车时(包括车辆在路线上的行驶车时与各类停歇时间 T_s,包括始末点的装卸作业或上下旅客车时)的百分比,即统计期内车辆的纯运行时间在出车时间中所占的百分比,又称出车时间利用系数。

$$\delta = \frac{T_t}{T_d} \times 100\% = \frac{T_d - T_s}{T_d} \times 100\% \qquad (2-5)$$

提高工作车时利用率的主要途径,是最大限度地减少车辆在路线上的停歇时间,即减少装卸停歇时间、因技术故障停歇时间及因组织工作不善而造成的车辆停歇时间等。要减少上述停歇时间,所采取的措施主要是提高企业的装卸机械化水平及运输组织工作水平。

总车时利用率和工作车时利用率不能全面评价车辆是否得到有效利用。这是因为车辆可能在路线上工作,即 ρ 值较大,但由于某种原因却在路线上停歇,或者车辆可能在行驶,ρ 值较大,但却没有载货(客);同时,当充分利用车辆时,如增加出车次数,这两个系数还有可能下降。因为出车次数增加后,可能使维修停歇时间增加而使 ρ 值下降,也可能使装卸停歇时间增加而使 ρ 值下降。所以,总车时利用率 ρ 和工作车时利用率 δ 宜作为企业内辅助评价指标,并与其他有关指标结合使用。

上述车辆完好率、工作率、总车时利用率及工作车时利用率四项指标,从不同角度综合反映了车辆的时间利用程度。其中,某一项指标的提高,不一定能保证车辆全部时间的利用程度必然提高。反过来说,每一项指标均降低,则表现为车辆时间利用程度的降低,因此会影响车辆生产率的提高。

(2)车辆速度利用指标。

车辆速度是指车辆单位时间内的平均行驶里程。反映车辆速度利用程度的指标有技术速度(V_t)、运送速度($\overline{V_c}$)、营运速度(V_d)及平均车日行程(L_d)。

①技术速度(V_t)。技术速度是指工作车日总里程 L 与行驶时间 T_t 的比值,用以表示车辆行驶的快慢,计算公式为:

$$V_t = \frac{L}{T_t} \tag{2-6}$$

车辆行驶时间包括与交通管理、会车等因素有关的短暂停歇时间。汽车在实际行驶过程中,其技术速度受多种因素的影响。汽车本身的技术性能(尤其是速度性能,如动力性能、最高速度、加速性能等)、车辆的结构、制动性能、行驶平顺性和稳定性、车辆的外形、新旧程度等,都是影响技术速度的主要因素。在车辆本身的技术性能一定的条件下,道路条件往往也是影响车辆技术速度发挥的一个重要原因。具有良好速度性能的车辆,在恶劣的道路条件下,也不可能达到较高的技术速度。道路条件对于车辆技术速度的影响,主要表现在道路的等级、宽度、坡度、弯度、视距、路面状况和颜色等方面。在城市运输中,道路的交通量、照明条件、限定的行驶速度等,对车辆技术速度有很大的影响。另外,天气情况、装载情况、拖挂情况、驾驶员操作技术水平高低等也对技术速度有一定的影响。

技术速度一般低于设计速度,它们之间差距的大小,反映了车辆速度的利用程度。技术速度越高,车辆速度利用就越充分。在保证行车安全的前提下,尽量提高技术速度,意味着在相同的运行时间内,可以行驶更多的里程,使旅客或货物移动更远的距离。但盲目地追求高技术速度,有可能造成行车事故次数的增加,使运输安全性下降,还可能造成燃料消耗的不合理增加,使运输成本提高。

②运送速度(V_c)。运送速度是指车辆在运送时间 T_c 内,运送旅客或货物的平均速度,用以表示客、货运送的快慢,也是评价运输服务质量的一个指标。计算公式为:

$$V_c = \frac{L}{T_c} \tag{2-7}$$

车辆运送时间是指车辆自起点至终点到达时刻所经历的时间,不包括始末点的装卸作业(上、下客)时间,但包括途中的各类停歇时间。

影响运送速度的主要因素有技术速度、企业的运营组织工作水平、驾驶员的驾驶水平、途中乘客的乘车秩序及货物装卸技术水平等。

运送速度是一个重要的质量指标。对用户来说,运送速度快,可以节省旅客的旅行时间,减少旅客的旅途疲劳,减少货物在途资金占用,加快货物及资金的周转速度和商品流通的速度,具有良好的经济和社会效益;对企业来说,不仅可以提高车辆生产率,而且较高的运送速度有利于提高企业在运输市场中的竞争能力。

③营运速度(V_t)。营运速度是指车辆在路线上工作车时内的平均速度,即车辆在出车时间内实际达到的平均速度,用以表示车辆在路线上工作时间内有效运转的快慢。计算公式为:

$$V_d = \frac{L}{T_d} = \frac{L}{T_t + T_s} \tag{2-8}$$

营运速度也是反映技术速度利用程度的指标。营运速度既受技术速度的限制,又受工作车时利用率的影响,三者之间的关系为:

$$V_d = V_t \delta \tag{2-9}$$

凡是影响技术速度和工作车时利用率的因素,同时也是影响营运速度的因素。影响营运速度的主要因素有技术速度、运输组织工作水平、装卸机械化水平、车辆技术状况及运输距离等。

营运速度高,意味着在相同的出车时间内,可以行驶更多的里程,完成更多的运输工作量。营运速度一般比技术速度小 10% ~ 20%。当运输距离很长时,装卸停歇时间所占比例较小,则 V_d 趋近于 V_t。

④平均车日行程。平均车日行程是指统计期内,全部营运车辆平均每个工作日内行驶的里程,是以车日作为时间单位计算的综合性速度指标,计量单位为千米(km)。计算公式为:

$$\bar{L}_d = \frac{L}{U_d} \tag{2-10}$$

由于

$$\bar{L}_d = T_d V_d = T_d \delta v_t \tag{2-11}$$

因此,平均车日行程指标是一个反映营运车辆在时间和速度两方面利用程度的综合性指标。延长出车时间可以提高车日行程,但在出车时间一定的条件下,应从速度方面加以考虑。影响平均车日行程的主要因素有车辆的营运速度、车辆的工作制度及调度形式等。

(3)车辆行程利用指标。

营运车辆在一定统计期内出车工作行驶的里程,称为总行程(总车公里)。总行程由重车行程 L_1 和空车行程 L_v 两部分构成。车辆载有旅客或货物行驶的里程,称为重车行程(也称重车公里)。重车行程是实现运输生产的有效行程,是总行程的有效利用,属于生产行程。车辆完全无载行驶的里程,称为空车行程(空车公里)。空车行程有空载行程和调空行程。空载行程是指车辆由卸载地点空驶到下一个装载地点的行程;调空行程是指空车由车场(库)开往装载地点,或由最后一个卸载地点空驶回车场(库)的行程。

车辆的行程利用指标,即里程利用率(β)是指统计期内车辆的重车行程与总行程的百分比,用以表示车辆总行程的有效利用程度,计算公式为:

$$\beta = \frac{L_1}{L} \times 100\% = \frac{L_1}{L_1 + L_v} \times 100\% \tag{2-12}$$

里程利用率是一个十分重要的指标,在总行程一定的前提下,要提高里程利用率,必须增加重车行程的比例,车辆只有在有载运行下才会进行有效生产。车辆空驶是一种很大的浪费,它不仅没有产生运输工作量,相反却消耗了燃料和轮胎,增加了机械的磨损,从而致使运输成本上升。车辆空驶距离越长,这种影响也就越严重。

提高里程利用率是提高车辆运输工作生产率和降低运输成本的有效措施,对经济效益有重要影响。企业实际里程利用率不高,主要是里程利用率受客流量、货流量在时间上和空间上分布不均衡,以及车辆运行调度等主客观因素的影响。加强运输组织工作是提高里程利用率的一项重要措施。为此,应积极做好货(客)源组织工作,正确掌握营运区内货(客)

源的形成及其货(客)流的规律,确保生产均衡性;应加强运输市场的管理,坚持合理运输;应不断提高车辆运行作业计划的准确性,积极推广先进的调度方法;应科学地确定收、发车点和组织车辆行驶路线;应正确选择双班运输的交接地点;应尽量调派与装运货物相适宜的车型,组织回程专用车辆装运普通货物;应加强经济调查,合理规划车站、车队、车间(包括修理厂)、加油站之间的平面位置等。

编制运输生产计划时,通常要先确定里程利用率,然后再计算重车行程。重车行程的计算公式为:

$$L_1 = L\beta \tag{2-13}$$

确定里程利用率的计划值时,一般以上期实际达到的里程利用率指标值为参考依据,并通过预测分析计划期内客流量和货流量在时间和空间分布的均衡程度测算确定。

(4)车辆载货(客)能力利用指标。

车辆的载货(客)能力是指车辆的额定载货质量或额定载客量,反映车辆载重能力利用程度的指标是重车载货(客)量利用率[又称吨(客)位利用率]和实载率。

①吨(客)位利用率。吨(客)位利用率是指车辆在重车行程中实际完成的周转量与重车行程载质量的百分比。重车行程载质量的计算方法,是以每辆车的重车行程分别乘以其额定载货(客)量加总求得。

吨(客)位利用率的计算方法有两种:静态的吨(客)位利用率和动态的吨(客)位利用率。静态的吨(客)位利用率是按一辆营运车的一个运次(班次)来考查其载重能力的利用程度,其计算公式为:

$$\gamma = \frac{P}{P_0} \times 100\% = \frac{qL_1}{q_0 L_1} \times 100\% \tag{2-14}$$

式中: P——某运次(班次)车辆实际完成的周转量($t \cdot km$ 或人·km);

P_0——某运次(班次)车辆的重车行程载质量($t \cdot km$ 或人·km);

q——车辆实际完成的载货(客)量;

q_0——车辆额定载货(客)量(时间或人),也称额定吨(客)位。

可见,静态的吨(客)位利用率表示车辆额定载货(客)量的利用程度,与重车行程无关。动态的吨(客)位利用率是按全部营运车辆一定时期内的全部运次,来考查其载重能力的利用程度,计算公式为:

$$\gamma_{动} = \frac{\sum P}{\sum P_0} \times 100\% = \frac{\sum Y q L_1 Y}{\sum Y q_0 L_1 Y} \times 100\% \tag{2-15}$$

式中: $\sum P$——统计期内所有营运车辆实际完成的周转量之和($t \cdot km$ 或人·km);

$\sum P_0$——重车行程载质量($t \cdot km$ 或人·km)。

考核企业营运车辆载货(客)量利用程度,一般都是考核全部营运车辆。因而,这种动态的吨(客)位利用率应用较广。车辆额定载货(客)量的大小与利用程度的高低,对车辆生产率有显著的影响。一般情况下,额定载货(客)量大的车辆具有较高的生产能力,但能力的发挥还取决于载货(客)量的利用程度。载货(客)量利用得越充分,车辆生产率就越高。车辆额定载货(客)量既定的情况下,影响载货(客)量利用程度的因素主要有客货源条件、车辆调度水平、客运线网密度和发车频率、客运服务质量和服务水平、货物特性及货运种类、车辆类型及车厢几何尺寸、装车方式及装载技术、有关的装载规定和车货适应程度等。

②实载率。实载率是按全部营运车辆一定时期内的总行程计算的载重能力利用指标,是指汽车实际完成的周转量占其总行程载货(客)量的百分比,用以反映总行程载货(客)量的利用程度。总行程载货(客)量的计算方法,是以每辆车的总行程分别乘以其额定载货(客)量加总求得。实载率的计算公式为:

$$\varepsilon = \frac{\sum P}{\sum P_0'} \times 100\% = \frac{\sum(qL_1)}{\sum(q_0 L)} \times 100\% \tag{2-16}$$

式中:$\sum P_0'$——总行程载质量(t·km 或人·km)。

对于单辆车或一组吨(客)位相同的车辆,则其实载率可表示为:

$$\varepsilon = \frac{\sum(qL_1)}{q_0 \sum L} \times 100\% = \frac{\sum(qL_1)}{q_0 \frac{\sum L_1}{\beta}} \times 100\% \tag{2-17}$$

因此,实载率是反映车辆在行程利用和载质量利用方面的一个综合性指标。要提高实载率,一方面要努力提高吨(客)位利用率,另一方面要减少车辆空车行程,提高里程利用率。

实载率虽然能够综合反映车辆行程和载重能力的利用程度,较全面地评价车辆有效利用程度,但在组织运输过程时不能完全以实载率代替里程利用率和吨(客)位利用率。分析车辆生产率诸多影响因素的影响程度时,也应对里程利用率和吨(客)位利用率分别进行分析。这是因为这两个指标的性质、内涵不同,对组织运输生产各有不同的要求。以实载率代替里程利用率和吨(客)位利用率,会掩盖超载等问题的存在。

(5)车辆动力利用指标。

车辆的动力利用指标即拖运率,是指挂车完成的周转量与主、挂车合计完成的总周转量的百分比。拖运率反映了拖挂运输的开展情况及挂车的载质量利用程度,其计算公式为:

$$\theta = \frac{\sum P_t}{\sum P_m + \sum P_t} \times 100\% \tag{2-18}$$

式中:$\sum P_m$——统计期内挂车完成的周转量(t·km);

$\sum P_t$——统计期内主车完成的周转量(t·km)。

影响拖运率的主要因素有汽车与挂车性能、驾驶员技术水平、道路条件及运输组织工作水平等。

开展拖挂运输的经济效益十分显著。在一定的货源、道路、现场等条件下,拖运率水平的高低,与运输组织水平、汽车与挂车的性能、车辆配备及构成、运输法规等密切相关。开展拖挂运输是提高运输效率和降低运输成本的一个有效途径。

综上所述,评价车辆利用程度的五类指标均从某一方面反映出车辆的利用程度及运输工作条件对车辆利用的影响。

2.1.1.2 评价汽车运输工作效果的综合指标

评价汽车运输工作效果的综合指标包括汽车运输生产率和汽车运输成本。

(1)汽车运输生产率。

①汽车运输生产率计算。汽车运输生产率,通常用单车期产量、车吨(客)位期产量和车公里产量表示。单车期产量是指统计期内平均每辆车所完成的货物(旅客)周转量,它反映

了汽车单车运用的综合效率；车吨(客)位期产量是指统计期内平均每个吨(客)位所完成的货物(旅客)周转量，它反映汽车每个吨(客)位运用情况的综合效率；车公里产量是指统计期内车辆平均每行驶1km所完成的货物(旅客)周转量。

按照计算的时间单位不同，单车期产量指标包括单车年产量、单车季产量、单车月产量、单车日产量和单车车时产量等多个指标。其中，用单车日产量指标来比较不同时期的车辆生产率时，可以避免计算期日历天数可能不同而造成的影响。

单车年(季、月、日)产量指标可按周转量和平均营运车数计算，计算公式为：

$$W_{P_t} = \frac{\sum P}{A} \tag{2-19}$$

式中：W_{P_t}——单车期产量，是指统计期(年、季、月、日)内单车完成的货物(旅客)周转量(t·km或人·km)；

$\sum P$——统计期(年、季、月、日)内全部营运车辆完成的货物(旅客)周转量之和(t·km或人·km)。

平均营运车数(辆)是指统计期D内平均每天拥有的营运车辆数，可按下式计算：

$$A = \frac{U}{D} \tag{2-20}$$

则单车(季、月、日)产量指标也可按车辆运用效率指标计算，即：

$$W_{P_t} = \frac{D\alpha_d L_d \beta q_0 \gamma}{1-\theta} \tag{2-21}$$

例题2-1

若车辆在工作车时t_c内完成Q_c或周转量P_c，则单车车时产量(又称为工作车辆生产率)是指车辆在路线上平均每一工作车时所完成的运量W_q或周转量W_p，计算公式如下：

$$W_q = \frac{Q_c}{t_c} = \frac{q_0\gamma}{\dfrac{L_1}{\beta v_t} + t_{lu}} \tag{2-22}$$

$$W_p = \frac{P_c}{t_c} = \frac{q_0\gamma L_1}{\dfrac{L_1}{\beta v_t} + t_{lu}} \tag{2-23}$$

由上述计算公式可知，影响汽车工作生产率的因素，有额定载质量q_0、重车载质量利用率γ、重车行程L_1、里程利用率β、技术速度v_t及装卸停歇时间t_{lu}六项。在一定的运输工作条件下，上述各指标值都反映了工作条件对生产率的影响，是影响生产率的使用因素。实际工作中，汽车运输企业可以通过优化各使用因素的状态，来提高生产率指标。

车吨(客)位期产量是指统计期内平均每个吨(客)位所完成的周转量，包括车吨(客)位年产量、车吨(客)位季产量、车吨(客)位月产量及车吨(客)位日产量等多个指标。

用车吨(客)位期产量指标反映和比较车辆运输生产率时，可以消除不同车辆额定吨(客)位不同的影响。其中，车吨位日产量和车客位日产量指标，在反映和比较不同单位或不同时期的运输生产率时，既可消除车辆不同吨位或客位的影响，也可消除计算期日历天数可能不一致的影响。因此，车吨(客)位日产量指标，可以比较准确地反映汽车运输企业生产组织工作水平。

车吨(客)位期产量的计算方法有两种:按周转量与平均总吨(客)位计算和按车辆各项运用效率指标计算。

按周转量与平均总吨(客)位计算,计算公式为:

$$W'_{P_t} = \frac{\sum P}{N} \tag{2-24}$$

式中:W'_{P_t}——车吨(客)位期(年、季、月、日)产量($t \cdot km$ 或 $人 \cdot km$);

$\sum P$——统计期内全部营运车辆完成的周转量之和($t \cdot km$ 或 $人 \cdot km$);

N——平均总吨(客)位(吨位或客位),是指统计期内平均每天在用营运车辆的总吨(客)位。

按车辆各项运用效率指标计算,计算公式为:

$$W'_{P_t} = \frac{D\alpha_d \bar{L}_d \beta \gamma}{1 - \theta} \tag{2-25}$$

车公里产量是指统计期内车辆平均每行驶 1km 所完成的周转量,可按下述方法计算。

车公里产量按周转量和总行程计算,计算公式为:

$$W'_{P_k} = \frac{\sum P}{L} \tag{2-26}$$

式中:W'_{P_k}——车公里产量($t \cdot km$ 或 $人 \cdot km$)。

统计期全部车辆的总行程(km),可以由每辆营运车累计,也可以按下述公式计算:

$$L = AD\alpha_d \bar{L}_d \tag{2-27}$$

若车辆平均额定载质(客)量为 $\bar{q}_0$,则车公里产量 W_{P_k} 按有关车辆运用效率指标计算为:

$$W_{P_k} = \frac{\beta \bar{q}_0 \gamma}{1 - \theta} \tag{2-28}$$

显然,完成同样的周转量采用提高车公里产量的办法增加的运行费用不多,增加总行程则会较多地增加运行费。但片面追求较高的车公里产量,可能会引起超载。由此可见,车公里产量是一个很重要的、敏感性较强的指标。

②汽车运输生产率分析。要提高汽车运输生产率,必须了解各使用因素对生产率的影响特性及影响程度,以便结合企业自身的条件,确定优先改进哪个因素对生产率的提高更为有利。以汽车工作生产率为例,由汽车工作生产率的计算公式可知,影响生产率的因素共有 6 项,即车载额定载质量、吨(客)位利用率、里程利用率、技术速度、车辆在一个运次中的停歇时间及重车行程,而工作生产率又分为以运量计算的 W_q 和以周转量计算的 W_p 两种。上述 6 项使用因素,除平均运次重车行程对 W_q 和 W_p 的影响不同外,其他使用因素对其影响是一致的。

由于各使用因素对生产率的影响关系很复杂,为了分析简便,在分析某一使用因素的变化对生产率的影响时,可以假设其他因素为常数。因此,下面以 W_q 的生产率关系式为对象来分析装卸作业停歇时间对生产率的影响特性和影响程度。

汽车工作生产率的计算公式为:

$$W_q = \frac{q_0 \gamma}{\frac{L_1}{\beta v_t} + t_{lu}} \tag{2-29}$$

假设其他使用因素均为常数,只有装卸停歇时间为变量时令 $b = q_0\gamma, c = \dfrac{L_1}{\beta v_t}$,则:

$$W_q = \dfrac{b}{c + t_{lu}} \quad (2\text{-}30)$$

当装卸停歇时间很大时,生产率将降低而趋近于零。而且 c 值越小(即 L_1 越小), v_t 及 β 值越大时,装卸停歇时间的变化对生产率的影响程度越大。即当运距较短,车辆行驶速度较快时,装卸停歇时间对生产率的影响更为显著。

因此,要提高生产率,必须将装卸停歇时间压缩到最低限度。为了缩短装卸停歇时间,应合理组织装卸工作,实现装卸工作机械化,制订汽车装卸作业时间表,有节奏地进行装卸工作,并应简化手续,以减少装卸停歇时间。采用类似的方法,可分析其他使用因素对运输工作生产率的影响特性。

分析各使用因素对生产率的影响程度,可采用绘制生产率特性图的方法。首先,逐一分析各使用因素与生产率之间的变化关系,这样便得到一组各使用因素与生产率之间的变化关系曲线。然后,将这些曲线叠加绘制在一张坐标图上,以坐标轴纵轴表示生产率,横轴分别表示各使用因素。利用汽车运输生产率特性图可以确定在某一具体运输条件下提高生产率的最合理方法,如提高重车载质量利用率和额定载质量是提高生产率最有效的方法,缩短装卸停歇时间也是提高生产率的有效方法。而提高里程利用率及技术速度,对生产率的影响不显著,但对运输成本却有显著影响。车辆运用效率指标关系如图 2-1 所示。

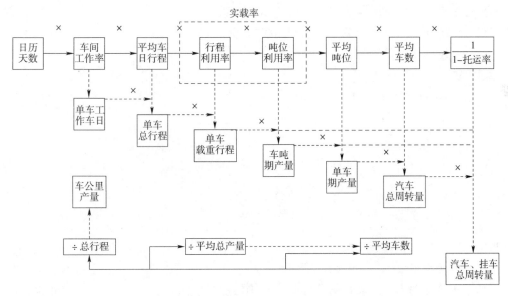

图 2-1 车辆运用效率指标关系图

(2)汽车运输成本。

汽车运输成本不仅是评价汽车运输工作效果的综合指标,也是考核运输企业的主要经营指标之一。在汽车运输生产过程中,运输生产率的高低、运输服务质量的好坏、运输组织水平的优劣、车辆维修技术的高低等,最终都以货币形式反映到成本指标上来,进而影响汽车运输企业经济效益。因此,在保证运输服务质量的前提下,不断降低运输成本,对于运输企业的生存和发展具有重要意义。

①汽车运输成本的计算。汽车运输成本(S)通常用单位运输成本来衡量。单位运输成本是指完成每单位运输产品产量所支付的费用,以统计期内汽车运输企业所支出的全部费用($\sum C$)与所完成的运输产品产量($\sum P$)的比值来表示,即:

$$S = \frac{\sum C}{\sum P} \tag{2-31}$$

汽车运输企业所支出的全部费用,按照与车辆行驶的关系,一般可分为三部分,即变动费用($\sum C_c$)、固定费用($\sum C_f$)和装卸费用($\sum C_{lu}$)。其中,装卸费用在运输企业中实行单独核算,所以,汽车运输企业的运输成本通常只包括前两项费用,即:

$$S_g = S_c + S_f \tag{2-32}$$

在汽车运输企业中,变动费用是指与车辆行驶有关的费用,又称车辆运行费用,按每公里行程计算。变动费用包括燃料费、润滑油费、轮胎费、车辆折旧费、车辆维修费、计件工资、附加费及其他与车辆行驶有关的杂项费用等。固定费用是指与车辆行驶无直接关系的费用,又称企业管理费,常按车辆的在册车日或车时计算。这部分费用不论车辆行驶与否,汽车运输企业为组织运输生产必须支付。固定费用包括职工月工资(计时工资等)、行政办公费、水电费、仓储费、房屋修缮费、牌照费、职工培训费、宣传费及业务手续费等。

汽车单位运输成本可表示为 1t·km 的变动费用与 1t·km 的固定费用之和,即:

$$S_g = S_c + S_f \tag{2-33}$$

式中:S_g——汽车的单位运输成本[元/(t·km)];

S_c——统计期内单位产量分摊的变动成本[元/(t·km)];

S_f——统计期内单位产量分摊的固定成本[元/(t·km)]。

又因为:

$$S_c = \frac{LC_c}{\sum P} = \frac{\frac{L}{H_d}}{\frac{\sum P}{H_d}} = \frac{v_d C_c}{W_p} \tag{2-34}$$

$$S_f = \frac{\sum C_f}{\sum P} = \frac{\frac{\sum C_f}{H_d}}{\frac{\sum P}{H_d}} = \frac{C_f}{W_p} \tag{2-35}$$

式中:C_c——单位行程的变动费用(元/km);

C_f——车辆单位工作车时的固定费用(元/h);

$\sum C_f$——统计期内企业支付的全部固定费用(元)。

则有:

$$S_g = S_c + S_f = \frac{v_d C_c}{W_p} + \frac{C_f}{W_p} \tag{2-36}$$

又因为:

$$v_d = \frac{L_1 v_t}{L_1 + \beta v_t t_{lu}}$$

$$W_{\mathrm{p}} = \frac{q_0 \gamma L_1}{\dfrac{L_1}{\beta v_{\mathrm{t}}} + t_{\mathrm{lu}}}$$

则汽车的单位运输成本为：

$$S_{\mathrm{g}} = \frac{1}{q_0 \gamma \beta}\left[C_{\mathrm{c}} + \frac{C_{\mathrm{f}}(L_1 + t_{\mathrm{lu}}\beta v_{\mathrm{t}})}{v_{\mathrm{t}} L_1}\right] \tag{2-37}$$

②汽车运输成本分析。降低汽车运输成本，是汽车运输企业经营的重要工作内容，为此，必须了解每个使用因素对运输成本的影响特性及影响程度，以便确定企业的改进措施。

可采用与分析汽车运输生产率同样的方法来分析各使用因素对运输成本的影响。分析发现：

首先，随着汽车额定吨位及重车载质量利用率的增加，运输成本将降低，而且固定费用和变动费用越高。重车行程越短，行驶速度越低时，这种影响越为显著。此外，随着载质量的增加，它对运输成本的影响程度将降低。

其次，当里程利用率、技术速度及重车行程提高时，1t·km 的运输成本将降低，而且当这些数值越小时，其影响程度越显著。

最后，每个运次中，车辆装卸停歇时间越长，则运输成本越高。当实际载质量较小，重车行程较短，而每小时工作的固定费用较大时，装卸停歇时间对运输成本的影响特别大。但是，当运距很大时，装卸停歇时间对运输成本的影响将明显减小。

2.1.2 铁路运输组织评价指标

铁路运输组织评价指标主要从货车运用指标、客车运用指标、机车运用指标等几个方面考虑。

2.1.2.1 货车运用指标

(1) 货车静载重。

货车静载重是指每一辆货车平均装载的货物吨数，即一定时期内货物发送总量与该时期内装货车辆总数之比。货车静载重反映了货车在静止状态下载质量被利用的程度，是衡量装车质量的指标之一，是铁路运营工作的重要指标之一。货车静载重只能说明在装车时或重车在静止状态下货车标记载质量的利用程度，而不能反映全部运送过程中货车载质量利用的程度。

(2) 货车动载重。

货车动载重是指货车平均每运行 1km 所完成的货物吨公里数。货车动载重分为重车动载重和运用车动载重。

①重车动载重。重车动载重是指平均每一重车公里所完成的货物周转量，即货车一定时期内完成的货物周转量与该时期内重车总走行里程之比。

提高重车动载重的途径有：

a. 提高货车静载重；

b. 合理组织不同装载量的车辆装运不同距离的货物，如以装载量大的车辆运送远距离的货物，以装载量小的车辆运送近距离的货物。

②运用车动载重。运用车动载重是指平均每一运用车公里所完成的货物周转量,即货车一定时期内完成的货物周转量与该时期内运用车总走行里程(包括重车行程及空车行程)之比。

(3)货车装载能力利用率。

①货车载重力利用率。货车载重力利用率又称货车载重力利用系数,是指所装货物的载重能力被利用的百分率。货车载质量利用率是以相对数字反映货车载重能力利用程度的指标,是车站或全路在一定时期内货车静载重与使用车平均标记载质量(使用车标记载质量之和与使用车数量之比)的比值。

货车载重力利用率的大小同货车静载重成正比。所有提高静载重的措施,也是提高货车载重力利用率的措施。货车载重力利用率比货车静载重能更好地反映车辆装载的质量。为了提高货车载重力利用率,必须注意车种适合货种,标重配合货吨,做好巧装满载工作。

②货车容积利用率。货车容积利用率又称货车容积利用系数,是指所装货物的有效容积被利用的百分比,即装载货物占用容积与货车有效容积之比。货车容积利用率是用来考核轻质货物紧密装载程度和利用装载容积的一项指标。

(4)货车生产率。

货车生产率(即货车日产量)是指一辆运用车一昼夜平均所完成的货物吨公里数。货车生产率是衡量货车利用质量的综合指标,它既反映货车载质量利用水平,也反映车辆周转的快慢。

$$
\begin{aligned}
\text{货车昼夜生产率} &= \frac{\text{全路一昼夜完成货物周转量}}{\text{全路运用车数}} \\
&= \frac{\text{全路一昼夜完成货物周转量}}{\text{全路一昼夜运用车总走行里程}} \times \frac{\text{全路一昼夜运用车总走行里程}}{\text{全路运用车数}} \\
&= \text{运用车动载重} \times \text{每辆车平均一昼夜走行里程} \quad (2-38)
\end{aligned}
$$

货车生产率与货车昼夜走行里程及货车动载重成正比,并随着空驶率的增大而减小。行车与货运部门必须共同配合,才能提高货车生产率。

从上述指标分析中,我们不难理解提高货车载质量利用效率的意义。在货车的巧装满载上挖掘潜力,最经济、最有效地使用车辆,充分发挥现有货车载质量利用效率,少用车、多运货,是铁路挖潜、扩能的一个重要方面。

2.1.2.2 客车运用指标

(1)旅客列车车底周转时间。

每对旅客列车的编组辆数、编组结构及车辆编挂次序一般不变动。当往返于起始站与终到站之间,经过沿途各站时,除特殊情况外,通常只有旅客上下,而无车辆摘挂,这种固定连挂在一起的列车,称为客车固定车底。固定车底往返一次所经过的时间,称为列车车底周转时间。根据车底周转时间,就可以确定车底的数量。例如,某次特快旅客列车从北京站始发的时间是18:00,到达上海站是第二天8:00;经过10h休整,该次列车18:00从上海站始发,第三天的8:08回到北京站,每天就这样不间断地运行。据此,我们可以计算出该次列车至少需要2组车底。显然,车底周转时间越长,需要的车底就越多。当然,这只是针对长途旅客列车而言,短途的市郊、城际旅客列车的车底往往一天能周转几次。

旅客列车车底周转时间是指为了开行运行图中的某一对旅客列车的车底,从第一次由配属站(始发站)发出之时起,到下一次由配属站发出之时止,所经过的全部时间。

(2)旅客列车速度指标。

旅客列车速度指标包括列车技术速度、列车运行速度和列车旅行速度(直达速度)。

①列车技术速度。列车技术速度是指列车在区段内运行的平均速度,列车运行时间不包括中间站停站时间及加减速附加时间。

②列车运行速度。列车运行速度是指列车在区段内运行,不包括中间站停站时间,但包括加减速附加时间在内的平均速度。

③列车旅行速度。列车旅行速度是指列车在区段内运行,包括中间站停站时间及起停车附加时间在内的平均速度。旅行速度是表明列车运行图质量的一项重要指标,也是影响机车车辆周转和货物送达的一项重要因素。因此,在编制列车运行图时,应力求把旅行速度同运行速度或技术速度的差别减少到最小,亦即必须尽可能减少列车在区段内的停站次数和停站时间。

(3)载客人数。

旅客列车载客人数是指在一定时期内,全路、一个铁路局或分局平均每一旅客列车公里所完成的人数,即车底在配属站停留时间旅客周转量与旅客列车总里程之比。

(4)客座利用率。

客座利用率即旅客周转量和客座公里总数之比,也就是用百分率表示的平均每一客座公里所完成的人公里数。

2.1.2.3 机车运用指标

(1)机车全周转时间。

机车全周转时间是从时间上反映机车运用效率的指标,是指机车作业完成返回基本段经过闸楼时起,至下一次作业完成返回基本段经过闸楼时止的全部时间,是指机车在一个牵引区段内往返一次平均消耗的时间。

(2)机车日车公里。

机车日车公里是指全路、铁路局、分局或机务段平均每台机车在一昼夜内完成的走行公里数。

(3)列车平均总重。

列车平均总重是指全路、铁路局、分局或机务段平均每台本务机车牵引列车的总质量(包括货物质量和车辆自重)。列车平均总重反映机车牵引力的利用程度,它直接影响到列车次数、机车需要台数、机车乘务组需要数及其他有关支出的大小,是衡量机车运行效率的一个重要指标。

(4)货运机车日产量。

货运机车日产量是指在一定时期内全路、铁路局或机务段平均每台货运机车一昼夜内所完成的货物周转量。

2.1.3 水路运输组织评价指标

2.1.3.1 水路运输量指标

(1)货运量。

货运量是指报告期内船舶实际运送的货物质量,一般货物按实际质量计算,计算单位为吨(t)。若遇无法直接取得实际质量的货物,按有关参数进行折算,如木材按 $1m^3$ 折算为1t;液化石油气按 $1m^3$ 折算为0.5t;运输汽车按出厂时的标记自重计算,如无标记的汽车,按面包车折算为2t、大型客(货)车折算为5t、集装箱运输车折算为10t计算。

(2)货物周转量。

货物周转量是指报告期内船舶实际运送的每批货物质量与该批货物运送里程的乘积之和。计算单位为 $t·km(t·n\ mile)$,其统计分组同货运量。

(3)换算周转量。

换算周转量是指报告期内运输船舶完成的客、货周转量按照一定的换算系数得到的周转量,计算单位为 $t·km(t·n\ mile)$。铺位及海运座位客运周转量换算:1人·km=1t·km;内河座位客运周转量换算:3人·km=1t·km。

(4)集装箱运量。

集装箱运量是指报告期内船舶实际运送集装箱的数量。按集装箱的实际箱数计算,计算单位为箱;按折合为20ft集装箱的数量计算,计算单位为TEU。集装箱按TEU折算系数为:45ft箱=2.25TEU;40ft箱=2.00TEU;35ft箱=1.75TEU;30ft箱=1.50TEU;20ft箱=1.00TEU;10ft箱=0.50TEU。

(5)集装箱周转量。

集装箱周转量是指报告期内船舶实际运送的每个集装箱与该集装箱运送的标准里程的乘积之和。若按集装箱的实际箱周转量计算,则为每个集装箱实际运送距离之和,单位为箱·km或箱·n mile;若折合为20ft集装箱周转量计算,则为每个集装箱的换算TEU数量与该箱实际运送距离之积求和,单位为 $TEU·km(TEU·n\ mile)$。

(6)集装箱货运量。

集装箱货运量是指报告期内船舶运送集装箱的实际质量,包括集装箱装载货物的质量和集装箱箱体的质量。计算单位为吨(t)。

一般可按船舶航行区域分为远洋集装箱货运量、沿海集装箱货运量、内河集装箱货运量;按集装箱装载货物的贸易性质可分为内贸集装箱货运量、外贸集装箱货运量、第三国集装箱货运量。

(7)集装箱货物周转量。

集装箱货物周转量是指报告期内船舶运送每个集装箱货运量与该箱实际运送标准里程的乘积之和。

2.1.3.2 船舶营运指标

(1)船舶营运率。

船舶营运率是指报告期内船舶营运时间占船舶总时间的比例。船舶营运率指标反映船舶在册时间的利用程度。船舶维修保养越好、修期越短、船舶安全生产工作做得越好,则营运率越高。所以,提高营运率的主要途径是做好平时维修保养工作和安全预防工作,延长修船间隔时间和缩短修船时间。提高营运率是挖掘运输潜力的重要途径之一,保证船舶有较高的营运率是管理工作的一个关键。对一艘船舶而言,船舶营运率等于船舶的营运时间与其在册时间之比;对于一组船舶,营运率是一定时间内各船营运吨天之和与其在册吨天之和的比。

(2)船舶航行率。

船舶航行率是指航行时间在船舶营运时间中所占的比例。船舶航行率是衡量水运企业经营管理水平的参考依据，也是挖掘运输潜力的重要途径。对一艘船而言，它等于船舶航行时间与船舶营运时间之比；对于一组船舶，其航行率是一定时间内这些船舶的航行吨天之和与其营运吨天之和的比。一般来讲，船舶航行率小于1。但只要认真做好航运安排，缩短船舶停泊时间，就会提高航行率，提高船舶经济效益。

(3)船舶平均航行速度。

船舶平均航行速度是指船舶平均航行一天所行驶的里程。就一艘船而言，它等于航行距离与航行时间的比值。对于一组船舶，其平均航行速度则为船舶航行吨位海里与航行吨位天的比值。平均航行速度指标不仅反映船舶周转的快慢，其中也包含着货物运送时间的长短，特别是在国际贸易运输中，提高船舶的航行速度，对提高船舶在国际航运市场中的竞争能力具有重要意义。

(4)船舶载质量利用率。

船舶载质量利用率是指船舶在营运中载重吨位实际利用程度的指标，分为发航载质量利用率和运距载质量利用率。发航载质量利用率表示船舶离开港口时定额吨位的利用程度，即一定时期内船舶离开港口所载货物量与定额吨位之比。运距载质量利用率反映船舶在一定的行驶距离内定额吨位的平均利用程度，以一定时期内船舶完成的货物周转量与船舶吨公里(或船舶吨海里)的百分比表示。船舶载质量利用率比值越高，表明船舶载重吨利用程度越高。

(5)船舶生产率。

船舶生产率可以用平均每营运吨天生产量或平均每吨船生产量衡量。

平均每营运吨天生产量简称吨天产量，是指船舶在营运期内平均每吨位在一昼夜内完成的周转量。吨天产量指标不仅反映出生产技术设备的利用程度，同时也反映出整个运输生产的组织管理水平。

平均每吨船生产量简称吨船产量，是指船舶在报告期内平均每吨位所完成的周转量。吨船产量指标是一个综合指标，因为它是运距载质量利用率、平均航行速度、航行率、营运率四个单元指标与报告期天数的乘积。吨船产量指标比吨天产量指标多包括了一个营运率因素，因此它能更全面地说明整个航运企业的管理工作水平，具体反映投入每一吨位船所产生的货物周转量。

2.1.4　航空运输组织评价指标

2.1.4.1　航空运输量指标

(1)旅客运输量。

旅客运输量是指运输飞行所载运的旅客人数。成人和儿童各按一人计算，婴儿因不占座位不计人数。原始数据以人为计算单位。汇总时，以万人为计算单位。一个航班的旅客运量表现为飞机沿途各机场旅客的始发运量之和。其中，机场旅客始发运量是指客票确定的以本机场为起点，始发乘机的旅客。每一特定航班(同一航班)的每一旅客，只应计算一次，不能按航段重复计算。唯一例外的是，对同一航班上的既经过国内航段又经过国际航段的旅客,应同时为一个国内旅客和一个国际旅客。不定期航班运送的旅客则每一特定航班只计算一次。

(2) 货物运输量。

货物运输量是指运输飞行所载运的货物质量,货物包括外交信袋和快件。原始数据以千克为计算单位,汇总时以吨为计算单位。统计方法与旅客运输量一致,即每一特定航班(同一航班)的货物只应计算一次,不能按航段重复计算,但对既经过国内航段又经过国际航段航班的货物,则同时为国内货物和国际货物。不定期航班运送的货物每一特定航班(同一航班),只计算一次。

(3) 周转量。

周转量是反映旅客在空中实现位移的综合性生产指标。旅客周转量在折合为吨公里时,成人旅客质量按 0.09t 计算(含行李),儿童、婴儿分别按成人质量的 1/2 和 1/10 计算。

(4) 航段运量。

航段运量是指航线中某个航段上的全部的旅客、货物、邮件数量。旅客以人为计算单位,货物、邮件以吨为计算单位。航段运量与城市对运量不同,航段运量是该航段上的全部旅客、货物和邮件数量,即包括始发运量和过站运量。

(5) 城市对运量。

城市对运量指客票或客票的一部分所规定的可以在其间旅行的两个城市,或者根据货运舱单或货运舱单的一部分所规定的在其间进行货运的两个城市运输量。城市对运量只是两个城市间的运量,即始发运量。例如,在北京—武汉—广州航线,航段旅客运输量分别为北京—武汉、武汉—广州两个航段的运量,其中北京—武汉航段旅客运输量为北京—武汉和北京—广州的旅客之和,武汉—广州航段旅客运输量为北京—广州和武汉—广州的旅客之和。城市对运量则分别为北京—武汉、北京—广州、武汉—广州的旅客数量。

2.1.4.2 航空运输效率指标

(1) 客座利用率。

客座利用率是指实际完成的旅客周转量与可提供客公里之比,反映运输飞行客座利用程度。其中,可提供客公里是指每一航段可提供作为与该航段距离的乘积之和,反映运输飞行运载能力。对某一具体的航段,可按航班载客人数与航班可提供座位数之比获得。其中,可提供座位是指可以向旅客出售客票的最大商务座位数。

(2) 载运率。

载运率是指运输飞行所完成的运输总周转量与可提供吨公里之比。其中,可提供吨公里是指可提供业载与航段距离的乘积,反映运输飞机的综合运载能力。对某一具体航段,可按航班实际业载与航班可提供业载之比获得。其中,可提供业载是指飞机每次运输时,按照有关参数计算的飞机在某一航段上所允许装载的最大商务载量。

(3) 平均运程。

平均运程是指旅客、货物、邮件的平均运送里程,即运输周转量与运输量之比。

2.2 运输组织服务质量评价指标

2.2.1 运输组织服务质量的含义及特征

运输组织服务质量是指运输在满足客、货用户的运输需要方面所达到的程度。运输组织服务质量特性主要指安全性、及时性、准确性、经济性、方便性、舒适性。

(1)安全性。

运输活动的特点之一就是只改变客、货的空间位移,而不改变其属性和形态。因此,在运输活动的全过程中,首先必须保证客、货的安全,防止货损、货差以及旅客人身伤害。

(2)及时性。

运输的及时性是指满足客户所需要的最佳运输速度。对货物运输来说,及时实现货物的空间位移,最大程度地缩短再生产过程中流通的时间;对旅客来说,尽可能减少旅客在途时间,尽快到达目的地。

(3)准确性。

准确性是指客货运输准备及运送工作准确。如在货运方面,要求办理托运手续、安排运载工具及货物交接准确;对于火车、飞机、城市公交等定线定点的运输方式,需要保证运载工具的准点运行;在城间长途定线式公共客运方面,除要求运载工具准点运行外,还要求准确运输等。

(4)经济性。

在完成同样任务的条件下,应尽量节约运输过程中物化劳动和活劳动的耗费,以减少客户费用支出,这也是客户关心的问题,它是运输质量主要特征之一,必须给予足够的重视和关注。

(5)方便性。

运输经营者能否积极主动地急顾客之所急、想顾客之所想,为顾客提供一整套便利周到的服务,是十分重要的。对旅客运输来说,在购票、候车(船、机)、进站、上车(船、机)、下车(船、机)、行包托运及提取等环节,均要求方便和手续简便;对货物运输来说,要做到召之即来、来之能运和服务良好,充分体现手续简便、送货到门。

(6)舒适性。

舒适性是指客运方面旅客乘车舒适程度,随着人民物质文化生活水平的提高和运输业的发展,人们对旅客中的舒适性的要求不断提高,因此,要求旅客运输工作要最大程度地满足旅客对舒适性的要求。

2.2.2 运输组织服务质量评价指标

运输组织服务的特殊性,决定了运输组织服务质量评价的复杂性。运输组织服务质量的评价指标见表2-1。

运输组织服务质量评价指标 表 2-1

类别	部分评价指标	指标解释
安全	事故频率	责任事故次数与运载工具总行程之比
	事故损失率	责任事故直接损失与运载工具总行程之比
及时	运送速度、旅客购票时间	运送距离与运送时间之比、旅客购票时间包括待购时间与售票时间
准确	准点率、正确率、差错率	载运工具准点运行次数与全部运行次数之比、正确运输人数与运输总人数之比、受理业务差错件数与受理业务总件数之比
经济	客运费率、货运费率	平均每百公里乘距的费用与服务地区居民平均月收入之比、平均每 10t·km 货运费用与服务地区居民平均月收入之比
方便	简便受托率、换乘率	简便受托业务件数与受理业务总件数之比、换乘人数与乘客总人数之比
舒适	主要线路最高满载率、车厢服务合格率	最高路段客流量与最高路段车流量之比、执行合格服务项目数与检查项目总数之比

思考与练习

1. 车辆技术速度与营运速度的区别是什么？对运输组织工作有何启示？
2. 吨位利用率与实载率的区别与联系是什么？
3. 运输服务质量包括哪些特性？

第3章 城市公交运营组织

3.1 城市公交的特征

3.1.1 大众化、共享的出行方式

为人们提供大众化、共享的出行方式,是城市公交存在和发展的首要目的。城市公交通过大量的投入和科学的运营管理来创造具有足够吸引力的客运服务能力及服务水平,从而促使尽可能多的居民选择这种共享的大众化的出行方式,并为其提供良好的服务,以便有效地利用现有的城市交通资源,维护交通环境。

3.1.2 公益服务特征

根据现代汉语的基本含义,"公益"的意思是指公共的利益,"公益性"一般是指某一组织的宗旨基本上都是围绕有利于公共利益的发展而建立的,该组织或其成员的活动也是以公共利益而并非营利目的而进行的。

城市公交主要是为方便所有城市居民的出行而服务的,按公益性定义,城市公交属于公益性范畴。具体来说,城市公交的公益性主要体现在两个方面:一是城市公交的宗旨为满足城市居民出行需求,其服务对象为所有城市居民,可见其实现的是公共利益;二是城市公交实行的是低票价(自2007年1月1日起,北京公交率先开始打折,自此,全国各地公交低票价正式启动),并非以盈利为目的。因此,可以说,城市公交具有显著的公益性。

很显然,公交在为社会提供服务的过程中,消耗了一定数量的活劳动与物化劳动,为人们的位移创造了使用价值。公交企业都是独立核算独立经营的,企业维持再生产,必须以票价的形式收回劳动所创造的价值。但为维持公共交通的公益性,目前,全国公交存在着一个突出的问题就是票价低于成本,因而各地普遍存在着公交企业亏损的状况。

3.1.3 市场经营性

城市公交的功能在于提供满足人们出行需求的交通服务,它能实现乘客的空间位移效用和及时、快速到达目的地的时间效用,这就是城市公交所实现的使用价值。城市公交同其他商品一样凝结着无差别的人类劳动,我们能看到的司乘人员、调度人员、管理人员等,是他们每天的辛苦劳动换来公交的价值。公交的实现形式之一就是买票乘车,即乘客通过付费换得乘坐公交的权利。由此可见,公交具有价值和使用价值这个一般商品所固有的属性。由于公交具有商品属性,那么它向社会提供的出行服务也具有商品属性,应按市场经济规律运营获取利润。这说明它具有明显的市场经营性,城市公交在运营中实现其自身的经济

效益。

城市公交的公益性决定了城市公交必须讲求社会效益,它的社会效益主要表现如下方面。首先,交通是城市的四大基本职能之一,是城市运行的支撑系统,而城市公交又是城市交通的主体,所以说,城市公交是保证各项政治、经济、文化活动顺利开展的前提与保障。另外,直观来看,公交能力的提高,可以减少个人出行时间和体力消耗,提高交通设施的投资效益;在现有条件下提高城市公交服务质量,可有效缓解交通拥挤,减少环境污染,降低能源消耗,改善城市交通秩序,提高城市现代化管理水平等,可以说,城市公交的社会效益是非常鲜明的。与此同时,城市公交还具有经营性,经营性要求其追求经济效益。那么,既要保证社会效益又要保证经济效益如何兼顾?公益性是城市公交的基本属性,公益性要求必须社会效益优先,其次是经济效益。基于此原则,城市公交企业的发展理念为:在保证社会效益的前提下,可通过各种途径增收,保证用最低的运营成本,获得最好的经济效益。

3.1.4 规模经济和一定的自然垄断性

具有网络服务性质的城市公交,由政府通过税、费的收入提供资金进行建设,以最大程度地提高公交网的人口覆盖率,扩大客流的吸引范围和吸引量。这些公用设施投资一旦完成,随后的产品或服务流量越大,平均成本就越低。总体而言,城市公交存在规模经济。

规模经济使得市政公用设施由一家或少数几家企业经营比多家企业同时经营更符合社会经济效率的原则。垄断性的市政公用设施垄断能力的大小,取决于沉淀成本的大小和规模经济的大小,这两个因素共同决定潜在进入者进入市政公用设施服务市场的难度。

3.1.5 适度竞争性

城市公交的竞争性主要表现在两个方面。一是不同公共交通工具之间存在竞争。由于城市公交包括大型汽(电)车、小型公共汽车和城市轨道交通等多种交通工具,相同的起讫点,不同交通工具间存在竞争。二是同一种交通工具间也存在竞争。即使同一种交通工具,同一条线路,不同企业之间也是可以竞争的。可见,城市公交具有明显的竞争性。但是,在公交行业里实行完全的自由竞争是行不通的。首先,自由竞争环境下,基于市场竞争中资本的逐利本性,必然会出现两种现象,一种现象是盈利线路经营者多,亏损线路无人经营;另一种现象是,在公交客运量相对稳定的前提下,盈利线路经营者扎堆,必会使盈利线路也变为亏损线路。可见,自由竞争不仅会使部分线路无人经营,无法满足所有居民出行需求,有悖于城市公交的公益性属性,同时还会造成公交资源的极大浪费。因此,城市公交不能够自由竞争,而应该适度竞争,必须先保证公交企业的可持续发展。那么,政府必然应该对亏损企业予以补贴,并引导公交企业不断提高服务质量与运营效率。

3.1.6 需求弹性较小

公交提供的产品和服务,已经构成了现代城市生活的必需品,需求弹性较小。生活在城市里的人们对公交提供的产品和服务具有相当大程度的依赖性,显然私人交通与公交在一定程度上具有互补性,但在价格、品质、提供普遍服务等方面差距较大,实际上的可替代性仍然很小。

3.1.7 接受政府管制

这点主要源于城市公交的公益性特征,即服务的普遍性与低价格性,而企业都有逐利本性,因此,需要政府对公交行业从市场准入、价格、服务、安全、退出等方面进行政府管制。国内外城市公交发展实践表明,公交线路经营权作为重要的公共资源,必须坚持政府主导的发展方向,不宜作为市场资源进行过度的市场化经营,需要政府授予特许经营权后企业才能经营。同时,政府对于一些企业随意更改或取消客流量小的亏损线路予以严格管制,以满足所有城市居民的日常出行需求,并且票价的制定与调整以及服务质量都要受政府管制。

3.2 城市公交客流

3.2.1 公交客流概述

公交客流是指城市居民为实现各类出行活动,借助公交,在城市范围内的有目的的流动,包括数量、方向、距离、时间和地点等要素。

根据居民乘车目的的不同,公交客流可分为工作性客流和非工作性客流。工作性客流的特点是流量大而稳定,乘车时间相对集中,规律比较明显;非工作性客流的特点是运量较小且不稳定,乘车时间相对分散,规律隐藏较深,不易把握。需要指出的是,工作性客流不完全与上、下班有关,与上学、放学也有着密切的关系,所以,一般也称工作性客流为通勤客流。

客流是城市公交的需求体现,是城市公交工作的出发点。无论是公交线路的开辟、站点的设置,还是客运工具的选配、行车频率的确定,乃至公共交通票价的制订,都离不开对客流分布、需求层次的把握。因此,研究城市客流,做好客流的调查、分析和预测,掌握客流动态及变化规律,是城市公交组织工作的重要内容,也是开展下列工作的依据:

(1)合理规划线路,有计划地开设新线和调整既有线路;
(2)合理设置车场和停靠站,对原有停靠站进行调整;
(3)选择适宜的交通工具及车种、车型,经济合理地调配运力;
(4)编制科学合理的行车计划,采取灵活有效的调度措施。

3.2.2 公交客流特征

3.2.2.1 方向上的客流特征

方向上的客流特征是指在特定的时间段内,某公交线路的上行客流与下行客流之间的数量关系。公交线路有上、下行之分,一定的时间间隔内,上、下行客流可能平衡或基本平衡,也可能不平衡,甚至很不平衡。据此,将客流在方向上的特征区分为两类。

(1)双向型客流。它指在特定的时间段内,某公交线路上行和下行客流数量相等或接近的客流类型,绝大部分的市区线路属于这种类型。双向型客流由于上行和下行旅客数接近,车辆运行调度比较容易。

(2)单向型客流。它指在特定的时间段内,某公交线路上行和下行方向客流数量有较大差异的客流类型,学校线路、住宅线路和部分市郊线路属于这种类型。单向型客流由于上行和下行旅客数量差异较大,车辆运行调度难度增加。

3.2.2.2 断面上的客流特征

公交线路沿某个方向相邻或任何两个车站之间的客流量构成一个断面。断面上的客流特征是指在特定的时间段内,某公交线路各站点上下乘客数量之间的关系。断面上的客流特征主要有两类:第一类为平滑型,即线路上各断面客流的变化无论是增加还是减少,相邻断面之间客流的变化率差异较小,近似于连续的曲线或直线或斜线;第二类为跳跃型,即线路上各断面客流的变化无论是增加还是减少,相邻断面之间的变化率相差较大,近似于各种各样的台阶。

上述两类客流特征,可细分成以下五种。

(1)凸型客流,即一条线路上各断面的客流量,以中间几个断面为高,两边的断面为低,越接近两端的断面越低,整条线路各断面的客流量,呈中间高两端低的状况。

(2)平型客流,即线路各断面上的客流量非常接近,整条线路各断面上的客流量,呈近乎水平状。

(3)斜型客流,即线路各断面上的客流量,从一端至另一端表现为逐渐增加或逐渐减少,整条线路各断面上的客流量呈斜坡状。

(4)凹型客流,即线路各断面上的客流量,以中间几个断面为低,两边的断面为高,越接近两端的断面越高,整条线路各断面上的客流量呈中间低两端高的状况。

(5)不定型客流。除上述四种类型之外的情形属于不定型客流,表现为整条线路上各断面的客流量呈忽高忽低的不规则状。

3.2.2.3 时间上的客流特征

时间上的客流特征是指在某公交线路或线路上的某一断面,不同的时间段客流之间的数量关系。在较短的时期内,客流在总量上的变化不大,但各时间段之间有时会有比较大的变化,如节假日、昼夜等。

(1)季节性变化。不同的季节,社会经济活动的结构有所差异,人们的出行状况也有所不同,必然导致客流特征的变化,如冬季寒冷、夏季炎热,出行的区域和频率会受到一定的影响。一年中,各月的客流量会随季节的推移发生变化,但每年的变化基本相似,具有明显的规律性。

(2)节假日变化。在工作日,以通勤客流为主。而在节假日,城市活动的中心由工作、上学转移到家庭生活、休闲、购物、锻炼,致使客流的数量、方向和时间分布与工作日有着明显的差异。

(3)昼夜变化。从现实看,白天是人们工作和从事其他活动的高峰,也是人们出行的高峰;夜晚则是人们休息的时间,出行的数量降到最低。昼夜交界时段,客流状况介于这两者之间。

受企事业单位作息制度的影响,一天内各时间段的客流量会发生一些变化,这种变化每天大致相似。根据客流量在一昼夜不同时间段的分布,客流可以分为双峰型、四峰型、不定型等几种。掌握客流在时间上的变化规律,是合理安排公交的前提。

客流在时间、方向、断面上的变化,多采用不均衡系数来反映,它的计算公式是:

$$\text{时间(方向、断面)上的不均衡系数} = \frac{\text{单位时间(某方向、某断面)最大客流量}}{\text{单位时间(双向、各断面)上平均客流量}} \quad (3-1)$$

3.3 城市公交线网运营规划

3.3.1 公共汽(电)车线网设置和调整规则

《公共汽电车线网设置和调整规则》(GB/T 37114—2018)对公交线网设置和调整的基本原则、实施条件和要求等作了详细的说明。

3.3.2 公交线网特征

城市公交线网技术评价指标包括非直线系数、公交线网密度、公交站点覆盖率、乘客平均换乘系数或换乘率、高峰满载率、全天线路满载率等。

(1)非直线系数(>1)。非直线系数指行车路线起讫点间的实际里程与两点间的空间距离之比,用以表示公交路线走向与乘客实际需求在空间上的符合程度,可用下式计算:

$$非直线系数 = \frac{线路起讫点之间的实际里程}{线路起讫点之间的空间里程} \tag{3-2}$$

一般地,公交的票价与运行时间基本上与乘车里程成正比。随着非直线系数的增大,乘客所支付的票价与乘车时间有效性降低。因此,在城市公交线网规划和线路布设时,应注意降低线路非直线系数,选择非直线系数较小的线路类型。

(2)公交线网密度。公交线网密度指每单位城市用地面积中所拥有的公交线路长度,是衡量公交线网成熟程度的重要技术指标,计算公式为:

$$公交线网密度 = \frac{公交线网长度}{城市面积}(km/km^2) \tag{3-3}$$

式中,公交线网长度仅指公交线路的道路中心线长度之和,不是全部公交线路长度之和。

(3)公交站点覆盖率(%)。公交站点覆盖率也称公交站点服务面积率,是公交站点服务面积占城市用地面积的百分比,是反映城市居民接近公交程度的重要指标。《城市公共汽电车客运服务规范》(GB/T 22484—2016)中第4.1.1条规定:按车站服务半径300m计算,城市建成区站点覆盖率不应低于50%,中心城区站点覆盖率不应低于70%;按车站服务半径500m计算,城市建成区站点覆盖率不应低于90%;新建开发区域距离公共交通服务不应超过400m服务半径。

$$公交站点覆盖率 = \frac{公共站点服务面积}{城市用地面积} \times 100\% \tag{3-4}$$

(4)乘客平均换乘系数。换乘系数是衡量乘客直达程度和反映乘车方便程度的指标。乘客平均换乘系数的计算方法为乘车出行人次与换乘人次之和除以乘车出行人次,即:

$$乘客平均换乘系数 = \frac{乘车出行人次 + 换乘人次}{乘车出行人次} \times 100\% \tag{3-5}$$

(5)换乘率(%)。换乘率是指统计期内乘客一次出行,必须通过换乘才能达到目的地

的人数和乘客总人数之比,即:

$$换乘率 = \frac{有换乘的乘客人数}{乘车总人数} \times 100\% \qquad (3-6)$$

(6)高峰满载率(%)。高峰满载率指客运高峰期间车辆在主要线路的高单向、高断面上载运乘客的平均满载程度,即:

$$高峰满载率 = \frac{主要线路高单向、高断面通过量}{车辆通过高断面的客位数总和} \times 100\% \qquad (3-7)$$

(7)全天线路满载率(%)。全天线路满载率指营运车辆全天载运乘客的平均满载程度,即:

$$全天线路满载率 = \frac{载客周转量}{客位行程} \times 100\% \qquad (3-8)$$

3.3.3 公交车站

线网各运营线路上专为乘客乘降设置的停车地点称为公交车站。每条运营线路上设置车站的数目、车站之间的距离、车站的具体位置、候车亭的设施等,都是影响公交车辆行驶速度、乘客步行时间、道路通过能力、乘客吸引面和城市交通安全的重要因素。因此,公交车站的设置是城市客运线网建设的重要内容,在布设线网时必须一并考虑。

公交车站按其在线路上的位置不同,可分为设在线路途中的中间站和设在线路两端的始末站。对于中间站,主要解决站距与站址的选定问题;对于始末站,还需综合考虑运营场地的条件、始末站功能等问题。

3.3.3.1 平均站距的确定

同一线路上相邻两车站之间的距离即为站距。站距(或车站数量)的确定,涉及乘客利益与公交组织效率的关系,不宜过长也不宜过短。站距较长,有助于提高行车速度,缩短乘客的乘行时间,但会增加乘客步行到站的时间;反之,站距较短,有利于减少乘客步行到站的时间,但不利于提高行车速度和缩短乘客的乘行时间。因此,站距的长短应以车上乘客平均乘行时间与车下乘客平均步行时间之和最小为原则。具体来说,需要综合考虑下列因素:乘客出行时间的节约、车辆运营速度的提高、客流的主要集散地点、城市街道的实际条件和城市交通管制等。

实践中,多采用下面的经验公式确定平均站距:

$$L_c = \lambda \sqrt{v \times L_p \times T \div 30} \qquad (3-9)$$

式中:L_c——平均站距(km);

λ——站距修正系数,一般取 1.0~1.3,通过市中心或闹市区的路线取较低的值,位于市区边缘的线路取较高的值;

v——乘客步行速度,一般取 3.6~4.0km/h;

L_p——乘客的平均乘距(km);

T——平均每站停站损失时间,即在平均运距内乘客因车辆停站而延误的时间,包括停站时间及车辆因起动和停车减速而损失的时间(min)。

《公共汽电车线网设置和调整规则》(GB/T 37114—2018)对不同层级公交的平均站距的要求见表3-1。

不同层级公交的平均站距　　　　表3-1

参数	快线(km)	干线(km)	支线(km)
平均站距	0.8~2	0.5~0.8	0.3~0.5

3.3.3.2 站址的选择

中间站站址的选定应综合考虑以下因素。

(1)方便乘客乘车、换乘,车站宜设在乘客较多的地点和交叉路口附近,以便乘客换乘。如果同一地点有不同路线或不同运输方式的线路,在不影响车辆正常停靠和通行的前提下,可合并设站或设在相邻处,以便换乘。如果公交线路比较多,可以考虑一个站两处设置(即一站两置),减少公交车的排队。

(2)车站设在交叉路口附近时,一般不宜过交叉路口,以减少信号灯影响所造成的速度损失。此外,在车流密集路段,过交叉路口设站还会加剧公交车辆在车站排队的现象。

如果道路狭窄或交通条件复杂或多数乘客下车后要越过路口,可以考虑过交叉路口设站。车站距交叉路口的距离,以不影响交叉路口交通安全和交通畅通为前提,并要结合公交车站通过能力综合考虑。在实行自动化交通信号控制的情况下,交叉口附近的车站一般应设在距交叉口30~50m以上,以免影响交通安全。

(3)便于车辆起动、加速,车站不宜设在上坡路段。

(4)上下行同一道路运行时,在不影响道路畅通的前提下,尽可能使上、下行的同一车站相邻。两站址之间的相对(车头与车头)距离以30~50m为宜。只有在路面宽阔,车流又比较小的路段,才考虑于道路两侧相对的位置设站址。

(5)以下地点不宜设站:道路转弯处、涵洞、桥梁、陡坡、消防栓旁、铁路道口、危险地段、路口及大型建筑物门前等。

首末站是车辆折返、改变运行方向之处,站址选择除了考虑中间站所需考虑的因素外,还应考虑有足够的场地,供车辆折返、停放及供调度人员和司乘人员工作和休息的建筑设施。如果场地紧张,可组织公交车辆绕附近街道单向行驶,也可利用交通情况不太复杂的交叉路口折返。

在候车乘客较多的始末站,应适当设置排队场地、护栏、站台、防雨棚及导向设施。所有停车站均应设置站杆、站牌,站名、路别、线路走向、沿线站名、首末车时间等内容必须在站牌上标记清晰完整。

3.4 公交运营组织

城市道路公共交通主要方式有常规公交、快速公共汽车、无轨电车、巡游出租汽车、定制公交、网约车等。定制公交和网约车均属于信息化和"互联网+"时代多元化运输产品形式,常规公交组织逐步向智慧公交转变,传统出租汽车组织逐步与网约车融合发展。

需求响应公交

3.4.1 常规公交运营组织模式

常规公交采用定线定站组织模式，即运营线路固定、乘客上下车地点固定的运营方式，其乘车经济性好，并可以采用大型车辆，是国内外城市公交客运的主要方式。常规公交运营组织包括公交行车计划和公交运营调度管理两个核心部分。

3.4.1.1 公交行车计划

公交行车计划是城市公共交通企业管理的重要基础工作之一，它根据运营生产特点、生产条件和乘客需求合理编制，用以组织和指导公共电汽车运营生产的全过程。公交行车计划包括时刻表、车辆计划及人员排班计划。

3.4.1.1.1 公交时刻表概述

公交时刻表是指根据线路当前客流量随时间或者空间的变化情况、投入运营的车辆数量以及里程指标等因素确定当前线路的发车间隔。它是指导公交车辆进行运营的基本文件。公交时刻表编制是城市公交运营企业管理的基础工作之一，也是公交车辆行车计划编制的重要一环。

（1）行车作业计划编排的主要内容。

行车作业计划编排的主要内容就是根据运行参数，排列各时段车次的行车时刻。应注意的是，在具体编制过程中，若发现有些参数的初算值不符合要求，应予以修正，直到符合要求为止。

①安排和确定行车班次（路牌）。行车路牌是车辆在线路运行的次序或秩序，车辆的路牌号也称车辆运行的次序号。

起排的方法有两种：一种是从头班车的时间排起，自上而下、从左向右顺序填写每一次的发车时刻直到末班车；二是从早高峰配足车辆的一栏排起，向前推算到头班车，这种方法能较好地安排每辆车的出车顺序，也能较经济地安排运行时间，待全表排好后，再定车辆的次序号，并填进车辆进、出场时间，这样比先定序号后排时间的方法要简便一些。

②行车间隔的排列。行车间隔必须按车辆周转时间除以行驶车辆数的计算方法确定，不得随意变动，避免车辆周转不及时或行车间隔不均匀，可以通过适当压缩或增加车辆在始末站时间来调节。

③增减车辆的排列。线路上运行的车辆是按时间分组，随着客流量的变化有增有减。车辆不论加入或抽出，均要考虑前后行车间距的均衡，要注意做到既不损失时间，又不产生车辆周转时间不均的矛盾，并做到车辆均匀地加入和抽出，这样就能做到配车数量、行车间距虽有变化，但行车仍保持其均匀性。

④全程车与区间车的排列。在编制行车作业计划时，由于全程车与区间车的周转时间不等，混合行驶时，不仅要注意区间断面上的行车间隔均衡，而且要求区间车与全程车合理相间，充分发挥区间车的效能，以方便乘客。区间断面上的发车班次与全程车无法对等，不能相间行驶时，也要注意配合协调，间隔均匀。

⑤行车人员用餐时间的排列。安排行车人员用餐时间，一般有 3 种方法：增加劳动力代班用餐；增车增人填档，替代行驶的车辆参加运行；不增车不增人，用拉大行车间距的方法，让出用餐所需要的时间。

(2)编制原则及目标。

①依据客流动态变化规律,以最大程度的方便和最短的时间,安全运送旅客。

②调度形式的确定,要适应客流需要和加快车辆周转,提高运营效率。

③充分挖掘车辆的运用潜能,适时调整行车作业计划,不断提高劳动生产率。

④组织车辆在线路上有计划、有节奏、均衡地运行。

⑤在不影响服务质量的前提下,兼顾职工劳逸结合,安排好行车人员的作息时间。

⑥根据季节性客流量变化适时调整计划,根据每周、每日的不同客流量,制订并执行不同的计划安排。

(3)编制流程。

①对各条线路进行客流调查,可以进行全线路全日情况的总和调查,也可以根据实际需要只进行部分路段、站点和平峰时段、高峰时段的调查,取得有关的客流分布的基本数据。

②确定各条运营线路的各项原始数据,这些数据包括车辆类型、收发车辆地点、首车及末车时间、各条运营线路的长度、运营时间内各段时间的各个路段客流量、车辆周转时间以及其他一些必要的数据。

③计算运行参数,包括计算各段时间车辆数以及各段时间行车频率、对所计算的行车频率进行调整、根据调整后的行车频率计算各个时间段的行车间隔、确定各个时间段内的行车间隔分配与排列方案。

④对计算得到的各个时间段的主要参数,包括各个时段、路段的客流量、车辆满载率、行车间隔、周转时间及周转系数进行汇总,编制各分段时间内的各个车次的行车时刻表。

行车计划表编制流程如图3-1所示。

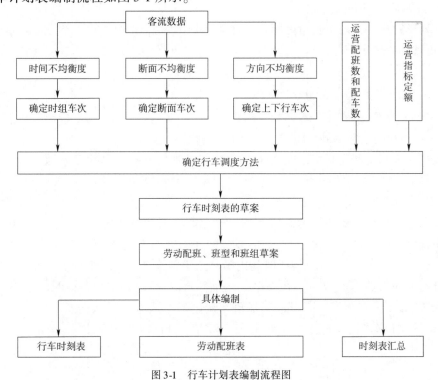

图3-1 行车计划表编制流程图

3.4.1.1.2 车辆运行参数

车辆运行参数主要包括路线车辆数、发车间隔和车班数,其依据车辆运行定额进行计算。车辆运行定额包括单程时间、首末站停站时间、周转时间及计划车容量等。

(1)车辆运行定额。

①单程时间。单程时间是指车辆完成一个单程的运输工作所消耗的时间。单程时间包括单程行驶时间和在各中间站的停站时间,即:

$$t_n = t_{nT} + t_{ns} \tag{3-10}$$

式中:t_n——单程时间(min);

t_{nT}——单程行驶时间(min);

t_{ns}——各中间站的停站时间(min)。

②首末站停站时间。线路首末站停站时间,包括为车辆调车、办理行车文件手续、车辆清洁、行车人员休息与交接班、乘客上下车以及停站调节等必需的停歇时间。通常可以单程时间为准,按下式适当确定始末站平均停站时间。

$$\bar{t}_t = \begin{cases} 4 + 0.11 t_n & (10 \leq t_n \leq 40) \\ 0.21 t_n & (40 \leq t_n \leq 100) \end{cases} \tag{3-11}$$

式中:$\bar{t}_t$——平均始末站停站时间(min);

t_n——单程时间(min)。

③周转时间。周转时间等于单程时间与平均始末站停站时间之和的2倍,即:

$$t_0 = 2(t_n + \bar{t}_t) \tag{3-12}$$

式中:t_0——周转时间(min)。

④计划车容量。计划车容量是指行车作业计划限定的车辆载客量,又称(计划)载客量的定额,可按下式确定:

$$q^0 = q_0 \gamma^0 \tag{3-13}$$

式中:q^0——计划车容量(人次);

q_0——车辆额定载客量(人次);

γ^0——车厢满载率定额(%)。

一般高峰期间车厢满载率定额为 $\gamma_s^0 \leq 1.1$;平峰期间车厢满载率定额平均 $\gamma_i^0 \leq (0.5 \sim 0.6)$。

(2)路线车辆数确定。

路线车辆数包括组织线路运营所需的车辆总数与营业时间内各时间段所需的车辆数。确定组织线路运营所需的车辆总数,一般以高峰小时客流所需车辆数为准。确定营业时间内各时间段所需的车辆数,应以该段时间内最高路段客流量及计划车容量为准。

①分时间段线路车辆数 A_i。在一个客运工作日内,可以将整个营业时间按小时划分为若干时间段,假定只有全程车(可按正、加班车调度形式运行),那么任意 t_i 时间段线路所需车辆数(计算单位车辆)可通过该时间段的行车频率 f_i 和车辆周转系数 η_{0i} 确定,即:

$$A_i = \frac{f_i}{\eta_{0i}} \tag{3-14}$$

式中:f_i——行车频率;

η_{0i}——周转系数。

行车频率f_i(辆/h),是指单位时间内通过营运线路某一站点的车辆次数。任意时间段内的行车频率为:

$$f_i = \frac{Q_i''}{q_0 \gamma_i^0} \quad (3\text{-}15)$$

式中:Q_i''——第i时间段内营运线路高峰路段的客流量(人次);

γ_i^0——第i时间段内客流量最高路段的设计车厢满载率定额。

周转系数η_{0i}是指单位时间内车辆沿整条线路所完成的周转数,即:

$$\eta_{0i} = \frac{60}{t_{0i}} \quad (3\text{-}16)$$

式中:t_{0i}——第i时间段内的车辆周转时间(min)。

将f_i和η_{0i}分别代入式(3-15),得:

$$A_i = \frac{Q_i'' t_{0i}}{60 q_0 \gamma_i^0} \quad (3\text{-}17)$$

②线路车辆总数A。对于一条运营线路,车辆总数代表了该线路的最大运力水平,因此,可以通过该线路最大运输需求确定线路车辆总数。通常,运营线路最大运输需求可用高峰小时高峰路段客流量代表。

当运营线路所有车辆都采用全程车运行方式时,高峰小时应对的线路车辆数即为线路车辆总数,即:

$$A = \frac{Q_s'' t_{0a}}{60 q_0 \gamma_s^0} \quad (3\text{-}18)$$

式中:Q_s''——高峰小时高峰路段客流量(人次);

t_{0a}——高峰小时的车辆周转时间(min)。

当运营线路上除全程车外,还有多种车辆调度形式时,线路车辆总数为各种调度形式所有车辆数的总和,即:

$$A = A_1 + A_a + A_e \quad (3\text{-}19)$$

式中:A_1——高峰小时运行的全程车(辆);

A_a——高峰小时运行的区间车(辆);

A_e——高峰小时运行的快车(辆)。

a. 如果运营线路上全程车和区间车,无快车形式,则:

$$A_1 = \frac{\overline{Q_S^N} t_{0s}}{60 q_0 \gamma_s^0} \quad (3\text{-}20)$$

式中:$\overline{Q_S^N}$——高峰小时双向平均路段客流量(人次)。

$$A_a = \frac{Q_a'' t_{0s}}{60 q_0 \gamma_a^0} \quad (3\text{-}21)$$

式中:Q_a''——高峰小时高峰路段区间双向平均路段客流量与线路双向平均路段客流量的差值(人次);

t_{0s}——高峰小时车辆沿高峰路段区间运行时的周转时间(min)。

b. 如果运营线路上全程车与快车配合使用,无区间车,则:

$$A_e = \frac{Q''_e t_{0e}}{60 q_0 \gamma_e^0} \qquad (3\text{-}22)$$

式中:Q''_e——高峰小时高单向平均路段客流量与线路双向平均路段客流量的差值(人次);

t_{0e}——高峰小时车辆按快车形式运行的线路周转时间(min)。

c. 正、加班车数的确定。正班车数 A_n 通常可根据线路车辆总数 A、客流的时间不均匀系数 K_t、客流高峰与平均车厢计划满载率定额 γ_s^0 及 γ_f^0 按下式确定:

$$A_n = W_a \frac{A \gamma_s^0}{K_t \gamma_f^0} \qquad (3\text{-}23)$$

式中:W_a——车辆系数,一般取 1.0~1.25,当线路客流量处于平峰期间时,可取较低值;反之应取较高值。

然后,可确定加班车数 A_w,即:

$$A_w = A - A_n \qquad (3\text{-}24)$$

(3)发车间隔。

发车间隔是指前后两辆公交车辆发出时间的间隔,即当前公交车发出时刻减去之前一辆公交车发出时刻的时间差值,以时间为单位。发车频率是指单位时间内发出车辆的次数,以车辆数/时间为单位,它与发车间隔成反比。

在单位时间取为 1 时,发车间隔与发车频率互为倒数,发车频率等于单位时间除以平均发车间隔,这时,在此段时间内,所有发出车辆间的发车间隔是相同的,都等于平均发车间隔。另外,在最终编制的车辆时刻表上,首发班次时间确定后则可以通过发车间隔直接推算出后续所有班次的发车时间;但对于发车频率而言,需要先考虑整个运营时间的时段划分,再考虑由发车频率求得的发车间隔的分配与排列。

①发车间隔的计算。发车间隔是指正点行车时,前后两辆车到达同一停车站的时间间隔,又称车距。发车间隔可由下式确定:

$$I = \frac{t_{0s}}{A} \text{ 或 } \frac{t_{0i}}{A_i} \qquad (3\text{-}25)$$

式中:A——t_0 时间内的发车总数(辆)。

②发车间隔的分配。发车间隔的分配是指对发车间隔计算值分配,对呈现小数的发车间隔值取整处理,并使之确定为适当数值便于行车掌握,或者根据实际需要将一个整数发车间隔分为其他大小不同的整数发车间隔的过程。

当发车间隔计算值 I 分解后,按每种发车间隔运行的车辆数可参照下述方法进行分配:

假设某时间(t_0)内发车间隔的计算值为小数,即 $I = E.a$(E 为 I 值的整数部分;a 为 I 值的小数部分)。

将 I 值分解为整数:

$$I = \begin{cases} I_b = \text{Int}(I + X_b) \\ I_c = \text{Int}(I - X_c) \end{cases} \qquad (3\text{-}26)$$

式中:X_b、X_c——分解 I 值所采用的非负数,即 X_b、$X_c \geq 0$;显然 $I_c < I < I_b$,又设 $\Delta I = I_b - I_c$。

按最大发车间隔(I_b)运行的车辆数 A_b 为:

$$A_b = \frac{t_0 - AI_c}{\Delta I} \qquad (3\text{-}27)$$

按最小发车间隔(I_c)运行的车辆数 A_c 为:

$$A_c = A - A_b \qquad (3\text{-}28)$$

由于 X_b 与 X_c 的取值不同,ΔI 值的大小也各不相同,一般在 $\Delta I = 1$ 的情况下,A_b 与 A_c 值均为整数,但当 $\Delta I > 1$ 时,A_b 的值可能为小数。此时除将 A_b 取为整数,即令 $A_b = [A_b]$ 以外,尚需在行车间隔 I_b 与 I_c 之间增加一种行车间隔 I_y,即 $I_c < I_y < I_b$,之后可按下式计算其车辆数 I_y:

$$A_y = \frac{t' - A'I_c}{\Delta I'} \qquad (3\text{-}29)$$

式中:t'——剩余时间(min),$t' = t_0 - I_b A_b$;

A'——剩余车辆数(辆),$A' = A - A_b$。

$$\Delta I' = I_y - I_c \qquad (3\text{-}30)$$

则有:

$$A_c = A - A_b - A_y$$

故

$$\sum(IA) = I_b A_b + I_y A_y + I_c A_c \qquad (3\text{-}31)$$

一般将其综合记为:

$$t_0 = \sum(IA) = \sum(车距 \times 车数) \qquad (3\text{-}32)$$

因此,以上为便于掌握分配过程和计算简便,除个别情况外,通常选取 $\Delta I = 1$。但是在客运高低峰过渡时间内,则通常要取 $\Delta I > 1$。

③发车间隔的排列。发车间隔的排列是指根据一定的原则,将前面计算得到的大小不同的发车间隔,依据客流情况,进行次序排列,以便使运营发放车次时更加符合客流变化的动态趋势。

例题 3-1

发车间隔排列的原则主要有以下 3 种形式:由小到大的顺序排列,在客流高峰向客流低峰过渡时适用;由大到小的顺序排列,在客流低峰向客流高峰过渡时适用;大小相间的排列,在客流变化不大时适用。

(4)车班数。

车班数包括车班总数及按不同车班工作制度运行的车班数。

车班总数的计算方法如下:

$$\sum B = \frac{\sum T_d + \sum T_c}{t_B} \qquad (3\text{-}33)$$

式中:$\sum B$——车班总数(车班);

$\sum T_d$——线路工作总时间(h),即全部车辆在线路上的工作时间之和;

$\sum T_c$——全部车辆的收发车调控时间之和(h);

t_B——车班工作时间定额(h)。

车辆的线路工作总时间 $\sum T_d$ 为:

$$\sum T_{\mathrm{d}} = \sum_{j=1}^{K_0} t_{0j} A_j \quad \text{或} \quad \sum T_{\mathrm{d}} = \sum_{i=1}^{K} t_i A_i \tag{3-34}$$

式中：t_{0j}——第 j 次周转时间（h）；

A_j——第 j 次周转时间内的车辆数（辆）；

K_0——周转总次数（次）；

t_i——第 i 时间段的营业时间（h）；

A_i——第 i 时间段内的发车辆（次）数（辆或次）；

K——时间段总数。

确定车班总数（$\sum B$）之后，即可通过计算车班系数（ΔA）选定车班工作制度，从而确定按各车班工作制度运行的车班数 B_i，即

$$\Delta A = \sum B - 2A \tag{3-35}$$

式中：A——线路车辆总数（辆）。

①如果 $\Delta A > 0$，则车班工作制度为三班工作制。其中，第一、第二班的车班（辆）数为 A，即 $B_1 = B_2 = A$，而第三班的车班（辆）数为 $B_3 = \Delta A$。

②如果 $\Delta A = 0$，则全部车辆实行双班制，每工作班车数均为 A，即 $B_1 = B_2 = A$。

③如果 $\Delta A < 0$，且 $|\Delta A| < A$，则为单班与双班兼有的车班工作制，其中，按照单班工作制的车班数为 $B_1 = |\Delta A|$，按照双班工制的车班数 $B_2 = B_3 = A - |\Delta A|$。

④如果 $\Delta A < 0$，且 $|\Delta A| = A$，则为单班工作制，车班数 $B_1 = A$。

3.4.1.1.3 车辆调度

车辆调度形式是指运营调度措施及计划中所采用的运输组织形式，按车辆工作时间长短分为正班车、加班车和夜班车；按车辆运行与停站方式分为全程车、区间车、快车、定线车和跨线车。

（1）按车辆工作时间的长短划分。

①正班车。正班车主要指车辆在正常运营时间内连续工作相当于两个工作班的一种基本调度形式，又称为双班车或大班车。

②加班车。加班车指车辆仅在某种情况下，在某段运营时间内上线工作，并且一日内累计工作时间相当于一个工作班的一种辅助调度形式，又称为单班车。

③夜班车。夜班车指车辆在夜间上线工作的一种辅助调度形式，常与日间加班车相兼组织，夜班车连续工作时间相当于一个工作班。

（2）按车辆运行与停站方式划分。

①全程车。全程车指车辆从线路起点站发车运行直至终点站为止，且必须在沿线各固定站点依次停靠，按规定时间到达有关站点并驶满全程的一种基本调度形式，又称为全站车或慢车。

在城市常规公交运营调度中，以全程车和正班车为基本调度形式，根据线路客流的每日时段分布，综合考虑道路交通条件、企业运营组织与技术条件、相关服务质量要求等因素辅以其他调度形式。

②区间车。区间车指车辆仅行驶在线路上某一客流量较大的路段的一种辅助调度形式。

区间车调度形式可以通过路段客流量差值或者路段不均匀系数确定。

a. 通过计算路段客流量确定。

$$\Delta Q_{Li} = Q_{Li} - \overline{Q}_L \tag{3-36}$$

式中：ΔQ_{Li}——第 i 路段客流量差；

Q_{Li}——第 i 路段客流量；

$\overline{Q}_L$——沿线各路段平均客流量。

当 $\Delta Q_{Li} \geq (2 \sim 4) q_0$ 时，应开设区间车。

b. 通过计算路段不均匀系数，确定路段不均匀系数。

$$K_{Li} = \frac{Q_{Li}}{\overline{Q}_L} \tag{3-37}$$

当路段不均匀系数 K_L 满足 $K_{Li} > K_L^0$ 时，应开设区间车，K_L^0 通常取 $1.3 \sim 1.5$。

③快车。快车指为了适宜沿线长乘距乘车的需要而采取的一种越站快速运行的车辆调度形式，包括大站快车和直达车两种。大站快车是指车辆仅在沿线客流集散量较大的停靠站停靠和在其间直接运行的一种调度形式；直达车是快车的一种特殊形式，车辆仅在线路起点站和终点站停靠。

快车调度形式可以通过方向不均匀系数或者站点不均匀系数确定。

a. 通过计算方向不均匀系数确定。

$$K_f = \frac{Qf_{max}}{\overline{Q}_f} \tag{3-38}$$

即统计时间内线路最大单向客运量与线路平均单向客运量之比。当 K_f 满足 $K_f > K_f^0$ 时，可沿同方向客流集散量较大的几个站点开设快车。

K_f^0 一般取值 $1.2 \sim 1.4$。

b. 通过计算站点不均匀系数确定。

站点不均匀系数：

$$K_{zj} = \frac{Q_{zj}}{\overline{Q}_z} \tag{3-39}$$

即统计时间内第 j 站乘客集散量与沿线各站平均乘客集散量之比。当长距离乘客较多，站点不均匀系数 K_{zj} 满足 $K_{zj} > K_z^0$ 时，考虑沿同方向客流集散量较大的几个站点开设快车。K_z^0 为临界值，一般取 $1.4 \sim 2.0$。

例题 3-2

④定线车。定线车指为了接送有关单位职工上下班或学生上下学等情况而组织的一种专线车调度形式，又称为定点车。车辆可按定时间、定线路、定班次和定站点的原则进行组织。

⑤跨线车。跨线车指为了平衡相邻线路之间客流负荷，减少乘客换乘而组织的一种车辆跨线运行的调度形式。俗称的"支援车"是跨线车的一种。

高峰加班车调度形式可通过计算客流的时间不均匀系数（时间单位可取小时）的方法确定。

时间不均匀系数：

$$K_{si} = \frac{Q_{si}}{Q_s} \tag{3-40}$$

即营业时间内第 i 小时的线路客运量与平均每小时线路客运量之比。如果时间不均匀系数 K_{si} 满足 $K_{si} > K_s^0$，应考虑开设加班车。K_s^0 一般取 1.8～2.2。

3.4.1.1.4 公交时刻表

公交时刻表是指根据线路当前客流量随时间或者空间的变化情况、投入运营的车辆数量以及里程指标等因素确定当前线路的发车间隔。它是指导公交车辆进行运营的基本文件。公交时刻表编制是城市公交企业管理的基础工作之一，也是公交车辆行车计划编制的重要一环。

(1) 公交时刻表的分类。

公交时刻表编制应充分考虑客流在时间、断面、方向上的不均衡规律，合理确定首末站发车时间间隔和行车调度方法，达到各时段、各断面运力、运量基本平衡，同时达到满载率要求。也就是按照区域线路不同时段的客流量、投入运营的车辆数以及服务水平指标等因素，确定车辆在该时段的发车时间间隔和行车调度方法。由于客流量和指标参数随着时段、季节等发生变化，因此发车时间间隔和调度方法也随之改变。公交时刻表一般分为不同季节的公交时刻表和不同日期的公交时刻表。

对同一时期的行车时刻表，有线路行车时刻表、车站行车时刻表与车辆行车时刻表。

① 线路行车时刻表。按行车班次制定的车辆在线路上的运行时刻，分线路编制。表内主要列有该线路所有班次的出场时间、从始末站开出时间等。

② 车站行车时刻表。按线路始末站及重点中间站点的行车时刻表，分站点编制。表中规定了在该线路行驶的各班次公共汽车每周转一次的到达、开出该站的时间，行车间隔及换班或休息时间等。

③ 车辆行车时刻表。按行车班次制定的车辆沿线路运行时刻，分路牌编制。表内列有该班次车辆出场(库)时间，每周转时间内到达、开出沿线各站时间，在一个车班内(或一日营业时间内)需完成的周转次数及回场时间等。

(2) 车辆行车时刻表。

编制车辆行车时刻表，主要是确定关键站点及其主要时刻。

① 关键站点的确定。

在车辆行车时刻表编制过程中，关键站点考虑最多的就是入线站点和离线站点。入线站点是指在运营车辆进入线路运行时的第一个车次的对应站点，即车辆进入线路的第一个发车站点。离线站点是指在运营车辆退出线路运行时的最后一个站点，即车辆从该站点返回车场。选定车辆的入线站点和离线站点时，一般需要综合考虑多个因素，例如：所在时间段的上、下行的客流量大小；车辆所在停车场(库)和入线站点之间的距离；运营线路沿线乘客对服务时间的要求；线路投放运力是否方便和经济等。

通常情况下，入线站点和离线站点都被固定在公交首末站点上，但对于非常规调度形式(指区别于基础行车时刻表上的正班全程车的其他调度形式)来说，因为存在多次进出线路运行的情况，所以根据实际需要，其入线、离线站点可能不会设置在首末站上。

② 主要时刻的确定。

车辆运行的关键时刻主要有计划的出场时刻、入线时刻、离线时刻、回场时刻以及各车次的发车时刻与到站时刻。

a. 出场时刻。出场时刻 t_{out} 是指车辆从停车场（保修厂）进入运营线路时在停车场（保修厂）的发车时刻，计算公式为：

$$t_{out} = t_{dl} - t_s - t_m \tag{3-41}$$

式中：t_{dl}——车辆入线的第一个发车时刻；

t_s——首末站停车时间定额；

t_m——停车场（保修厂）与入线站点之间的单程时间定额。

b. 入线时刻。入线时刻 t_{up} 是指车辆进入运行线路时到达第一个发车站点的时刻，计算公式为：

$$t_{up} = t_{dl} - t_s \tag{3-42}$$

显然，对于首发车辆来说，入线时刻就是第一次到站时刻。

c. 离线时刻。离线时刻 t_{down} 是指车辆从线路退出运营时离开线路的时刻，计算公式为：

$$t_{down} = t_{an} - t_s \tag{3-43}$$

式中：t_{an}——车辆最后一个车次的到站时刻。

d. 回场时刻。回场时刻 t_{in} 是指车辆从线路返回并到达停车场（保修厂）的时刻，计算公式为：

$$t_{in} = t_{down} - t_m \tag{3-44}$$

e. 发车时刻。发车时刻是指每个车次从起始站发车的计划时刻。对于每个周转而言，其发车时刻有两个：一个是每次周转的起始站的发车时刻，通常由发车间隔分配和排列方案给定；另一个是每次周转的终点站的返回发车时刻，等于车辆到达终点站的到站时刻与首末站停车时间定额之和。

f. 到站时刻。到站时刻是指每个车次到达终点站的时刻，等于每车次的首末站的发车时刻与该车次的单程时间定额之和。

3.4.1.1.5　行车时刻表编制案例

AK 线全线长度为 4.5km，停车站数为 8 个，中间站平均停站时间为 0.5min，收、发车的地点为 A 站，首班车从 A 站发车时间为 5:00，末班车时间 A 站为 22:49，每次收发车里程合计 0.6km。A 站在客流高、平、低峰时的停站时间规定分别为 5min、9min、14min，K 站则均为 3min，单程运送时间规定均为 21min，线路营业时间内客流分布与定额见表 3-2，高峰小时客流数据见表 3-3。试编制 AK 线的行车作业计划。

线路营业时间内客流分布与定额　　　表 3-2

序号	起止时间	人次	时间不均匀系数	峰型	最高路段客流量（人次）	车辆额定载客量（人）	周转时间（min）	小时行车间隔（min）	满载率定额（%）
1	5:00—6:00	1346	0.64	低	392	72	50(41)	9.1	60
2	6:00—7:00	3806	1.81	高	988	72	41	14.4	95
3	7:00—8:00	4386	2.09	高	1140	72	41	16.7	95

续上表

序号	起止时间	人次	时间不均匀系数	峰型	最高路段客流量(人次)	车辆额定载客量(人)	周转时间(min)	小时行车频率(min)	满载率定额(%)
4	8:00—9:00	2155	1.03	平	624	72	45	12.4	70
5	9:00—10:00	1654	0.79	低	496	72	50	11.5	60
6	10:00—11:00	1432	0.68	低	430	72	50	10.0	60
7	11:00—12:00	1489	0.71	低	417	72	50	9.7	60
8	12:00—13:00	1929	0.92	低	521	72	50	12.1	60
9	13:00—14:00	2090	1.00	平	688	72	45	13.3	70
10	14:00—15:00	2224	1.06	平	644	72	45	12.8	70
11	15:00—16:00	2793	1.33	平	810	72	45	14.1	80
12	16:00—17:00	4011	1.91	高	1043	72	41	15.2	95
13	17:00—18:00	3154	1.50	平	852	72	45	14.8	80
14	18:00—19:00	1611	0.77	低	483	72	50	11.2	60
15	19:00—20:00	1025	0.49	低	318	72	50	7.4	60
16	21:00—22:00	871	0.41	低	253	72	50	5.9	60
17	22:00—23:00	725	0.35	低	182	72	50	4.2	60
	合计	37805			10566				
	平均	2100			587				

线路最高峰小时客流数据   表3-3

站名		A	B	C	D	E	F	G	K	合计	平均
上车人数	上行	514	408	354	462	336	165	42	0	2281	326
	下行	0	39	154	472	426	327	376	473	2105	301
下车人数	上行	0	43	165	387	472	346	383	485	2281	0
	下行	448	353	318	434	358	154	40	0	2105	0
站点客流	人数	962	843	991	1592	1592	992	841	958	8772	1097
	K_{zj}	0.88	0.77	0.90	1.45	145	0.90	0.77	0.87	0	0
路段客流	人数 上行	514	879	1068	1143	1007	826	485		5922	846
	下行	448	762	926	1050	982	809	473		5450	779
	K_{Li} 上行	0	0.61	1.04	1.26	1.35	1.19	0.98	0.57	0	0
	下行		0.58	0.98	1.19	1.35	1.26	1.04	0.61	0	0
站距(km)			0.60	0.64	0.68	0.72	0.70	0.60	0.56	4.5	0.64
备注		上行路段客流人数=车辆上行到站时的车上实际人数+上行上车人数-上行下车人数 下行路段客流人数=车辆下行到站时的车上实际人数+下行上车人数-下行下车人数										

(1)确定调度形式。

根据表3-2和表3-3,客流高峰时,只有DE段的路段不均匀系数(1.35)大于开行区间车调度形式的界限值(1.3~1.5),D、E两站的站点不均匀系数均为1.45,仅比界限值(1.2~1.4)大0.05,所以不考虑开行快车。

(2)计算运行参数。

调度方式确定以后,根据表3-2中线路原始数据及定额标准,计算线路运行参数。结果见表3-4。

周转时段运行参数汇总表　　　　　　　　　　　　表3-4

序号	起止时间	周转时间(min)	跨小时段行车频率计算值	线路车辆数		行车间隔	
				计算值	调整值	计算值	分配与排列方案
1	5:00—5:41	41	9.1	6.22	6	6.83	7(min)×5,6(min)×1
2	5:41—6:22	41	9.1,14.4	8.16	8	5.13	6(min)×1,5(min)×7
3	6:22—7:03	41	14.4,16.7	9.96	10	4.10	5(min)×1,4(min)×9
4	7:03—7:44	41	16.7	11.41	11	3.73	4(min)×8,3(min)×3
5	7:44—8:29	45	16.7,12.4	10.45	10	4.50	4(min)×10,5(min)×1
6	8:29—9:19	50	12.4,11.5	10.05	10	5.00	5(min)×10
7	9:19—10:09	50	11.5,10.0	9.36	9	5.56	5(min)×4,6(min)×5
8	10:09—10:59	50	10.0	8.33	8	6.25	6(min)×6,7(min)×2
9	10:59—11:49	50	10.0,9.7	8.09	8	6.25	6(min)×6,7(min)×2
10	11:49—12:39	50	9.7,12.1	9.64	10	5.00	5(min)×10
11	12:39—13:24	45	12.1,13.3	9.56	10	4.50	5(min)×1,4(min)×10
12	13:24—14:09	45	13.3,12.8	9.78	10	4.50	5(min)×1,4(min)×10
13	14:09—14:59	45	12.8	9.60	10	4.50	5(min)×1,4(min)×10
14	14:59—15:35	41	12.8,14.1	9.51	10	4.10	4(min)×9,5(min)×1
15	15:35—16:16	41	14.1,15.2	7.58	8	5.13	6(min)×1,5(min)×7
16	16:16—16:57	41	15.2	10.39	10	4.10	4(min)×9,5(min)×1
17	16:57—17:42	45	15.2,14.8	11.12	11	4.09	4(min)×10,5(min)×1
18	17:42—18:32	50	14.8,11.2	9.48	9	5.56	5(min)×4,6(min)×5
19	5:41—6:22	50	11.2,7.4	8.26	8	6.25	6(min)×6,7(min)×2
20	18:32—20:12	50	7.2	6.13	6	8.33	8(min)×4,9(min)×2
21	20:12—21:02	50	5.9	5.96	6.00	8.33	8(min)×4,9(min)×2
22	21:02—21:52	50	5.9	4.98	5	10.00	10(min)×5
23	21:52—22:42	50	5.9,4.2	3.87	4	12.50	12(min)×2,13(min)×2
24	22:42—23:32	50	4.2	1.26	1	18.00	12(min)×2,13(min)×2

①确定周转时间。先推算出车辆返回发车站的到达时间,按到达时间所在小时段的周

转时间确定。

例如,7:44—8:29 时间段,车辆到达时间 8:29 所在的时间段为 8:00—9:00,根据表 3-3,该小时间段的周转时间为 45min,则 7:44—8:29 时间段的周转时间为 45min。

②确定周转时段所需车辆数。不跨时间段的,直接用公式计算;跨时间段的,先计算各分段所需车辆数,各分段所需车辆数之和,即为周转时间段所需车辆数。

例如,表 3-4 中序号 2 时段的起止时间为 5:41 和 6:22,跨两个时间段(5:00—6:00,6:00—7:00)。经过两个时间段的时间分别是 19min 和 22min,据表 3-2 计算,这两个时间段行车频率分别为 9.1 和 14.4,则有:

经过 5:00—6:00 时间段所需车辆数 = 9.1÷60×19 = 2.8(辆)

经过 6:00—7:00 时间段所需车辆数 = 14.4÷60×22 = 5.28(辆),5:41—6:22 周转时间内所需车辆数 = 2.88÷5.28 = 8.16(辆)

其他跨小时段所需车辆数和周转时间段所需车辆数均照此方法换算。

③安排行车间隔。行车间隔的计算值不为整数时,进行调整,并据时间段客流变化情况进行排列。

例如,7:03—7:44 时间段,行车间隔值 = 周转时间/线路车辆数 = 41÷11 = 4.10,取 4、5 两个行车间隔。7:03—7:44 时间段为客流高峰路时段,8:00—9:00 为平峰,采用由小到大的行车间隔排列方式。因此,7:03—7:44 时间段的行车间隔的排列方案为 3min、4min。

根据运行参数,即可编制行车作业计划。

(3)编制运行时刻表。

以线路行车时刻的编制为例,说明行车作业计划的编制步骤。

①先确定第一行 A、K 站发车时刻。在行车时刻表中第一行也称标线。在标线中同一站名中后与前的运转时刻之差,即为周转时间。

采用从早高峰起排的方法即从配足车辆的第四周转排起,确定车辆在 A 站的发车时刻为 7:03,由于规定单程运行时间为 21min,所以到达 K 站的时间为 7:24,整个周转的时间为 41min,则第五周转在 A 站的发车时刻为 7:44,到达 K 站的时间为 8:05,依次向后推算到末班车;然后向前推算到首班车。

②确定每一列的发车时刻。按照已经设计好的行车间隔分配与排列方案(表 3-4),从该时间段开始的时刻(即第一行),从上到下依次列出各发车时刻。

例如,7:03—7:44 时间段的行车间隔的排列方案为 3(min)×3,4(min)×8,则该时段 A 站各车次的具体发车时刻依次为 7:03,7:06,7:09,7:13,7:17,7:21,7:25,7:29,7:33,7:37,7:41。将行、列的发车时刻确定以后,依次填入表中,即为线路的行车次序排列表,见表 3-5。为了表示方便,在行车时刻表中,时间 7:03 和 18:20 等,表示为 703 和 1820(表 3-9 同理)。

在表 3-5 中,分配给各路牌的周转次数相差悬殊,没有分清各车辆的出入场时间,必须进行调整。

③确定正班车和加班车。在一天运营时间内,哪个时段是加班车,哪个时段是正班车,用时区划分方法,确定车辆的运行方式比较简单。

表 3-5 线路次序排列表

周转号	1		2		3		4		5		6		7		8		9		10		11		12		…	第 23 周转		第 24 周转	
周转时间	500~541 (41min)		541~622 (41min)		622~703 (41min)		703~744 (41min)		774~829 (45min)		744~919 (50min)		919~1009 (50min)		1009~1059 (50min)		1059~1149 (50min)		1149~1239 (50min)		1239~1324 (45min)		1324~1409 (45min)		…	541~622 (41min)		622~703 (41min)	
发车站点	A	K	A	K	A	K	A	K	A	K	A	K	A	K	A	K	A	K	A	K	A	K	A	K	…	A	K	A	K
1	520	521	541	602	622	643	703	724	744	805	829	850	919	940	1009	1030	1059	1120	1149	1210	1239	1300	1324	1354	…	2152	2213	2242	2302
2	507	528	547	608	626	637	706	727	748	809	855	855	924	945	1016	1037	1106	1127	1154	1215	1244	1305	1329	1350	…	2204	2225	2300	2320
3	514	535	552	613	630	651	709	730	752	813	839	900	929	950	1022	1043	1112	1133	1159	1220	1248	1309	1333	1354	…	2216	2237		
4	521	542	557	618	634	655	713	734	756	817	844	905	934	955	1028	1049	1118	1139	1204	1225	1252	1313	1338	1358	…	2229	2250		
5	528	549	602	623	638	659	717	738	800	821	849	910	940	1001	1034	1055	1124	1145	1209	1230	1256	1317	1341	1402	…				
6	535	556	607	628	642	703	721	742	804	825	854	915	946	1007	1040	1101	1130	1151	1214	1235	1300	1321	1345	1406	…				
7			612	633	646	707	725	746	808	829	859	920	952	1013	1046	1107	1136	1157	1219	1240	1304	1325	1249	1410	…				
8			617	638	650	711	729	750	812	833	904	925	958	1019	1063		1143	1204	1224	1245	1308	1329	1353	1414	…				
9					654	715	733	754	816	937	909	930	1004	1025					1229	1250	1312	1333	1357	1418	…				
10					659	720	737	758	820	841	914	935							1234	1255	1216	1337	1401	1422	…				
11							741	802	825	846															…				
合计	6	6	8	8	10	10	11	11	11	11	10	10	9	9	8	8	8	8	10	10	10	10	10	10	…	4	4	1	1

根据排列组合,车辆的运行方式有 21 种,但有意义的约为 14 种,经常应用的仅 5~10 种。将车辆的运行方式以 A 来表示,则有 A11、A15、A14、A34、A44、A45、A35,其中 A11、A14 分别表示车辆在第一或第四时区结束运营,依次类推。

a. 时区划分与线路车辆数。公交行业习惯上把每个作业班行车人员工作 8h 称为一档劳动力,工作 4h 称为半档劳动力。将线路全日营运服务时间以 4h 计,可分为 6 个时区,见表 3-6。

时区划分与路线车辆数　　　　　　　表 3-6

时区代号	一	二	三	四	五	六
时间	4:00—8:00	8:00—12:00	12:00—16:00	16:00—20:00	20:00—00:00	0:00—4:00
俗称	早高峰	低谷	低谷	夜高峰	小夜	夜宵
线路车辆数	11	9	10	11	4	0

线路车辆数分布在各个时区内,总有一个线路车辆数代表时区的车辆数,这个线路车辆数就是时区配车数。

从表 3-4 中的"线路车辆数"一列中选出具有代表特征的各时区线路车辆数,填入表 3-6 中,以便清楚地安排各时区的线路车辆数。

b. 确定车辆的运行方式。即要确定在时区各车辆的出入场情况。

根据工作班制,一般一个工作班的时间不超过 8h,正班车在运营时间内连续在线路上运行的时间超过一个工作班,加班车只在运营时间某时段才进线运营。

根据表 3-6 中的各时区线路车辆数,用车辆运行方式表(表 3-7),采用长短法的形式求各车辆运行方式的数量。

AK 线车辆运行方式　　　　　　　表 3-7

时区代号	一	二	三	四	五
线路车辆数(辆)	11	9	10	11	4
A15	4	4	4	4	4
A14	5	5	5	5	0
A34	0	0	1	1	0
A11	2	0	0	0	0
A44	0	0	0	1	0

在表 3-7 中,先取 5 个时区中最小车辆的五时区 4 辆为 A15,其次将二时区的 9 辆减去 4 辆后还剩 5 辆为 A14,再次 A34 为 1 辆,A11 为 2 辆,A44 为 1 辆。

根据表 3-7,在第二时区有两辆车要抽出,在第三、第四时区,其中的一辆车又加入运营,另一辆车在第四时区晚高峰时段加入运营。加班班次共 3 个,即 A34、A11、A44,其余为正班班次。

④编制线路发车时刻表。以表 3-5 为依据,合理分配正、加班车辆,要注意:

a. 以正班为主要形式,但每一路牌的连班时间应等于或接近工时定额或一半。

b. 加班或分段运行的时间间隔一般不少于 3h。

调整后的行车时刻表见表 3-8。

在编制车辆的行车时刻表时,应分路牌编制,各停车站的到开时间按线路发车时刻表计算,结果见表 3-9;车站的行车时刻表应分站编制,见表 3-10。

AK 线行车时刻表

表 3-8

班次序号	路牌	1 A	2 K	3 A	4 K	5 A	6 K	7 A	8 K	9 A	10 K	11 A	12 K	13 A	14 K	15 A	16 K	17 A	18 K	19 A	20 K	21 A	22 K	23 A	...	45 A	46 K	47 A	48 K	合计班次
正1	入场	500	521	541	602	622	643	703	724	744	805	829	850	919	940	1009	1030	1059	1120	1149	1210	1239	1300	1324	...	2152	2113	2242	2300	48
正2	入场	507	528	547	608	626	637	706	727	748	809	834	855	924	945	1016	1037	1106	1127	1154	1215	1244	1305	1329	...	2204	2208			46
加1	入场	514	535	552	613	630	651	709	730	752	813	出场													...					38
正3	入场	521	642	657	628	634	655	713	734	756	817	839	900	929	950	1022	1043	1112	1133	1204	1220	1248	1309	1333	...	2216	2220			46
加2	入场	528	649	602	623	638	659	717	738	800	821	844	905	出场											...					38
正4	入场	535	656	607	628	642	703	721	742	804	825	849	910	934	955		1055	1124	1145	1214	1235	1256	1317	1341	...	2229	2233			28
加3	入场			612	633	646	707	725	746	808	829	854	915	940	1001	1034		1101	1151	1219	1240	1300	1321	1345	...					40
正5	入场			617	638	650	711	729	750	812	833	859	920	946	1007	出场						1304	1325	1349	...					30
正6				入场	入场	654	715	733	754	816	837	904	925	952	1013	1040	1101	1130	1157	1224	1245	1308	1329	1353	...					42
正7				入场	入场	659	720	737	758	820	841	909	930	958	1019	1046	1107	1136	1204	1229	1250	1312	1333	1357	...					40
正8						入场		741	802	825	846	914	935	1004	1025	1053	1114	1143	1204	1243	1255	出场	1316	1337	1401	...					40
合计	6	6	8	8	10	10	11	11	11	11	10	10	9	9	8	8	8	8	8	10	10	10	10	...	4	4	1	1	
进出场合计	6		2	2		1					1		1		1			2		1	1								

AK 线正 1 公共汽车行车时刻表　　　　　　　　　　　　　表 3-9

始末站：A 站—K 站　　　　　　　　　　　　　　　　　　出场时间：4:55

行车班次：　　　　　　　　　　　　　　　　　　　　　　1 回场时间：

序号	方向		停车站							
			A	B	C	D	E	F	G	K
			\multicolumn{8}{c}{站距(km)}
				0.60	0.64	0.68	0.72	0.70	0.60	0.56
1	上行	到	4:55	5:02	5:04	5:07	5:10	5:13	5:16	5:18
		开	5:00	5:025	5:045	5:075	5:105	5:135	5:165	
	下行	到							5:225	
		开							5:23	5:21
2	上行	到								
		开								
	下行	到								
		开								
3	上行	到								
		开								
	下行	到								
		开								
4	上行	到								
		开								
	下行	到								
		开								

AK 线 A 站公共汽车行车时刻表　　　　　　　　　　　　表 3-10

序号	周转											
	1		2		3		4		…	23		24
	时间											
	到	开	到	开	到	开	到	开	…	到	开	到	开
1	4:55	5:00	5:21	5:41	6:02	6:22	6:43	7:03	…				
2		5:07	5:28	5:47	6:08	6:26	6:37	7:06	…				
3		5:14	5:35	5:52	6:13	6:30	6:51	7:09	…				
4		5:21	6:42	6:57	6:18	6:34	6:55	7:13	…				
5		5:28	6:49	6:02	6:23	6:38	6:59	7:17	…				
6		5:35	6:56	6:07	6:28	6:42	7:03	7:21	…				
7				6:12	6:33	6:46	7:07	7:25	…				
8				6:17	6:38	6:50	7:11	7:29	…				

3.4.1.1.6 编制行车作业计划运行图

有的公交运营企业将行车作业计划制成运行图的形式,如图 3-2 所示。运行图的横坐标为营业时间,纵坐标上按线路全长依次排列线路始末站与重点中间站(即设有中间调度检查点的中途停车站)。车辆运行图就是依次把每班次车辆在沿途各站的发车与到站时刻用直线连接起来所构成的运行网络图。在图 3-2 中,连接两相邻停车站间的直线,表示车辆的行驶路线,该直线的斜率表示车辆行驶速度的大小。斜率越小,行驶速度越低;反之,车辆的行驶速度就越高。车辆在起、终点站的停站时间以横坐标表示,但车辆在各中间站的停站时间均小于1min,所以在运行图上一般没有表述。

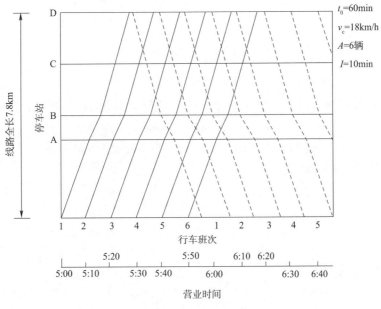

图 3-2 公交汽车运行图

3.4.1.1.7 车辆行车排班计划

在客流需求和行车时刻表给定之后,下一阶段的任务就是对公交车辆进行排班,即构建车次链,编制排班计划。对公交车辆进行运行排班,是在给定时刻表和客流需求等信息的情况下,在满足相关约束条件下,调配车辆执行时刻表给定班次(中间可插入空驶班次以减少车辆需求),使每一班次均有唯一车辆执行。车辆调配的结果是构建车辆执行的班次序列,即公交车辆排班计划。对车辆排班计划进行优化,其优化目标是在现有车辆条件下安排调度方案,或安排调度方案使所需车辆数或费用最小。

每个车次链包含车辆一天的行车计划任务,在满足公交运营企业相关要求(如维护、补充燃料等)的前提下如何使车次链的数量最少,对于大中型公交企业而言,是一个非常复杂的问题。如果仅仅是传统的单条线路调度,那么车次链的构建比较简单;但是在大型公交系统中,为了优化时刻表所用的最小车辆数,常常通过车辆空驶车次形式使用跨线调度方案,这时车辆的运营轨迹由"线"变成了"面",车辆的调度已经超出了人工能够应对的范围,需采用智能化的方法来解决问题。下面介绍线路的车辆配车方法。

在此,介绍 Ceder 等人通过扩展 Salzborn 模型来确定单线路的车队规模方法。

假设线路 r 有两个终点：a 和 b，如图 3-3 所示。T_{ria} 和 T_{rjb} 分别表示从点 a 和 b 在 t_{ia} 和 t_{jb} 时刻发出的车辆在线路 r 上的平均运营时间，包括在各自终点站的停站时间。设表 n_{ia} 示在 $[t_{ia}, t_{i'a}]$ 时段（此时段包括时刻 t_{ia} 但不包括时刻 $t_{i'a}$）内在 a 站发车车次数。因此，车次 i_a 到达场站 b，再执行车次 j_b，车次 j_b 是从 b 站到 a 站的第一个可行车次的发车车次，其发车时间大于或等于时刻 $t_{ia} + T_{ria}$；$t_{i'a}$ 为自 a 站发向 b 站的第一个可行车次的发车时间，$t_{i'a}$ 大于或等于时刻为从 b 站发出针对车次的发车车次数。

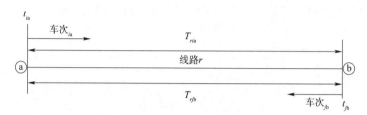

图 3-3　单条公交线路的公交运营示意图

在不允许跨线调度和插入空驶车次的情况下，线路 r 需用的最小车辆数可用下式表示：

$$N_{\min}^r = \max(\max_i n_{ia}, \max_j n_{jb}) \tag{3-45}$$

式中：$\max_i n_{ia}$、$\max_j n_{jb}$——执行 a 和 b 站行车时刻表所需的最大车辆数。

单一公交线路 r 需用公交车辆数的求解示例，如图 3-4 所示。

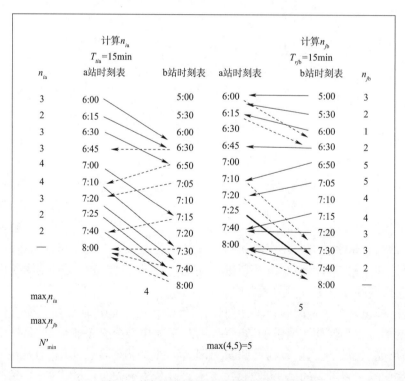

图 3-4　单条线路车辆配置数求解过程示例图

图 3-4 中，单向平均运营时间 $T_{ria} = T_{rjb} = 15\text{min}$，时刻表包含场站 a 的 10 个发车车次和场站 b 的 12 个发车车次。n_{ia} 和 n_{jb} 的计算过程如箭头所示。自场站 a 发出的车辆数用 n_{ia} 表

示,自场站 b 发出的车辆数用 n_{jb} 表示。实线表示自发车时刻起的第一个可行链接,反方向虚线表示自 b 到 a 的第一个可行链接(可行指距离发车时刻 15min 后)。根据上面公式,可以最终确定所需最小车辆数,即为 5。需要说明的是,实例从简化角度出发,上下行方向使用了相同的平均运营时间,当 T_{ria} 与 T_{rjb} 不同时,也可以采用同样的方法来处理。

用先到先发(FIFO)规则构造车次链。一个车次链自一个场站出发执行第一个指定的计划车次,然后基于该线路的时刻表在线路的另一终点执行第一个可行的链接;车次链通常以返回场站的车次结束。仍以图 3-4 的示例来演示车次链的构造。

在 b 站以首发(5:00)为起始车次,依照 FIFO 规则可以构造 5 个车次链,删除选定的发出车次,继续构建其他车次链,直到所有车次都被执行为止。在每一步骤的开始阶段(b 站)进行之前,都要检查下一个发出车次能否与先前自 a 站发出的车次相连接,若可以,则该链接是可行的,易得这 5 个车次链如下:

5:00(b)—6:00(a)—6:30(b)—6:45(a)—7:05(b)—7:20(a)—7:40(b)—8:00(a)。
5:30(b)—6:15(a)—6:50(b)—7:10(a)—7:30(b)。
6:00(b)—6:30(a)—7:10(b)—7:25(a)—8:00(b)。
7:00(a)—7:15(b)—7:40(a)。
7:20(b)。

上面 5 个车次链只是一种形式,可以改变,包括车次链之间交换车次。每个车次链可以自同一场站发出和返回,也可以作为一个更大的车次链的组成部分。

由上面得到的 5 个车次链和图 3-4,易得 a 和 b 站之间的车辆行车计划,这里就不再给出具体的车辆行车计划。

3.4.1.1.8 人员排班计划

公交人员排班计划也称劳动排班,需确定全天客运量任务所需配备的驾驶员和售票员数量、工作任务和作息时间等。人员排班要在满足国家劳动法律法规,例如人员休息时间和工作时间的规定、人员工作安排是否公平合理等的基础上,使人力运力最优化利用。

(1)人员换班。

①人员换班是驾驶员和售票员(以下简称司售人员)完成自己的任务后与下一班司售人员进行工作的交接。

②换班地点是公交车运营线路上可供司售人员换班的地点,车场或其他地点可作为换班地点。换班地点用"●"标注出来。

③换班的时间称为换班机会,是司售人员可以进行换班的时间,指车辆从到达到离开换班地点时间内司售人员可以进行换班的时间点,司售人员可将车辆到达或离开换班地点的时间作为换班机会。

④换班机会窗是车辆在一个换班地点的停留时间,即车辆从到达到离开换班地点的时间段。换班时间窗的任意一点可以作为换班机会。其中,有人参与的换班机会窗内的换班车辆需要有司售人员负责,无人参与的换班机会窗内的换班车辆不需要司售人员负责。

⑤连续驾驶段是在两个连续的实际换班机会之间,司售人员是要进行连续工作的,即工作是不被打断的时间段。组成连续驾驶段的工作块定义为车辆从一个停站点到下一个停站

点之间的驾驶任务。

⑥在班时间或跨越时间是司售人员从签到开始工作至签退结束工作的时间段。

⑦在对人员排班问题进行研究的过程中,表格形式的行车计划不易鲜明地表示出换班机会、换班地点等信息。可将表格形式的行车计划用"横线图"表示出来,图中标注出换班机会、换班地点等信息(图3-5)。

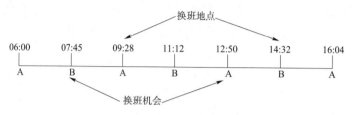

图3-5　行车计划的另一种表达形式

(2)劳动班次。

劳动班次(以下简称班次),是指司售人员一天的工作安排,从一个场站签到开始工作直到该场站签退结束工作为止。简言之,班次即为司售人员在一天内的有序行为——签到、驾驶、换班、驾驶、签退,一个班次对应一组司售人员。劳动班次问题的核心目标是形成科学合理的班次,使其覆盖所有的车辆运营任务,并达到班次最少、司售人员成本最低等目标。

我国公交企业多采用人车绑定的模式运营,这为人员排班带来限制。以下介绍人车分离模式的劳动班次安排。

车辆1、车辆2、车辆3的行车计划如图3-6所示。

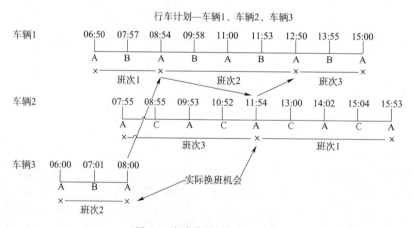

图3-6　行车计划与班次的形成

图3-6表示了班次的形成过程。班次的形成过程是将行车计划划分为若干连续驾驶段并有效组合的过程,在连续驾驶段开始和结束时,进行人员换班。由此,车辆1的行车计划由3个连续驾驶段组成,由3个班次覆盖工作任务;车辆2的行车计划由2个连续驾驶段组成,由2个班次覆盖工作任务;车辆3的行车计划由1个连续驾驶段组成,由1个班次覆盖任务。图中共有6个连续驾驶段,构成3个班次,即共有3组司售人员。将图3-6转换为班次的表现形式,如图3-7所示。

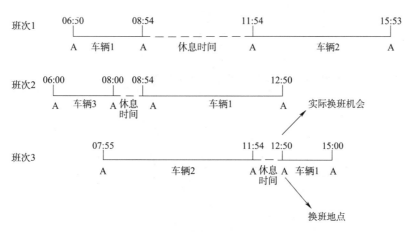

图 3-7 班次的表现形式

3 个班次的相关信息,即司售人员排班方案见表 3-11。

司售人员排班方案　　表 3-11

班次	驾驶车辆	连续驾驶段	连续驾驶段时长	总驾驶时长
班次 1	车辆 1	06:50—08:54	2h4min	6h3min
	车辆 2	11:54—15:53	3h59min	
班次 2	车辆 3	06:00—08:00	2h	5h56min
	车辆 1	08:54—12:50	3h56min	
班次 3	车辆 2	07:55—11:54	3h59min	6h9min
	车辆 1	12:50—15:00	2h10min	

(3)劳动班型。

劳动班型(以下简称班型)是指班次的不同类型。班型分为整班和单班两大类,任何一个班次都对应一种班型。其中整班也被称为连续班,包括早班、晚班、日班、夜班;单班被称为分离班,包括大单班、小单班,具体定义如下。

①早班:从 5:00 或 6:00 开始连续作业至 12:00 左右下班,覆盖早高峰。

②晚班:从 12:00 左右上班,连续作业至 20:00 左右下班,覆盖晚高峰。

③日班:从 8:00 左右上班,连续作业至 16:00 左右下班,周末早高峰后移、晚高峰前移,因而覆盖两个高峰。

④夜班:从 22:00 左右上班,连续作业到次日 5:00 左右下班。

⑤小单班:从 5:00 或 6:00 开始至 8:00 左右止,中午从 12:00 左右上班至 16:00 左右下班。

⑥大单班:从 5:00 或 6:00 开始至 8:00 左右止,下午从 16:00 左右上班至 20:00 左右下班。

在公交系统的实际运营过程中,界定不同班型的依据是班次的跨越时间。单班的界定条件是从签到至签退的跨越时间较长,大于 8h;中间包括较长的休息时间,因为司售人员一天的工作时间,即所有连续驾驶段的驾驶时间之和(总驾驶时长)不超过 8h;整班的界定条件是从签到至签退的跨越时间较短,小于或等于8h,中间的休息时间也较短。由此,可对表 3-11 中的 3 个班次进行班型划分,见表 3-12。

班型划分　　　　　　　　　　　　　　　　　　表 3-12

班次	班型	跨越时间	总驾驶时间
班次 1	单班	9h3min	6h3min
班次 2	整班(早班)	6h50min	5h56min
班次 3	整班(日班)	7h5min	6h9min

3.4.1.2　公交运营调度管理

3.4.1.2.1　公交运营调度管理概念

公交车辆调度是指公交企业根据客流的需要、城市公交的特点,通过编制运营公交车辆的行车计划和发布调度命令,协调运营生产各环节、各部门的工作,合理安排、组织、指挥、控制和监督运营公交车辆运行,使企业生产达到预期经济指标和社会服务效益。

公交车辆调度问题是在满足一定的约束条件(如公交出行需求量、车辆满载率、行驶里程限制、相关法规政策等)下,合理地安排公交车辆,使车辆有序地在公交线路上运营,并达到一定的目标(如使用车辆数尽量少、与车辆行车时刻表误差尽量小、极小运营费用完成极大出行需求量等)。从系统角度看,常规公交车辆调度系统,是指由人(如司售人员、调度人员等)、车(常规公交车辆)、路(公交车辆所行驶的道路)、环境(公交车辆运营过程中所处的环境)、管理(常规公交车辆运营过程中需要遵守的交通法律法规、企业规定)等个体组成,根据编排好的行车计划,能够完成单个个体完成不了的公共交通运输任务的群体,常规公交车辆调度系统属于复合系统。

3.4.1.2.2　公交车辆调度的分类

根据不同分类标准,公交车辆调度有不同划分方式。

(1)按系统组织模式划分。

①线路调度。线路调度指公交企业以各条公交线路为单位,以线路(车队)为运营组织调度实体,对公交车辆进行运营调度。目前我国城市公交调度普遍采用线路调度的方式。线路调度的行车计划是按线路客流最大断面决定配车的,在线路的首末站均设调度员,实行两头调度。因而各线路实体"小"而"散",车辆停放分散,加油、洗车、低保作业以及员工餐饮、休息等生活设施需多处兴建。相对于区域调度,线路调度的集中程度较低,对公交车辆的使用效率较低。

②区域调度。区域调度指在一定地域范围内,原来各自独立运营线路上的车辆、人员,通过一定的技术手段和管理组织协调起来,以一个区域为单位,对公交车辆进行运营调度,使资源得到最有效配置和充分利用的一种组织模式。区域调度有单车场调度和多车场调度两种。

单车场调度是指在同一调度区域内所有运营车辆均由一个车场管理,即同一车场发车、同一车场存放。多车场调度则是指在同一调度区域内所有运营车辆由多个车场管理,即运营车辆从多个车场发车、完成任务后又返回各自车场。国外大城市普遍采用区域调度的形式。

区域调度的调度范围大，统一编制行车计划，可以使闲置的人力、运力在线路间调剂互利，实现车辆跨线运营，实现运输资源在多条线路之间的优化配置，达到节约资源的目的。又因为其调度手段是通过计算机实现，所以调度速度快、效果好。此外，区域调度的场站统一，可以集中管理公交车辆及司售人员，节省管理成本，并能集中财力、物力，提高配套设施的建设标准。

(2) 按系统获取数据属性划分。

数据属性是指调度系统获取的公交数据的属性，分为两类：一是静态数据，即在一定时间内不发生变化或不需要实时更新的数据，如公交线路所经站点数据、公交站点位置数据等城市公交基础设施信息的数据、车辆行程时间历史经验数据等；二是动态数据，是指随着时间变化实时更新的数据，包括公交站点的客流量、公交车辆位置数据、车辆实时速度信息、交通流量数据等。

①静态调度。静态调度指根据历史调查统计的乘客需求量、车辆行程时间等静态数据，编制车辆的行车时刻表，车辆按照编制好的时刻表进行运营。静态调度并没有考虑公交车辆运行环境中的随机和不确定因素，只是假设所有数据都是确定和不变的，对实际复杂的公交车辆调度问题进行了简化处理。

②动态调度。动态调度指在相关系统比较完善的基础上，全面地采集车辆运行环境、车辆、客流等各种相关动态数据，根据信息反馈，及时发现车辆实际运行与时刻表的偏差，采取重新调度或在线调整等动态调度方法，得到更新了的车辆行车时刻表，从而最终满足因系统外在变化而引起的潜在适应需求，保证公交车辆运营秩序的稳定，提高公交的服务水平。通常所说的实时调度属于动态调度。

当前很多城市实施智慧公交系统来实现动态实时调度。

智慧公交系统基于全球定位技术、无线通信技术、地理信息技术等的综合运用，实现公交车辆运营调度的智能化，公交车辆运行的信息化和可视化，实现面向公众乘客的完善信息服务，通过建立计算机运营管理系统和连接各停车场站的智能终端信息网络，加强对运营车辆的指挥调度，推动智慧交通与低碳城市的建设。

智慧公交系统通过对区域内公交车进行统一组织和调度，提供公交车辆的定位、线路跟踪、到站预测、电子站牌信息发布、油耗管理等功能，以及公交线路的调配和服务能力，实现区域人员集中管理、车辆集中停放、计划统一编制、调度统一指挥，人力、运力资源在更大的范围内的动态优化和配置，降低公交运营成本，提高调度应变能力和乘客服务水平。

3.4.1.3 城市公共汽车线路现场调度

(1) 现场调度的含义及基本任务。城市公共汽车现场调度是指在城市公共汽车运营线路的现场，调度人员为了使运营车辆的运行符合行车作业计划的安排及客流变化的要求，直接对运营车辆及有关人员下达调度指令的活动。现场调度是公交企业运营管理的重要内容，是保证行车作业计划切实执行的主要环节，也是提高公共交通服务质量的一种重要手段。城市公共汽车现场调度的基本任务为：

①确保正常的行车间隔。行车间隔是运营服务质量的重要标志之一。车辆在运行过程中，常常会遇到许多突发性干扰因素的影响，造成行车间隔的变动。为保证行车作业计划的执行，现场调度人员要及时采取措施，迅速恢复原来的行车间隔，或进行监督控制、均衡调节

行车间隔,逐步纳入计划运行。

②及时恢复行车次序。线路上的车辆是按规定的前后次序运行的,但当车辆发生故障、事故、运输纠纷等非常情况,常常会使行车次序发生变化。因此,现场调度人员应在不影响服务质量的前提下,将车辆序号临时重新组织,经过运行调整,恢复到原来的正常运行次序。

③及时增减车辆与运能。在行车作业计划中所安排的车辆与运能,仅能适应正常客流动态的一般规律。如果客流发生较大变化,在部分站段的实际客流量过分高于或低于原预计的客流量时,现场调度应采取措施,增加或减少车辆与运能,使之与客流需求相适应。

④灵活调整车辆行驶线路。车辆在运行中,由于受到道路阻塞、市政工程、道路交通事故等影响,而导致局部线路或全线不能正常通行时,这时现场调度就要当机立断,临时改变行驶路线,以满足乘客服务需要。

(2)现场调度的基本方法。根据城市公共汽车现场调度的任务及工作范围,城市公共汽车现场调度的基本方法包括恢复行车秩序、调整运力和变更行车路线三大类。

①恢复行车秩序的基本方法。行车秩序的恢复包括行车间隔的正常化和行车次序恢复。其基本方法如下。

a. 提前发车。提前发车即压缩停站时间,在车辆误点到站时,如其误点时间不超过规定的停站调节时间,则可减少其停站时间,提前发车,以保证车辆按照预定的行车频率准点发车。

b. 拉长车距。当误点车晚点时间超过停站时间不多时,可适当拉长前几个车次的发车时刻,以使行车间隔均匀分布。

c. 放站发车。当车辆延误时间较长时,单独采取时间调整的方法已难以控制车辆运行的秩序,可对误点车辆放站发车,即由调度员指定误点车辆,使其开出后不停靠若干中间站,以节约中间站的停站时间,使误点车辆能快速恢复到原行车计划规定的行车安排。放站发车的具体形式多样,如空车放站、载客放站等。在一般情况下,平均每放一站可以争取40~60s。

d. 区间掉头。当车辆晚点时间较长,并产生若干车辆同时到站时,调度员可指定晚点车辆减少原计划的行驶全程,而在行车途中某个站点返回,以赶上下一车次的行车时刻。与放站发车比较,区间掉头能缩短较多的时间。一般车辆到达始末站的晚点时间超过全程周转时间的1/3时,可采用区间掉头法来弥补已损失的周转时间。

e. 调整车序。在线路上运行的车辆,除必须保持正常的行车间隔以外,还要按规定的行车次序行驶,否则,会影响行车人员的交接班,扰乱行车作业计划的实施。因此,在线路调度时,需要将车辆前后顺序重新组织,经过运行调整,以恢复到原来正常运行的次序。根据互相对调的车辆数,调序法可以分为两车调序和多车调序。

f. 填补车次。当线路上的车辆因突发情况而停驶时,会使在计划规定时间内的车次缺失较多,为了不影响正常的班次运行,应设法利用某些车辆来填补缺失的车次。可用来填补车次的车辆主要有停站车辆、进场车、运行故障修复车、邻线停驶车、备用车等。

②调整运力的基本方法。调整运力的方法,概括起来可以通过增加或减少运行车次数和车辆数来实现。

调整车次一般通过调整行车频率的方法来进行。当线路上某个时间段内客流总量改变不大,但在该时间段内的客流分布已经发生疏密不均的变化时,线路并不需要额外增加运力,只需根据客流大小的变化适当调整行车频率,做到"客多车密、客少车稀",就可解决运力与运量的平衡问题。一般可以结合拉长车距、缩短车距及提前发车的手段来实现。

3.4.2 定制公交运输组织

3.4.2.1 定制公交的定义

2019年7月1日起实施的《城市客运术语 第2部分：公共汽电车》(GB/T 32852.2—2018)将定制公交定义为：根据乘客预定设定车次或线路的公交服务形式。

例题3-3

例题3-4

3.4.2.2 定制公交的运营组织分析

目前，国内已开展的定制公交按照经营模式可分为两类：一是互联网企业利用互联网平台整合线下闲置车辆和驾驶员资源，提供定制公交服务（以下简称互联网模式）；二是依托公交特许经营企业整合或新增公交车辆，提供定制公交服务（简称特许经营模式）。不管是哪种经营模式，其运营组织主要均是基于其七大构成要素进行选择与设计，来实现城市定制客运服务的。

(1) 乘客。

定制公交的乘客主要为具有相同出行起终点区域、相似出行时间、相同服务水平要求的人群，主要对象为具有固定通勤出行需求的企事业单位员工、都市白领等。定制公交的乘客一般需要提前承诺一定的服务期，并按服务期进行线路预定，方便运营者按照服务期对线路走向进行规划和调整，服务期可以按月、季度或年进行选择。目前，北京市定制公交针对服务期的不同，提供的线路可选预订方式包括按周期（当月工作日总天数为一个周期）预订、限行日预订、次日余座预定。

(2) 车辆。

定制公交的车型选择要综合考虑预订乘客量人数、实际运营的车辆数、车辆运营及维护成本、线路行驶的道路条件等方面因素。目前，北京市的固定线路定制公交主要采用12m、10m和8m三种车型，车辆均配有空调及旅游车型舒适座椅，运营者根据不同线路的乘客需求量安排相应类型的车辆。天津市主要采用45座和20座两种车型，成都市采用12m的大型公交车，而昆明和青岛等城市则采用一般的旅游型客车。由于定制公交需要保证"一人一座"，且软垫座椅占用空间较大，因此为了尽可能多地布置座位，定制公交车辆内部一般采用"2+2"的座椅布局形式，同时，车内配置和装饰应注重乘客的乘车舒适性和实用性，增加雨伞、USB(Universal Serial Bus，通用串行总线)充电插口、放置笔记本电脑的小桌板等人性化服务设施。

(3) 站线。

定制公交线路的站点设置较为灵活，需要按照乘客预先提供的出行需求定制。为了缩短乘客的步行时间，实现"门到门"运输，定制公交站一般设置在尽可能接近出行起终点区域内大多数乘客的出行起讫点位置。车站位置既可以利用现有的常规公交站点，也可以根据乘客出行起终点需求增设独立的定制公交站点。目前，定制公交的线路形式多为预先确定站点位置和走向的固定线路。随着信息技术的进步和规划技术的发展，也可以采用根据乘客实时出行需求，考虑道路交通状况设计的动态线路形式。

(4) 票价。

定制公交的票价一般结合城市居民平均收入水平、公交运营及维护成本等设置。北京市的定制公交票价按政府要求在公益性原则下可以由运营者自主定价,且可以随线路长度、线路类型和运营车辆车型的不同采取不同的票价。由于定制公交一般需要乘客提前提出预订需求,因此,乘客的购票方式主要为网上购票和 App 购票。为了吸引客流,定制公交可以针对购票时间长短给予一定优惠,如预订超过 3 个周期可以享受折扣票价等。

(5) 路权。

定制公交与常规公交相似,只要满足公交车通行条件的道路都可以运行定制公交。为了保证定制公交较快的运行速度和较高的准点性,定制公交可以走公交专用道。当交叉口有公交专用信号等公交优先措施时,定制公交可与常规公交一样享有优先通行的权利。

(6) 运营时间。

由于定制公交根据乘客实际需求设计线路,为了保证线路中所有乘客到达目的地的时间不会晚点,定制公交在线路起点站准时发车,若乘客超过发车时间未上车,车辆也不会等待。不同线路的发车时间由车上乘客需求调查信息中的上班时间、下班时间和线路试运营时的在途预计行驶时间决定。

(7) 预订服务系统。

为了便于乘客预订线路、查询线路信息、咨询服务,定制公交运营者建立了功能齐全的定制公交专用服务系统,充分利用电话、网页、App、短信、微信等平台,提供需求信息采集、新线招募、线路预订、订单查询、退款等服务功能,便于不同类型的乘客使用。

3.4.2.3 定制公交的开行情况

(1) 北京。

北京是我国最早系统化开展定制公交的城市。2013 年 9 月,北京定制公交网络平台正式上线,至 2022 年全市共 376 条定制公交线路,日客运量超过 2 万人次,乘客的通勤时间节省了 30% 以上。在天通苑区域开通了直达望京区域的多个班次,途经多家互联网公司,在早晚高峰为商务通勤人士提供了快速直达的优质出行服务。

(2) 深圳。

深圳定制公交市场刚打开,就迎来百家争鸣,滴滴公交 2015 年 7 月上线运营,开通 10 条线路,至 2022 年,深圳市定制公交线路已达 362 条。

(3) 重庆。

市民通过"愉约出行"平台提出出行需求,重庆市公共交通控股(集团)有限公司根据乘客提出的需求和客流情况来判断是否开行。定制公交在预约出行平台招募乘客、预订座位、在线支付,根据约定的时间、地点接送乘客。至 2022 年,已累计安排运力 248 辆,开行 181 条定制公交线路,为 84 所学校 1 万多名学生提供"点对点""一站式""一人一座"出行服务。

思考与练习

1. 城市道路公共交通有哪些特点?
2. 常规公交线网和线路分别有几种类型?它们之间有怎样的联系?
3. 请结合公共交通的客流特性思考如何进行公交运营组织。
4. 行车计划表的编制流程是什么?
5. 定制公交的运营组织模式是怎样的?

第4章 道路旅客运输组织

4.1 道路旅客运输概述

道路旅客运输(以下简称道路客运)是旅客运输体系中运输量最大、通达度最深、服务面最广的一种运输方式。长期以来,道路客运的快速发展有效满足了人民群众出行需求和社会经济发展需要,发挥了基础性、保障性作用。了解道路客运行业发展现状,熟悉道路客运业务,加强旅客运输业务的组织工作,对于提高道路客运组织水平和服务质量具有十分重要的意义。

4.1.1 客运站

4.1.1.1 汽车客运站的定义

汽车客运站是以设施、场地及配套设备为依托,提供集散换乘、运输组织、行包托运、信息服务、辅助服务的场所。它是公益性交通基础设施,是道路旅客运输网络的节点和组织运输必不可少的生产要素,也是培育和发展道路运输市场的载体。

4.1.1.2 汽车客运站的分类

(1)按站场级别分类。

根据《汽车客运站级别划分和建设要求》(JT/T 200—2020),汽车客运站按站场级别可划分为一级车站、二级车站、三级车站、便捷车站和招呼站。城市内部主要以一级车站、二级车站为主,其他级别的车站主要分布在乡镇和农村。

(2)按车站位置和特点分类。

①枢纽站:可为两种及以上交通方式提供旅客运输服务,且旅客在站内能实现自由换乘的车站。

②国际站:位于边境口岸城镇具有国际道路旅客运输业务的车站。

③旅游站:送旅游观光客为目的且有旅游集散中心车站。

④便捷站:以停车场为依托,具有集散旅客、停发客运车辆功能的车站。

⑤招呼站:在公路与城市道路沿线为客运车辆设立的旅客上落点。

(3)按服务对象分类。

按照服务对象的不同,汽车客运站可以分为公用型汽车客运站和自用型客运站。公用型汽车客运站是指全面向社会开放,车站本身没有从事旅客运输业务营运的自备运力,专门为客运经营者提供站务服务的客运站。自用型客运站是指车站本身属于运输经营者,主要为本企业运营车辆提供运输服务的客运站。

4.1.1.3 站级划分及设施设备要求

按照《汽车客运站级别划分和建设要求》,车站等级划分一级车站、二级车站、三级车站及便捷车站、招呼站。

(1)一级车站。

汽车客运站设施设备符合表4-1、表4-2中一级车站必备各项,且具备下列条件之一。

汽车客运站设施配置表　　　　　　　　　　表4-1

设施名称				一级车站	二级车站	三级车站	便捷车站
场地设施	换乘设施		公交停靠站	●	●	●	◎
			出租汽车停靠站	●	●	●	—
			社会车辆停靠站	●	◎	◎	◎
			非机动车停车场	●	◎	◎	◎
	站前广场			●	◎	◎	—
	停车场(库)			●	●	●	●
	发车位			●	●	●	◎
建筑用房	站房	站务用房	候车厅(室)	●	●	●	●
			母婴候车室(区)	●	●	◎	—
			售票处(厅)	●	●	●	◎
			综合服务处	●	●	◎	—
			小件(行包)服务处	●	●	◎	◎
			治安室	●	●	◎	◎
			医疗救护室	◎	◎	◎	—
			饮水处	●	●	●	●
			盥洗室和旅客厕所	●	●	●	●
			无障碍设施	●	●	●	●
			旅游服务处	●	◎	◎	—
			站务员室	●	●	◎	—
			调度室	●	●	◎	—
			智能化系统用房	●	●	◎	—
			驾乘休息室	●	●	●	◎
			进、出站检查室	●	●	●	—
		办公用房		●	●	◎	◎
	辅助用房	生产辅助用房	汽车安全检验台	●	●	◎	—
			车辆清洁、清洗台	●	◎	◎	—
			车辆维修处	◎	◎	◎	—
		生活辅助用房	驾乘公寓	◎	◎	—	—
			商务服务设施	●	●	◎	—

注:"●"表示应配置;"◎"表示视情配置;"—"表示不作要求。

汽车客运站设备配置表　　　　　　　　　表4-2

设备名称		一级车站	二级车站	三级车站	便捷车站
服务设备	购车检票设备	●	●	●	◎
	候车服务设备	●	●	●	●
	车辆清洁清洗设备	●	◎	—	—
	小件(行包)搬运与便民设备	●	●	◎	◎
	广播通信设备	●	●	◎	◎
	宣传告示设备	●	●	●	●
	采暖/制冷设备	●	●	◎	—
安全设备	安全检查设备	●	●	●	●
	安全监控设备	●	●	●	◎
	安全应急设备	●	●	●	●
信息网络设备	网络售(取)票设备	●	●	◎	—
	验票检票信息设备	●	◎	◎	—
	车辆调度与管理设备	●	◎	—	—

注："●"表示应配置；"◎"表示视情配置；"—"表示不作要求。

①日发量在5000人次及以上的车站。

②日发量在2000人次及以上的旅游车站、国际车站、综合客运枢纽内的车站。

(2)二级车站设施和设备符合表4-1、表4-2中二级车站配置要求，且具备下列条件之一：

①日发量在2000人次及以上、不足5000人次的车站。

②日发量在1000人次及以上、不足2000人次的旅游车站、国际车站、综合客运枢纽内的车站。

(3)三级车站。

设施设备符合表4-1、表4-2中三级车站配置要求，且日发量在300人次及以上、不足2000人次的车站。

(4)便捷车站。

设施设备符合表4-1、表4-2中便捷车站配置要求的车站。

(5)招呼站。

设施设备不符合表4-1、表4-2中便捷车站配置要求，具有等候标志和候车设施的车站。

4.1.1.4　汽车客运站的服务设施设备

(1)汽车客运站的主要设施。

①进站大厅是指客运站进站口与候车室之间的衔接区域，是旅客进入车站的必经之路。进站大厅内设置了大量的硬件设备，主要包括检测设备、指示设备、乘降设备等。

②售票处(厅)包括售票室和购票室两个部分。由于售票厅的人流集中，流动性较大，故售票厅宜单独设置，并成为站房建筑的一个主要入口。

③小件(行包)服务处包括行包托运厅、提取厅、作业区和行包仓库等。

④候车厅(室)是旅客候车、休息、排队进站的场所。

⑤站台和发车位。站台是候车厅与客车连接地段,是旅客进站后排队上车或短暂停留的区域。发车位是为了保证客车班次有秩序从车站发出,方便旅客上下及装卸行李所设置停放车辆的位置。

⑥停车场(库),供驻站车辆停放的场所。

⑦站前广场是城市道路与客运站站房的主要接合部,是客运站内外联系的纽带。

⑧其他服务设施,如问讯处、广播室、小件寄存处、监控室、旅客文化生活服务设施、卫生间等。

(2)汽车客运站的主要设备。

①网络售(取)票设备,包括网络查询、预订、售票、取票设备。

②安全检查设备,主要是X射线安检仪,包括检查设备和显示设备。

③安全应急设备,包括灭火器、消火栓给水系统、自动喷水灭火系统。

④电子显示设备,包括LED(Light Emitted Diode,发光二极管)显示屏等,向旅客展示各个班次的营运时间、线路、旅客须知、安全管理、站内信息等。

⑤候车服务设备,包括普通旅客候车室的座椅、母婴候车室内相关设备,以及保持候车室卫生的清洁设备等。

⑥小件(行包)搬运与便民设备,包括小件寄存柜、行包搁置架、称重器、行包搬运车等。

⑦安全监控设备,主要是站内和站外监控设备,包括视频监控、入侵报警、电子巡查系统等终端设备,监控点应涵盖站前广场、售票厅、候车厅、停车场、人员进出口、车辆进出口等重点部位。车辆监控设备,主要是指重点车辆联网联控平台,监控车辆在行驶中的具体方位、速度、驾驶员的驾驶行为等。

⑧车辆调度与管理设备,包括用于车辆到站、报班、发班、销班、停车、安检等信息化管理的设备。

4.1.1.5 汽车客运站的基本功能

(1)运输服务。

汽车客运站运输服务功能主要有:售票、问询、候车、小件寄存、广播通信、检票、组织旅客上下车、行包托运提取等基本服务;安排所有进站营运车辆班次、制定发车时刻表、行包装卸和有关运输手续交接、费用结算等,为营运客车提供车辆停放、清洗、安检和维修等。汽车客运站利用智能化和现代化的设施设备,为旅客和运输经营者提供全方位优质服务。

(2)运输组织。

①运输生产组织。汽车客运站运输生产组织包括发售客票、办理行包托取、候车服务、问询、小件寄存、广播通信、检验车票等为组织旅客上下车提供的各种服务管理工作;为营运车辆安排运营班次与发车时刻,提供车辆停放、安检、清洗与维修等服务和管理工作。

②客流组织。汽车客运站可以根据服务区域客流的变化规律和旅客流量、流向、类别等特点,合理安排营运线路、班次和发车时刻,根据需要合理开辟新的客运班线和班次,组织应对突发客流,保证旅客出行方便快捷。

③运力组织。汽车客运站通过向全社会提供客源、客流等信息,积极组织和吸收各种经济成分的营运车辆进站进行公路旅客运输,运用市场机制有效协调客源与运力之间的供求关系,尽可能做到运力与运量的均衡等。

④运行组织。运行组织包括办理营运车辆的到发手续,组织营运客车按班次时刻准时正点发车;根据客流特点确定客运车辆行驶的最佳路线和运行方式,制订运行作业计划,使客运车辆有序、高效运转;充分利用现代通信手段及时掌握营运线路通阻情况,向驾乘人员提供线路通阻信息;会同相关部门处理行车伤亡事故,组织救援等。

(3)中转换乘。

汽车客运站充分利用良好的交通区位优势、完善的交通基础设施,依托现代化的管理手段,配备相应的换乘场站设施设备,在不同运输方式之间、不同运输线路之间,以及各种运输方式与市内交通之间为旅客提供便利的换乘服务,为旅客和客运经营者提供双向服务,合理组织联运,实现各运输方式之间的便捷换乘目标。

(4)通信信息服务。

通过信息传递和交换设备,依托互联网,使全国汽车客运站形成网络,实现客运枢纽站与上级主管及其与水路运输站场、铁路站场和航空港的信息互通、资源共享,使各种营运信息实现迅速、及时、准确的传递和交换,同时也为枢纽站的运营、管理、内外联络、旅客出行提供便捷的查询方式和及时、准确的信息,充分满足旅客出行和中转换乘的要求。

(5)装卸储运。

汽车客运站能为旅客提供行包、小件货物的承运、保管及装卸搬运作业等服务。

(6)延伸功能。

为满足各类客流的出行需求及运输生产的需要,汽车客运站可具备:提供旅游信息咨询和交通服务的功能,实现运、游结合;为旅客提供机场专线、办理值机手续和休息等服务的功能;充电功能;为旅客提供汽车租赁服务的功能;根据汽车客运站新能源汽车充电和换电产业集聚能力,实现站、商结合。

(7)辅助服务。

汽车客运站为旅客和驾乘人员提供必要的食宿、购物、娱乐、通信等辅助服务,为进站营运的客运车辆提供停放、检测、维护、加燃、清洗等辅助服务。

4.1.1.6 汽车客运站规划选址

汽车客运站是客运车辆和旅客集散的场所,重要的社会公益设施,是使旅客产生空间位移的起点和终点,不仅是交通运输的重要枢纽,而且也是城市的精神文明和物质文明建设的"窗口"。在整个道路旅客运输过程中,汽车客运站始终发挥着组织、协调、指挥、服务的重要作用。汽车客运站规划建设得合理与否,直接关系到车站能否与城市交通密切配合,充分发挥城市门户与交通枢纽的作用,并直接影响车站与周边城市交通安全畅通及车站生产和服务的本质安全。因此,汽车客运站建设规划要树立"规划建设为运营、运营服务为旅客"的理念,将安全和服务要求贯穿于规划、建设、运营全过程中。

(1)总体要求。

应符合城市总体规划,在遵循运输布局一般原则的基础上,与运输线路和其他运输方式协调发展,坚持以人为本、安全经济、方便旅客换乘的宗旨,合理布局。

(2)选址原则。

①充分考虑旅客对外出行需求和城际交通、城乡交通、城市交通之间换乘要求,布设在主城区内或靠近城镇及交通便利的地区。

②与铁路客运站、民航机场、客运码头、公交车站、出租汽车停靠点、公共停车场及城市轨道交通车站等衔接良好。

③汽车客运站之间应相互协调,合理设置服务半径,优化功能配置,避免重复建设造成资源浪费。

④具备必要的工程、地质等条件,方便与城市公用工程系统(道路系统、电力系统、给排水系统、排污系统、通信系统等)连接。

⑤具备足够的场地,能满足汽车客运站建设需要,并有发展余地。

4.1.2 道路旅客运输及其线路

近年来,随着机动车保有量高速增长、综合运输体系持续健全、移动互联网与运输服务融合发展加快推进,旅客出行需求、客运服务供给随之发生了深刻变化。

4.1.2.1 道路旅客运输形式

道路旅客运输是指借助一定的运输工具,通过公路实现旅客空间位移的有目的的运输活动,包括班车客运(加班车)、包车客运、旅游客运。

(1)班车客运。

班车客运是指营运客车在城乡公路上按照固定的线路、时间、站点、班次运行的一种客运方式。加班车客运是班车客运的一种补充形式,是在客运班车不能满足需要或者无法正常运营时,临时增加或者调配客车按客运班车的线路、站点运行的方式。班车客运本质上是在固定运营线路上向不特定乘客提供乘车服务的一种客运形式。

(2)包车客运。

包车客运是指以运送团体旅客为目的,将客车包租给用户安排使用,提供驾驶劳务,按照约定的起始地、目的地和路线行驶,由包车用户统一支付费用的一种客运方式。包车客运按照其经营区域不同,分为省际包车客运和省内包车客运。包车客运是面向特定乘客提供的无固定运箱线路的客运服务。

(3)旅游客运。

旅游客运是指以运送旅游观光的旅客为目的,在旅游景区内运营或者其线路至少有一端在旅游景区(点)的一种客运方式。旅游客运按照营运方式不同,分为定线旅游客运和非定线旅游客运。定线旅游客运按照班车客运管理,非定线旅游客运按照包车客运管理。

从长远发展看,受高速铁路、公共交通和私家车等出行方式的挤压,包车客运市场可能还可以维持在一定市场规模,但班车客运的规模会越来越小,仅在特定市场领域中有一定使用价值。因此,引导班车客运逐渐转型,一部分提供基本公共服务范畴的班车能够逐步实现与城市公共汽电车的合并或政策上的同等对待;另一部分则转型为面向特定群体提供固定线路服务的定制客运。

4.1.2.2 道路旅客运输线路分类及营运车辆要求

(1)道路旅客运输线路分类。

①一类客运班线:跨省级行政区域之间(毗邻县之间除外)的客运班线。新申请的一类客运班线营运线路长度不超过 800km。

②二类客运班线:在省级行政区域内,跨设区的市级行政区域之间(毗邻县之间除外)的客运班线。

③三类客运班线:在设区的市级行政区域内,跨县级行政区域(毗邻县之间除外)的客运班线。

④四类客运班线:县级行政区域内的客运班线或者毗邻县之间的客运班线。

其中,县包括县、旗、县级市和设区的市、州、盟下辖乡镇的区;毗邻县之间的客运班线是指线路全程均在毗邻县行政区域内的客运班线,其中毗邻县不适用于设区的市、州、盟人民政府所在城市市区相连或者重叠的,按起讫客运站所在地确定班线起讫点所属的行政区域。

(2)道路客运车辆要求。

①营运客车技术要求应当符合《道路运输车辆技术管理规定》(交通运输部令 2019 年第 19 号)的有关规定。

②营运客车类型等级要求:

从事一类、二类客运班线和包车客运、旅游客运的营运客车,其车辆类型等级应当达到行业标准《营运客车类型划分及等级评定》(JT/T 325—2018)规定的中级以上。

③营运客车数量要求。

a.经营一类客运班线的班车客运经营者应当自有营运客车 100 辆以上,其中高级普运客车在 30 辆以上;或者自有高级营运客车 40 辆以上。

b.经营二类客运班线的班车客运经营者应当自有营运客车 50 辆以上,其中高级营运客车在 15 辆以上;或者自有高级营运客车 20 辆以上。

c.经营三类客运班线的班车客运经营者应当自有营运客车 10 辆以上。

d.经营四类客运班线的班车经营者应当自有营运客车 1 辆以上。

e.经营省际包车客运的经营者应当自有高级营运客车 20 辆以上。

f.经营省内包车客运的经营者应当自有营运客车 10 辆以上。

安全管理要求

4.2 班车客运组织

4.2.1 班线分类

4.2.1.1 班线按层次分类

按照《道路旅客运输及客运站管理规定》(交通运输部令 2022 年第 33 号),公路客运班线按照公路客运经营区域和营运线路长度的不同划分为以下四类:

一类客运班线:地区所在地与地区所在地之间的客运班线或者营运线路长度在 800km 以上的客运班线。

二类客运班线:地区所在地与县之间的客运班线。

三类客运班线:非毗邻县之间的客运班线。

四类客运班线:毗邻县之间的客运班线或者县境内的客运班线。

其中,地区所在地是指设区的市、州、盟人民政府所在城市市区;县是指包括县、旗、县级市和设区的市、州、盟下辖乡镇的区;县城城区与地区所在地城市市区相连或者重叠的,按起讫客运站所在地确定班线起讫点所属的行政区域(表4-3)。

公路客运班线分类及范围　　　表4-3

类别	范围
一类班线	地级市之间或营运线路总长度超过800km的班线
二类班线	地级市与县或县级市之间班线
三类班线	非邻近县或县级市间班线
四类班线	毗邻县或县级市间班线及县境内班线

4.2.1.2　班线按运力配置分类

根据运力配置要求对客运班线的分类如下:

(1)经营一类客运班线的班车客运经营者应当自有营运客车100辆以上、客位3000个以上,其中高级客车在30辆以上、客位900个以上;或者自有高级营运客车40辆以上、客位1200个以上。

(2)经营二类客运班线的班车客运经营者应当自有营运客车50辆以上、客位1500个以上,其中高级客车在15辆以上、客位450个以上;或者自有高级营运客车20辆以上、客位600个以上。

(3)经营三类客运班线的班车客运经营者应当自有营运客车10辆以上、客位200个以上。

(4)经营四类客运班线的班车客运经营者应当自有营运客车1辆以上;经营省际包车客运的经营者,应当自有中高级营运客车20辆以上、客位600个以上。

4.2.1.3　其他分类方法

除了上述分类方法之外,还可根据乘客是否需要中转、运行路径、班线定位和特征、客运市场层次等对班线进行分类,具体分类情况见表4-4。

其他班线分类方法　　　表4-4

分类方式	分类	
是否中转	直达班线	是否中转
运行路径	省内班线	运行路径
定位和特征	一般班线	定位和特征
客运市场层次	一般运输班线	客运市场层次

4.2.2　班线旅客运输组织

班车客运是旅客运输的基本运营方式之一,掌握其运输组织模式非常关键。班车客运组织的基本方针是:首先确保旅客的人身和财产安全;其次必须和其他运输工具衔接配合,加强客运工作的计划性;然后通过严密科学的组织,保证运输生产环节和工作之间协调高效地运行。

班车客运组织,主要包括确定班次时刻表、编制客车运行作业计划、客车运行组织等工作。

4.2.2.1 客运班次时刻表

编制客运班次时刻表,是客运运行组织的基础性工作。客运班次时刻表是道路运输企业用以向社会公告客车的运行线路区段、运行的客车数、班次数、发车时间及到达终点站的信息表。运输企业的客运工作是按站班次时刻表来进行的。

(1)班次时刻表的作用。

①为旅客安排自己的旅行活动提供依据。

②为道路运输企业制定客车运行作业计划和组织车辆调度工作提供依据。

③为车站组织站务作业提供依据。

④科学、合理、适用的班次时刻表,有利于运输企业提高信誉,增强对旅客的吸引能力,从而扩大客源、提高效益。

(2)编制班次时刻表涉及的主要内容。

①确定运营线路和区段。

即根据客流的分布情况,确定班次的起讫点和中途停靠站点。

线路确定后,还需按规定报主管部门审批。一类、二类、三类客运班线,由所在地设区市级道路运输管理机构审批;四类客运班线,由所在地县级道路运输管理机构审批。运营线路审批后,客运企业可按计划编入班次时刻表。在条件具备时,可开行直达班次的线路,以尽量减少旅客换乘次数。

②确定各条运营线路的班次数和班次号。

班次数的确定,取决于线路客流量的大小。因此,安排班次时,如遇到节假日、重大会议等客流量进入高峰期且正常的客运班次不能满足旅客乘车需要时,要增加班次,或提供包车服务等。

需要注意的是,客运班次同样需要经过主管部门批准后才能列入班次时刻表,报批的程序和批准权与营运线路的审批一致。对于确定的班次要加以统一编号。

③确定各班次的发车时间。

安排发车时间,要从满足旅客对旅行的各种需要出发,注意掌握班次始发不宜过早、到达时间不宜过迟,班车通过大站的时间要和需要中途换乘、中转的旅客要求大体一致,同一线路同方向上的班车在到达中途车站的时间要前后错开,夜行长途班次要尽量在始发、到达时间上为旅客提供便利。对通勤出行的旅客,要集中在上班前发车和下班后发车,对早进城、晚返乡的客流要适当安排夜宿农村班车等。

组织双班运输时,夜间班次应尽可能组织直达运输,其到发时间应方便旅客,一般以傍晚始发、清晨到达为好。运距相对较短的区内客流,为了使旅客当天往返,可合理安排对开班车的时刻,通常上行班车安排在上午,下行班车应安排在下午,并保证有适当的间隔时间,争取班车之间到发时间的衔接和配合。

衔接和配合的目的是解决旅客的中转与换乘,缩短旅客的在途时间。衔接和配合的情况有以下三种:

a. 长途班车与长途班车的衔接和配合。长途班车以组织直达运输为主,其相互衔接配合情况不是很多。一般来说,在运距适宜(半天之内的行程)的情况下,长途班车之间到发时间的衔接配合应以能够保证乘客从一个方向转换乘另一个方向,并当天到达目的地为标准。

b. 长途班车与短途班车的衔接和配合。长途班车与短途班车的衔接和配合,主要是为了便于旅客往返于城镇和乡村之间,避免过长的等待时间(甚至要住宿过夜),一般有如下三种情况:

(a)当长途班车与短途班车不运行于同一条线路时,短途班车应提前到达换乘站,并在长途班车到达换乘站之后返回。

(b)当长途班车与短途班车运行于同一条线路上时,应根据长短途客车班次数的多少来决定衔接配合的时刻。如短途班次较多(多于长途班次),则最好在长途班次经过大站的前后同方向各开一次短途班车。

(c)短途班次较少,且客流上下行客流很不均衡,则要优先保证顺向(大客流方向)客流的衔接配合,为多数乘客提供方便。当长途班车换乘短途班车的乘客较多时,原则上应考虑在长途班车经过大站后加密短途班车。

(3)客运班车与其他客运方式的衔接和配合。

按照汽车运输的技术经济特征,汽车运输为铁路、航空、水路等载客量大的运输工具提供集散任务,充分认识这个问题,对于汽车运输企业经营具有现实意义。

客运站是旅客运输站务作业和商务作业的场所,要保证客运站各项站务作业的时间充足,须要求班次时刻表中应安排充分的停站时间。对于作业量大的车站,车辆到发班次不宜过分集中。

(4)广而告之。

编制好班次时刻表(表4-5)后,要通过互联网、站点挂牌等形式向社会公告。广而告之,不仅可以使旅客掌握车辆运行信息,更能吸引客源、提高企业竞争能力。班次时刻表要保持相对稳定,不宜频繁变动,出现重大的情况应适当作出调整,在"可调不可调"时,遵循"不调为宜"的原则。

广州市汽车客运站部分班次时刻表　　　　表4-5

发车站	终点	发车时间	车型	票价(元)	备注	线路
广州市汽车客运站	太平开发区	05:30	大型座席高级	17.00	班次-BSA30601	广州—太平开发区
广州市汽车客运站	太平镇政府	05:30	大型座席高级	17.00	班次-BSA30601	广州—太平镇政府
广州市汽车客运站	大良	05:30	大型座席高级	24.00	班次-BSE35001	广州—大良
广州市汽车客运站	从化慢线	05:30	大型座席高级	24.00	班次-BSA30601	广州—从化慢线
广州市汽车客运站	新塘	05:30	大型座席高级	16.00	班次-BSA41201	广州—新塘
广州市汽车客运站	香洲	05:30	大型座席高级	62.00	班次-BSC13001	广州—香洲

4.2.2.2　客车运行作业计划

客车运行作业计划是将运输生产计划在时间上和岗位上具体落实的计划。客车运行作业计划的主体是每一辆车,通过运行作业计划安排每辆客车在计划期内运行的路线、承担的班次,在此基础上确定客车运行效率指标及应完成的旅客运输工作量。

客车运行作业计划分为运用于车队的(表4-6)和运用于车站的(表4-7)两种。

××车队客车运行作业计划　　　　　　　　　　　　　表4-6

车号	日历出车班次											
	1	2	3	4	5	6	7	8	9	10	11	12
421	101	102	101	102	101	102	101	102	W_2	101	102	101
422	102	101	102	101	102	W_2	T	T	101	102	101	102
423	D	D	D	D	D	101	102	101	102	T	T	125
—	—	—	—	—	—	—	—	—	—	—	—	—
429	105	106	105	106	105	106	105	106	D	D	D	—

注:W_2-二级维护;D-大修;T-待班。

××车站客车运行作业计划　　　　　　　　　　　　　表4-7

班次	日历当班车号									
	1	2	3	4	5	6	7	8	9	—
101	421	422	421	422	421	423	421	423	422	—
103	424	425	424	425	426	424	425	424	425	—
105	429	428	429	428	429	427	429	428	429	—
107	433	434	433	434	433	434	433	434	433	—
—	—	—	—	—	—	—	—	—	—	—

4.2.2.3 客车运行方式

(1)定线运输方式。

定线运输方式是指将客车相对稳定地安排在一条营运线路上运行的方式。采取长途短途套班办法时,客车可以相对固定地在两条运营线路上运行。

通常车辆定线实际上就是驾乘人员定线。这种运行方式的优点是有利于驾乘人员了解和熟悉道路状况及行车环境,对行车安全有利;缺点是驾乘人员劳动强度有差异,形成劳逸不均。大多数情况下,长途直达班车和城乡公共汽车均属此类。

(2)大循环运行方式。

这是将客车安排在企业营运区域内多条线路上循序轮流运行的一种方式。例如,企业营运区域内有八条运营线路,每辆车循序逐日承担一条线路上的班次,八条线路运行完后就形成一个循环。

大循环运行方式具有如下特点:

①所有驾驶员都将参加所有班次的运行,在较长时期内的劳动条件相同,安排任务和车辆调度相对容易;

②不利于驾驶员很快熟悉所有运输线路的情况,不利于行车安全和降低成本;

③车辆差异较大时,道路条件对车辆的使用有很大的限制,难以发挥运输效率;

④由于大循环的整个作业计划首尾相连,一旦局部出现问题,将会影响全局计划。

(3) 小循环运行方式。

小循环和大循环在做法上大体是相同的,只是循环运行区域内路线较少、循环期较短。

小循环运行具有如下特点:

①驾驶员只参加局部区域班次的运行,劳动条件存在很大差异,会出现劳逸不均的现象,安排任务和车辆调度相对较难;

②驾驶员熟悉运输线路的情况,有利于行车安全和降低成本;

③由于局部运营区域道路条件相当,对车辆的使用没有太大的限制和影响,有利于发挥运输效率;

④小循环只构成大循环的一部分或局部,即使局部出现问题,也不会影响全局计划。

(4) 注意事项。

在上述三种运行方式,在同一道路运输企业内可以根据路网情况分别采用。但是,无论采用何种运行方式,都应注意下列要求:

①保证班次时刻表内所有班次都能按公告时间开出;

②保证客车的运用效率得到合理发挥,并力求使所有车辆的生产率大致平衡;

③注意驾乘人员的劳动强度,能合理安排其公休和适当的食宿时间,尽可能使驾乘人员能在其驻地夜宿;

④与车辆维修作业计划紧密衔接,避免车辆出现脱保、失修现象;

⑤要消除一切不利于保证安全生产的因素。

4.2.2.4 车辆运行周期表

客车运行周期是企业组织客车行驶路线的一种具体规定,是编制客车运行作业计划的关键。在确定了车辆行驶线路的基础上,将不同的线路有机贯通,便构成了车辆运行周期,用表的形式表现出来,就形成了车辆运行周期表。

例题 4-1

4.2.3 长途客运班线接驳组织

为落实《国务院关于加强道路交通安全工作的意见》(国发〔2012〕30号)中关于积极推行长途客运班线车辆凌晨2—5时停止运行或实行接驳运输的规定,自2013年起,长途客运接驳运输试点开始,并推广到全国,成立全国长途客运接驳运输联盟。

4.2.3.1 长途客运班线接驳组织定义

长途客运班线接驳运输,是指通过在客车运行途中选择合适的地点,实施驾驶员停车换人、落地休息,或换车换人,由在接驳点上休息等待的驾驶员上车驾驶,继续执行客运任务的运输组织方式。

开展长途客运班线接驳运输,既可以使驾驶员得到良好的休息,防止疲劳驾驶,又可以避免客车夜间停驶产生的诸多问题,有效提高了长途客运夜间运行的安全保障水平和服务质量。对于整合优势资源,优化运输组织,推动长途客运企业网络化运营和集约化、规模化发展,促进道路客运行业结构优化升级具有重要推动作用。

4.2.3.2 长途客运接驳组织模式

长途客运接驳组织模式有"换驾不换车"和"换驾换车"两种模式(表4-8)。

"换驾换车"和"换驾不换车"比较分析表 表4-8

接驳换乘方式	适用条件	优点	缺点
换驾不换车	车辆数有限,企业合作局限	相对换车付出的经济成本少	区段实载率差,部分路段运力浪费
换驾换车	车辆数多,企业合作密切	提高区段的实载率,灵活调整运力配置	增加乘客在途时间,换乘组织管理混乱

4.2.3.3 长途客运接驳组织要素

(1)长途客运接驳运输企业。

①从事接驳运输的道路客运企业应当具有健全的安全生产管理体系和严格的安全生产管理制度,2年内未发生负同等以上责任的重特大道路交通事故。

②实行集团化、网络化运营的、800km以上客运班线运营车辆50辆以上的企业。

(2)长途客运接驳运输线路。

选择800km以上长途客运班线,线路起讫点在国家试点的21个省(区、市)内。

(3)长途客运接驳运输车辆。

接驳运输车辆应当公车公营,严禁挂靠经营,并应安装具有驾驶员身份识别功能和行驶记录功能的卫星定位车载视频终端。

(4)长途客运接驳点。

①要充分考虑接驳时间和接驳点服务保障能力等因素,合理选择接驳点位置。

②要优先选择在高速公路服务区或客运班线途经的汽车客运站设置,也可以在高速公路出入口附近设置。

③接驳点应具备停车、住宿、餐饮、通信等基本条件。

④接驳运输车辆到达指定的接驳点的时间应当在23时至次日2时之间。

⑤接驳点管理需配备专职管理人员,或在公共接驳点、共用接驳点采取委托管理的方式,督促驾驶员严格执行接驳运输管理制度,保证接驳运输车辆顺利接驳,保证驾驶员睡眠和休息充足。

(5)长途客运接驳运输流程。

①接驳运输车辆要随车携带长途客运接驳运输车辆标识,并放置在车辆内前风窗玻璃右侧。

②发车前,驾驶员要领取、填写并随车携带接驳运输行车单,车辆到达指定的接驳点后,当班驾驶员和接驳驾驶员交接车辆相关证件,填写接驳运输行车单,并由接驳点管理人员签字、盖章。

③接驳点管理人员要根据接驳运输行车单登记接驳运输台账。

④驾驶员在运输任务结束后要将接驳运输行车单及时上交道路客运企业留存备查,保存期不少于半年。

(6)长途客运接驳运输信息化管理。

①交通运输部建立全国统一的"接驳运输车辆动态监控平台",作为全国重点营运车辆联网联控系统的子系统,统一接入全国道路运输车辆动态信息公共交换平台。

②试点省(区、市)级交通运输主管部门通过中国交通通信信息中心领取本省(区、市)系统管理员账号,并向各级交通运输主管部门和道路运输管理机构、公安交通管理部门和试点企业(包括接驳点)分配相应权限。

③试点企业落实车辆动态监控的主体责任。要按照现行《道路运输车辆卫星定位系统车载终端技术要求》(JT/T 794)为接驳运输车辆安装具有驾驶员身份识别功能和行驶记录功能的卫星定位车载视频终端,统一为接驳运输车辆驾驶员办理驾驶员从业资格电子证件,在有条件的接驳点安装视频监控装置,在企业监控中心和接驳点配备"接驳运输车辆动态监控平台"监控设备。要及时将接驳运输的相关信息通过"接驳运输车辆动态监控平台"向管理部门报备。要指派专人通过"接驳运输车辆动态监控平台"对接驳运输车辆实施动态监控,追踪接驳运输车辆运行轨迹,记录接驳运输过程,通过平台的视频比对功能和从业资格电子证件行车记录识别驾驶员身份,严格查处不按规定实施接驳运输的相关责任人员。

④接驳点管理人员要通过"接驳运输车辆动态监控平台"对接驳运输车辆接驳情况进行管理。试点期间,驾驶员从业资格电子证件由交通运输部委托有关单位统一办理。各省(区、市)应按照相关要求将试点企业参与接驳运输试点线路运输的驾驶员信息表连同《接驳运输运行组织方案》一并报给交通运输部。

4.3 城乡公交一体化

4.3.1 城乡公交一体化的内涵及特征

4.3.1.1 城乡公交一体化的内涵

城乡公交一体化是指为适应城乡一体化需要,在城乡一体化发展的区域内,通过政府推动、市场化运作,引导农村客运向以公益性为主的农村公共交通转变,城市公交逐步向农村延伸、与农村公交融合,实现城乡公交基础设施完善、公交线路有效衔接,最终形成布局合理、资源共享、方便快捷、畅通有序的城乡一体化公交服务体系。城乡公交一体化发展,是在城镇化发展和新农村建设全面推进和实施统筹城乡协调发展战略的背景下提出的一项重要行业发展政策,体现了新时期交通运输业发展的显著阶段性特征。

城乡公交一体化是城乡客运的一种组织和运营形式,其实质是在城乡道路十分畅通的条件下,实行城乡公交一体化规划、建设、运营与管理,为城乡客流提供高效、快捷、安全的交通保障。城乡公交一体化内涵主要表现为:

(1)网布局一体化。即城乡客运网络统一构建,以方便人们在各线路间的换乘。

(2)运营管理一体化。即城市公交、城镇公交和农村公交由同一部门调度管理,满足城乡居民出行需求。

(3)政策一体化。即在优惠政策上通盘考虑,避免城市公交、城镇公交和农村公交优惠政策的二元化。

(4)基础设施建设一体化。即城乡公交基础设施建设统一规划、统一布局,避免各自为政。

(5)服务体系一体化。即实行标准化公交服务,构建统一的服务网络。

4.3.1.2 城乡公交一体化的特征

从城乡公交一体化的内涵看,城乡公交一体化的特征主要表现为整体性、衔接性、公平性和共享性。

(1)整体性是指城乡公交是一个有机整体,城市公交、城镇公交和农村公交在规划和布局上要统筹考虑、整体布局和协调发展。

(2)衔接性是指城市公交、城镇公交和农村公交要相互对接、有机连接、合理搭接、无缝连接,城乡公交内部没有分割、断头和瓶颈。

(3)公平性是指城市公交,城镇公交和农村公交在发展机会、享受政策、交通服务等方面的公平一致。

(4)共享性是指城乡公交系统的路网、站场、线路、信息等资源共享,有效整合,充分利用、优化配置,以发挥运输资源的最大效能。

4.3.2 城乡公交一体化的线网设置

4.3.2.1 城乡公交客运线网设置原则

城乡公交客运线网设置关系到城乡公交一体化实施的效率和效益,其线网设置应遵循以下的主要原则:

(1)与市域用地布局相协调。城乡公交客运线网布设必须适应市域社会经济发展的需要,线路走向要结合城镇空间规划和产业结构布局,要与农村的产业布局、镇村企业的发展、小城镇建设、人口分布、资源开发等特点相适应,并充分考虑城市新居住区的开发和建设,推进城乡客运统筹发展。

(2)方便出行与换乘。城乡公交客运线路起点站适宜设置在城市边缘重要活动中心附近,如医院、贸易市场、商业区等地点,且提供乡镇居民直达城市中心区的公交服务;终点站尽量设置在城镇汽车客运站以及集镇的中心或主要客流集散点;线路应分布均匀,主要客流的集散点应方便乘客停车与换乘;实现市区、城乡、乡村公交出行"三位一体化"。

(3)充分利用现有道路资源。城区内站点停靠应集中利用城市公交线路与站点资源,农村公交线路应紧密衔接城市道路,充分利用现有的农村客运班车线路。部分公交一体化线路可考虑利用城市公交线网延伸的方法来提供服务。

(4)线路建设和站点建设同步进行。城乡公交一体化线路布置应结合公路和城市道路网规划,及时填补线路空白,提高公交线网的覆盖率。在线路建设过程中,应及时做好始末站及中途站建设。

4.3.2.2 城乡公交客运线网层次结构

根据区域内社会经济发展特征以及居民出行需求特征的不同,城乡公交线网可划分为三个层次:主干线网、次干线网和支线网。公交主干线网由服务于城区内重要节点客流的集散线及中心城区与重要乡镇之间的连接线构成,是城、乡连接的通道,具有车辆发车频率高、运行速度快的特征;公交次干线网由服务于一般节点的集散线及镇与镇之间的通达线构成;公交支线网由服务于各乡镇至建制村之间的连接线构成,是直接服务于乡村居民的公交线路。城乡公交网结构如图4-1所示,城乡公交线网层次特征见表4-9。

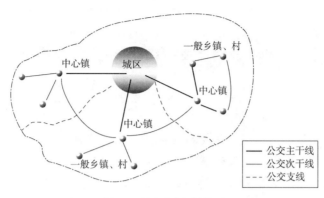

图 4-1　城乡公交网结构图

城乡公交线网层次特征表　　　　　　　　　　　　　表 4-9

层次结构	主干线网	次干线网	支线网
构成线路	重要客流节点的集散线	一般客流节点的集散线及镇与镇之间的通达线	镇村之间的连接线
主要功能	直达快速,提升公交服务	可达,优化公交服务	便利,扩大服务面
运行道路	快速路、主干路	快速路、主干路、次干路	次干路、支路
线路形状	弯曲少、迂回少	允许适量的弯曲和迂回	允许弯曲和迂回
平均站距(m)	800～1500	500～1000	无要求
运行车辆	性能好、车速快、车型大	多种车型混合	小型车
线路长度(km)	20～50	5～20	3～20
平均速度(km/h)	>25	10～25	<15
配车调度	配车数多、发车频率高	配车数和发车频率较高	依据客流和车型
首末站	大型公交枢纽站	乡镇等级客运站	一般无要求

4.3.3　城乡公交一体化经营模式

从国际经验看,城乡公交市场的发展经营模式主要有垄断经营、多家经营、线路专营和区域专营四种,这四种模式各有优缺点。

(1)垄断经营。垄断经营是政府委托一家企业来经营公交市场。这种经营模式的好处是避免了企业间的恶性竞争和资源配置浪费,最易于进行一体化的整合,也有利于行业管理;其不足之处是,缺乏必要的竞争,会形成完全垄断市场,阻碍公交的良性发展。

(2)多家经营。多家经营是指运输市场由多家企业来竞争经营。该种经营模式容易造成经营主体分散,资源整合难度大,区域内公交网络功能混乱。

(3)线路专营。线路专营是以单条线路为基础单位,经营者通过竞争投标的方式进入公交市场。线路专营模式由于分散经营,较难实现一体化。一般用于经济发展较为落后、规模较小的小城镇,其线路少,功能单一,需求不大,在城镇公交的发展初期可以选择线路专营模式,由主管部门统一规划线路,进行冷热线(捆绑)搭配,并对运营企业给予一定的政策优惠和利益协调。

(4)区域专营。区域专营是指将整个运输市场划分为不同的专营区域,以一个区域内所有公交班线经营权为资源配置单位,通过招标由一家企业进行经营。在取得经营权的区域内,经营企业自行布局客运网络、安排班次、设立站点、调配车辆。区域专营模式在经营区域内易于进行一体化整合,同时专营区域间也存在适度竞争,对于经济较为发达、规模较大、城镇公交已具一定规模的城镇,区域专营化是一个有效可行的模式。

从上述四种经营模式来看,区域专营化是一种非常适合城乡公交客运市场的资源配置模式。通过区域专营,经营企业可以灵活安排线路走向和车辆数量,合理安排班次,实现网络化经营,提高车辆使用率,降低运营成本,还可以实现区域内冷热线的经济效益互补,解决客运企业"重热轻冷"的矛盾。此外,农村班车通达率可实行包干制,实现"村村通公交",还彻底解决了一条线路多家公司经营的局面,减少了行业内的不良竞争。但同时要建立一套完善的质量评价体系,对区域内的经营行为进行有效监管,使其成为公交区域专营化的质量保证。

"交邮融合"案例

4.4 定制客运组织

"定制客运"不是道路客运的新业态,而是一种服务方式,它是班车客运的有益补充,以提高出行速度、方便社会公众出行为目的,以"互联网"技术为手段,实现"门到门""点到点""随客而行",满足社会公众定制化客运服务需求的一种客运服务方式,是传统班车客运的升级版。

4.4.1 定制客运的定义

定制客运是"互联网+"道路客运发展新业态,是依托互联网技术,通过网站、微信等在线服务方式整合供需信息,将道路客运行业中具备相应资质的企业、车辆、驾驶员等信息进行整合,向乘客提供跨区域、"门到门"预约化的运输服务,满足乘客差异化、多元化、个性化的出行需求。

定制客运是推进道路客运供给侧结构性改革的重大实践,是传统客运方式应对新形势、新业态转型升级的重要举措。定制客运在满足广大群众出行新需求的同时也在充分发挥客运企业和互联网企业各自的优势,整合线上线下资源,以旅客出行需求为导向,以企业自主建立的互联网平台和省域客运联网售票平台为基础,开展快速灵活的定制客运服务,不断探索道路客运服务新模式、资源整合新模式。

交通运输部于2017年1月发布了《交通运输部关于深化改革加快推进道路客运转型升级的指导意见》(交运发〔2016〕240号),首次提出了"道路客运定制服务"的概念,提出充分发挥移动互联网等信息技术作用,鼓励开展灵活、快速、小批量的道路客运定制服务。2022年7月,交通运输部对《道路旅客运输及客运站管理规定》进行修改,明确提出"国家鼓励班车客运经营者开展班车客运定制服务"。

定制客运的产生与发展

4.4.2 定制客运的主要表现形式

伴随更多定制客运线路的开通,定制客运的服务方式也呈现出多样化的趋势,其主要表现形式有如下几种。

(1)城际专车。

以7座商务车型为主,通过定制客运预约平台,向乘客提供由A城市到B城市的专车运输服务,实现乘客接送"门到门",上下车地点、时间灵活。

(2)定制专线服务。

专门从事一端在机场、火车站、高速铁路车站等重要枢纽的定制化旅客运输服务。宜采用7座以上车型,根据客流需求可配置7座商务车、中型客车、大型客车车型。通过定制客运预约平台,开展机场定制快车、机场定制包车、机场定制大巴等服务。

(3)定制包车。

定制包车属于包车客运的衍生服务,以整车定制包租的形式提供预约出行服务,车型不限,如定制旅游包车等。

(4)定制公务车。

以公务出行群体为服务对象,向政府部门、企事业单位提供定制化公务出行服务,车型不限。

以上几类定制客运新形态,可以归纳总结为两大类。第一类是"专车",主要解决传统客运不便利、不高效、服务质量不高的问题,其主要特点是:主要使用乘用车,定点变成"点到点""门到门",定线变成"随客而行",定时变成"随客时间"或者多个时间供乘客选择。目前市场上的"城际专车""城际约租""定制包车""城际约车"等基本都属于这种形态。第二类是"专线",主要解决综合运输体系中联程运输不便利、在某些人群密集点无法提供客运服务的问题,其主要特点是:主要使用客车(也有乘用车);定点但一般一端为景区、火车站、机场等人流密集点;定线、定时提供服务。

4.4.3 定制客运接送模式

根据交通运输部办公厅印发的《班车客运定制服务操作指南》(交办运函〔2022〕1205号),定制客运经营者可根据经营需要,自主灵活选择上门接送、定点接送、短途驳载等一种或者多种模式接送旅客。

(1)上门接送模式。

定制客运经营者根据旅客出行需求,在开展定制客运的道路客运班线(以下简称定制客运班线)起讫地、中途停靠地所在城市市区、县城城区灵活确定上下旅客地点,为旅客提供上门服务。

班车客运定制服务操作指南

(2)定点接送模式。

定制客运经营者根据客流流向等特点,在定制客运班线起讫地、中途停靠地所在城市市区、县城城区,自主设定并公布若干相对固定的上下旅客地点,供旅客就近选点上下车,设定上下旅客地点不需向交通运输主管部门备案、不受原与起讫地及中途停靠地客运站签订的进站协议限制;或者由道路旅客运输站经营者(以下简称客运站经营者)在定制客运班线主要途经地设立并向原许可机关备案若干停靠点,为定制客运班线提供旅客售检票、行李物品安全检查和营运客车停靠服务。定制客运经营者自主设定的上下旅客地点和客运站经营者设立的停靠点宜在火车站、汽车客运站、机场、公交场站、医院、学校、商业中心、大型居住区、旅游景区(点)、城区主要公路出入口附近等客流集中、交通便利的区域选址,不阻碍交通、符合停车管理规定,具备条件的可配置候车标志标识等设施。

(3)短途驳载模式。

定制客运经营者在事前告知旅客、保障服务质量的情况下,在起讫地、中途停靠地所在的城市市区、县城城区范围内,安排自有营运客车开展不单独收费的短途驳载服务,通过末端转运提高旅客集散效率。

4.5 旅游客运组织

4.5.1 道路旅游客运的定义

道路旅游客运(以下简称旅游客运)是指以运送旅游观光的旅客为目的,在旅游景区内运营或者其线路至少有一端在旅游景区(点)的一种道路客运方式。旅游客运是旅游者利用道路运输方式,实现从一个地点到另一个旅游地点的空间转移过程,这个过程既包括旅游者从出发地到旅游目的地之间的空间转移过程,也包括旅游者在旅游地各景点之间的空间位移。

旅游客运是道路运输的有机组成部分,不可能离开道路运输而单独发展。随着旅游业的快速发展,旅游客运在整个道路旅客运输中的重要性日益凸显。可以预见,随着居民消费水平不断提升和消费结构不断优化,旅游客运在整个道路客运运输中的地位将会不断提升。

4.5.2 道路旅游客运的分类

按照营运方式不同,旅游客运可分为定线旅游客运和非定线旅游客运两类。

(1)定线旅游客运。

定线旅游客运指定站点、定时间发车,定线路营运,按照旅游班车须按公告的线路行驶,途中可以接纳散客的旅游客运方式。定线旅游客运按照班车客运管理。

(2)非定线旅游客运。

非定线旅游客运指按照用户要求的线路、景点、时间,运送团体旅客,非定站点、非定时发车,非定线路营运,途中不可以接纳散客的旅游客运方式。非定线旅游客运按照包车客运管理。

4.6 道路旅客运输组织安全要求及操作规程

运输组织是实现旅客位置转移的核心过程,也是道路旅客运输的主要环节,其安全程度对旅客运输的总体安全影响较大。而操作规程一般是指相关管理部门为保证本部门的生产、工作能够安全、稳定、有效运转而制定的,相关人员在操作设备或办理业务时必须遵循的程序或步骤。操作规程的遵守程度对运输安全具有至关重要的影响。

4.6.1 道路旅客运输安全隐患排查和绩效管理

客运企业应当建立事故隐患排查治理制度，依据相关法律法规及本企业管理规定，对客运车辆、驾驶员、运输线路、运营过程等安全生产各要素和环节进行安全隐患排查，及时消除安全隐患。

客运企业应当根据相关法律法规、管理部门要求和自身实际情况，制定年度安全生产绩效目标。安全生产绩效目标应当包括道路交通责任事故起数、死亡人数、受伤人数、百万车公里事故起数、百万车公里伤亡人数、安全行车公里数等。

建立安全生产年度考核与奖惩制度。针对年度目标，对各部门、各岗位人员进行安全绩效考核，通报考核结果。客运企业根据安全生产年终考核结果，对安全生产相关部门、岗位工作人员给予一定的奖惩。对全年无事故、无交通违法记录、无旅客投诉的安全文明驾驶员予以表彰奖励。

建立安全生产内部评价机制，每年至少进行1次安全生产内部评价。评价内容应当包括安全生产目标、安全生产责任制、安全投入、安全教育培训、从业人员管理、客运车辆管理、生产安全监督检查、应急响应与救援、事故处理与统计报告等安全生产制度的适宜性、充分性及有效性等。企业也可聘请第三方机构对本企业的安全生产情况进行评估，并根据评估结果，及时修订和完善安全生产管理制度，持续改进和提高安全管理水平。

4.6.2 运输组织和行车安全要求

4.6.2.1 运输计划制定

客运企业在制定运输计划时应当严格遵守通行道路的限速要求，以及客运车辆（9座以上）夜间（22时至次日6时，下同）行驶速度不得超过日间限速80%的要求，不得制定导致客运驾驶员按计划完成运输任务将违反通行道路限速要求的运输计划。不得要求驾驶员超速驾驶车辆。企业应主动查处驾驶员超速驾驶车辆的行为，发现驾驶员超速驾驶客运车辆时，企业应及时采取措施纠正。

《道路旅客运输企业安全管理规定》规定，客运企业在制定运输计划时应当严格遵守驾驶员驾驶时间和休息时间等规定：

（1）日间连续驾驶时间不得超过4h，夜间连续驾驶时间不得超过2h，每次停车休息时间应不少于20 min。

（2）在24 h内累计驾驶时间不得超过8h。

（3）任意连续7日内累计驾驶时间不得超过44h，其间有效落地休息。

（4）禁止在夜间驾驶客运车辆通行达不到安全通行条件的三级及以下山区公路。

（5）长途客运车辆凌晨2—5时停止运行或实行接驳运输；从事线路固定的机场、高速铁路快线以及短途驳载，且单程运营里程在100 km以内的客运车辆，在确保安全的前提下，不受凌晨2—5时通行限制。

客运企业不得要求驾驶员违反驾驶时间和休息时间等规定驾驶客运车辆。企业应主动查处驾驶员违反驾驶时间和休息时间等规定的行为，发现驾驶员违反驾驶时间和休息时间等规定驾驶客运车辆时,应及时采取措施纠正。

4.6.2.2 出车前准备

(1)熟悉行车路线和行车计划。

①应提前熟悉高速公路出入口、沿线服务区或其他中途休息场所,以及备用行车路线等信息。

②应按照以下要求提前了解运行路线沿线的道路情况、交通环境和气候特点:

a.沿线道路等级、道路线形及中央隔离带、护栏的设置等情况。

b.沿线桥梁对通行车辆的总质量、轴重等限值,沿线涵洞、隧道对通行车辆的高度和宽度的限值。

c.沿线地区台风、暴雨、暴风、寒潮、沙尘暴、泥石流、山体塌方等天气和地质灾害预警信息。

d.沿线道路容易出现团雾、结冰、横风的路段信息。

③根据运行路线沿线的道路交通环境,提前做好以下准备:

a.应根据沿线地区的季节性气候变化情况,及时更换相适应的冷却液、机油、燃油等。

b.冬季行经严寒地区,宜随车携带防滑链、垫木等防滑材料。

c.行经高原地区时,宜提前备好应急药物和器材。

(2)驾驶员生理、心理状况自我检查。

①身体应处于健康状态,精力充沛,有疲劳、头晕、恶心、乏力、幻象等现象时,不应驾驶车辆上道路行驶。

②情绪应处于心平气和、不急不躁的状态。情绪不良时,不应驾驶车辆上道路行驶。

③宜每年进行一次身体健康检查,按医嘱要求做好行车安全防范措施。

(3)车辆安全技术状况检查。

①应按照《机动车驾驶员安全驾驶技能培训要求》(JT/T 915—2014)的要求做好出车前检查,并如实填写车辆日常检查表;按照《汽车维护、检测、诊断技术规范》(GB/T 18344—2016)的要求做好车辆日常维护。

②安装有卫星定位系统车载终端设备、行车记录设备、视频监控等设备的,确认设备齐全、工作正常。

③除满足前面的要求,客运驾驶员还应按以下要求做好出车前的安全检查:

a.确认乘客座椅的安全带齐全,能正常调节长度和锁止,无破损。

b.确认应急门、应急窗能正常开启和锁止;应急锤齐全、有效、位置正确;设有撤离舱门的,撤离舱口应能正常开启和锁止。

c.确认灭火器齐全、有效,放置于明显、便于取用的位置。

d.车辆起步前,做好以下检查:

(a)在临时停靠站点,对上车乘客进行实名验票,检查乘客所携带的物品,防范携带、夹带危险或国家规定的违禁物品上车。

(b)确认乘客行包摆放整齐稳妥,安全出口和通道畅通,无行包物品。

(c)清点乘客人数,确认无超员情况,督促乘客系好安全带。

(d)确认行李舱门和车门关闭锁止。

(4)发车前安全告知与安全承诺。

①班线客车和旅游客车驾驶员应口头或通过播放宣传片、在车内明显位置标示等方式,对乘客进行安全告知,告知内容包括:

a. 客运公司名称、客车号牌、驾驶员及乘务员姓名和监督举报电话。

b. 车辆核定载客人数、行驶线路、经批准的停靠站点、中途休息站点。

c. 车辆安全出口及应急出口的逃生方法、安全带和应急锤的使用方法。

d. 法律法规规定的其他事项。

②客运驾驶员应向乘客进行安全承诺,承诺内容包括:

a. 不超速,严格按照道路限速要求行驶。

b. 不超员,车辆乘员不得超过核定载客人数。

c. 不疲劳驾驶,日间连续驾驶时间不得超过4h,夜间22时至次日6时连续驾驶时间不超过2h,每次停车休息时间不少于20min。

d. 不接打手机,在驾驶过程中保持注意力集中。

e. 不关闭动态监控系统,做到车辆运行实时在线。

f. 确保提醒乘客系好安全带,全程按要求佩戴使用。

g. 确保乘客生命安全,为旅途平安保驾护航。

4.6.2.3 行车中安全驾驶操作

(1)基本要求。

①应按照《机动车驾驶员安全驾驶技能培训要求》(JT/T 915—2014)的要求规范操作车辆操纵装置;车辆行驶方向、速度等变化时,提前观察内、外后视镜,视线不应持续离开行驶方向超过2s。

②应根据道路条件、道路环境、天气条件、车辆技术性能、车辆装载质量等,合理控制行驶速度和跟车距离。行驶速度和跟车距离应满足以下要求:

a. 按照道路限速标志、标线标明的速度行驶。

b. 在没有限速标志、标线且没有施划道路中心线的城市道路上,最高速度为30km/h;在没有限速标志、标线且只有一条机动车道的城市道路上,最高速度为50km/h。

c. 在没有限速标志、标线且没有施划道路中心线的公路上,最高速度40km/h;在没有限速标志、标线且同方向只有一条机动车道的公路上,最高速度为70km/h。

d. 遇有下列情形之一的,及时降低车速,行驶速度不超过30km/h。

(a)进出非机动车道,通过铁路道口、急弯路、窄路和窄桥时。

(b)掉头、转弯、下陡坡时。

(c)遇雾、雨、雪、沙尘、冰雹,能见度在50m以内时。

(d)在冰雪、泥泞的道路上行驶时。

(e)牵引发生故障的机动车时。

e. 在高速公路行驶,车速超过100km/h时,与同车道前车保持100m以上的距离;车速低于100km/h时,与同车道前车保持50m以上的距离。

f. 在高速公路上行驶,遇有雾、雨、雪、沙尘、冰雹等能见度较低气象条件时,应遵守以下要求:

（a）能见度小于500m且大于或等于200m时,速度不超过80km/h,与同车道前车保持150m以上的距离。

（b）能见度小于200m且大于或等于100m时,速度不超过60km/h,与同车道前车保持100m以上的距离。

（c）能见度小于100m且大于或等于50m时,速度不超过40km/h,与同车道前车保持50m以上的距离。

（d）能见度小于50m时,速度不超过20km/h,并从最近的出口尽快驶离高速公路。

③行车中应遵守道路交通安全法律、法规的规定,不应有以下不安全驾驶行为:

a. 车门、行李舱门未关闭锁止时行车。

b. 下陡坡时熄火或空挡滑行。

c. 占用应急车道行驶。

d. 长时间骑轧车道分界线行驶。

e. 在高速公路上停车上下乘客。

f. 出现驾驶时聊天、使用手持电话等妨碍安全驾驶的行为。

g. 带不良情绪驾驶车辆。

（2）行驶位置和路线选择。

应按照以下要求选择合适的行驶路线,并操控车辆保持正确的行驶位置。

①在道路同方向施划有两条以上机动车道的路段行驶时,靠右侧的慢速车道行驶,不得长时间占用左侧的快速车道行驶。

②在有道路中心线的路段行驶时,靠道路中间偏右位置行驶。

③在交叉路口右转弯时,按照以下要求进行操作:

a. 通过后视镜观察右侧后轮的行驶轨迹,为右侧后轮与路肩之间预留足够的转弯空间,同时观察两侧盲区内的交通情况,确认安全后,缓慢向右侧转向。

b. 在施划两条以上右转弯车道的交叉路口时,选择靠左侧的右转弯车道转弯。

④在交叉路口左转弯时,按照以下要求进行操作:

a. 靠路口中心点的左侧转向。

b. 在施划两条以上左转弯车道的交叉路口时,选择靠右侧的左转弯车道转弯。

⑤在交叉路口转弯需要借用对向车道时,做好让车准备,为对向驶来的车辆预留足够的转弯空间。

（3）客运站内行驶。

在客运站内,应按照以下要求操作:

①由工作人员指挥,按站内限速规定行驶,按规定停放。

②关闭车门,确认乘客已坐稳、系好安全带,再起步。

③依次有序进出客运站,若出入口为同一个通道,进站车辆让出站车辆先行。

④停车后,先确认车辆已停稳,再打开车门。

（4）夜间行驶。

夜间行驶时,应按照以下要求正确使用车辆灯光:

①开启示廓灯,在路侧紧急停车时同时开启危险报警闪光灯,放置危险警告标志。

②在有路灯、照明良好的道路上行驶时,开启近光灯。

③在没有路灯、照明不良的道路上行驶,速度超过 30km/h 时,开启远光灯;遇以下情况时改用近光灯:

a. 与同车道前车的距离小于 50m 时。

b. 与相对方向来车的距离小于 150m 时。

c. 在窄路、窄桥与非机动车会车时。

④通过急弯、坡路、拱桥、人行横道或没有交通信号灯控制的路口时,交替使用远、近光灯示意。

⑤夜间行驶时,应按照要求适当降低车速,加大跟车距离;客车夜间 22 时至次日 6 时行驶速度不应超过该路段限速的 80%。

(5)恶劣气象条件下的行驶。

①在雾、雨、雪、沙尘、冰雹等低能见度气象条件下行驶时,应按照以下要求正确使用车辆灯光:

a. 开启近光灯、示廓灯。

b. 能见度小于 200m 时,同时开启雾灯和前后位灯。

c. 能见度小于 100m 时,同时开启雾灯、前后位灯和危险报警闪光灯。

②在雾、雨、雪、沙尘、冰雹等恶劣气象条件下行驶时,应按照要求适当降低行驶速度,加大跟车距离。

③雨天行车时,除满足①和②的操作要求外,还应按照以下要求操作:

a. 根据雨量大小使用刮水器挡位,使用车内空调清除风窗玻璃和车门玻璃上的水雾。

b. 遇暴雨时,及时选择空旷、安全区域停车,待雨量变小或雨停后再继续行驶。

c. 遇大风时,握稳转向盘,保持低速行驶,在避让障碍物或转弯时缓转转向盘,轻踩制动踏板;若感觉车辆行驶方向受大风影响时,立即选择空旷、安全区域停车。

d. 遇连续下雨或久旱暴雨时,不应靠近路侧行驶。

e. 遇积水路段,先观察和判断积水的深度、流速等情况,确认安全后,低速平稳通过,通过积水路段后,轻踩制动踏板;遇路段积水严重时,选择其他安全路线行驶。

④雾天行车时,除满足①和②的操作要求外,还应按照以下要求操作:

a. 开启车窗,适当鸣喇叭提醒。

b. 发现后侧来车的跟车距离过近时,在保持与前车足够的跟车距离的情况下,适当用制动减速提醒后车。

⑤冰雪天行车时,除满足①和②的操作要求外,还应按照以下要求操作:

a. 加速时,轻踩加速踏板;减速时,轻踩制动踏板或利用低速挡减速,不应紧急制动。

b. 转向时,缓转转向盘,不应急转向。

c. 遇路面被冰雪覆盖时,循车辙行驶,并利用道路两侧的树木、电杆、交通标志等判断行驶路线。

⑥高温天行车时,按照以下要求操作:

a. 不定时查看冷却液温度表,当冷却液温度超过 95℃时,应及时选择阴凉、安全区域停车降温。

b. 宜每隔2h或每行驶150km停车检查轮胎压力、温度，发现胎温、胎压过高时，选择阴凉、安全区域停车降温，不可采取放气或泼冷水方式降压、降温。

c. 连续频繁使用行车制动器时，宜每行驶3～4km选择阴凉、安全区域停车，检查行车制动器状况，采取自然降温方式降低行车制动器温度。

（6）行车中检查。

①应不定时查看车上各种仪表，察听发动机及底盘声音，辨识车辆是否出现异常状况。出现以下情况时，应立即选择安全区域停车检查：

a. 仪表报警灯亮起时。

b. 操纵困难、车身跳动或颤抖、机件有异响或有异常气味、冷却液温度异常时。

c. 发动机动力突然下降时。

d. 转向盘的操纵变得沉重并偏向一侧时。

e. 制动不良时。

f. 车辆灯光出现故障时。

②中途停车时，应逆时针绕车辆一周，按照《机动车驾驶员安全驾驶技能培训要求》（JT/T 915—2014）的要求检查车辆仪表、悬架装置、螺栓等重点安全部件是否齐全，技术状况是否正常，车辆有无漏液，尾气颜色是否正常，并如实填写车辆日常检查表。

③中途在服务区休息时，在车辆重新起步前，驾驶员应清点乘客人数，确认无漏员情况。

4.6.2.4　车辆回场后检查

（1）应按照《机动车驾驶员安全驾驶技能培训要求》（JT/T 915—2014）的要求检查车辆轮胎、转向系统、制动系统、悬架装置、灯光、螺栓、应急锤、座椅安全带等重点安全部件是否齐全，技术状况是否正常，车辆有无漏油、漏水、漏气现象，并如实填写车辆日常检查表。

（2）应对当天车辆运行中出现的异常情况填写报修单，交由专业维修人员开展维修作业。

（3）客运驾驶员应如实填写行车日志。

4.6.2.5　合理组织接驳运输

实行接驳运输的道路旅客运输企业，应当按照规定制定接驳运输安全生产管理制度和接驳运输线路运行组织方案，并向交通运输主管部门报备，为接驳运输车辆安装视频监控装置后，方可实行接驳运输。客运企业制定接驳运输线路运行组织方案应当避免驾驶员疲劳驾驶，并对接驳点进行实地查验，保证接驳点满足停车、驾驶员住宿、视频监控及信息传输等安全管理功能需求。

道路旅客运输企业直接管理接驳点，或者进驻接驳运输联盟及其他接驳运输企业运营的接驳点，应当在指定接驳点和接驳时段进行接驳，履行接驳手续，建立健全接驳运输台账。接驳运输台账、行车单、车辆动态监控信息、接驳过程相关图像信息等保存期限不少于6个月。凌晨2—5时运行的接驳运输车辆，应当在前续22时至次日凌晨2时之间完成接驳。在此时间段内未完成接驳的车辆，凌晨2—5时应当在具备安全停车条件的地点停车休息。

（1）接驳运输企业应当制定健全的接驳运输安全生产管理制度，包括接驳运输车辆、接驳运输驾驶员、接驳点安全生产管理制度、接驳运输动态监控制度、接驳运输安全生产操作规程、接驳点管理人员、接驳运输驾驶员岗位职责等。

（2）接驳运输企业应当科学合理地制定接驳运输线路运行组织方案,包括接驳运输线路运行安排、接驳运输车辆安排和接驳点设置等。

①接驳运输线路运行安排:包括线路名称、线路里程、途经路线、接驳点、接驳次数、起讫客运站。接驳运输线路运行安排应当避免驾驶员疲劳驾驶。

②接驳运输车辆安排:包括车辆信息、始发时间、预计接驳时间、预计终到时间、配备驾驶员数量等。接驳运输车辆应当安装视频监控装置。

③接驳点设置:包括接驳点名称、详细地址、设施设备配备情况(含停车位、床位、视频监控设备、信息传输条件等)、接驳点专职管理人员、运营单位(含单位名称、负责人、联系方式等)。接驳运输企业应当在制定接驳运输线路运行组织方案时,对接驳点进行实地查验,接驳点满足停车、驾驶员住宿、视频监控及信息传输等安全管理功能需求。

（3）接驳运输企业应当直接管理接驳点,或者进驻接驳运输联盟及其他接驳运输企业运营的接驳点。接驳运输企业直接管理接驳点的,应当配备专职管理人员。接驳运输企业进驻接驳运输联盟或者其他接驳运输企业运营的接驳点的,应当签订协议,明确双方安全管理责任。接驳运输企业应当督促驾驶员执行接驳运输流程,履行接驳运输手续,接受接驳点管理人员的过程监督和信息核查。接驳点运营单位应当督促接驳点管理人员按照岗位职责和双方协议履职。

（4）分段式接驳运输线路运行组织方案还应当满足以下要求:

①同一客运班线全程接驳次数不得超过2次。

②接驳点能够保障不同接驳运输车辆间旅客安全换乘、旅客行李和行李舱载运货物安全交接。

③有明确的旅客、旅客行李及行李舱载运货物换车组织引导流程。

④由多个承运主体共同实施分段式接驳运输的,应当明确相关各方安全生产责任。

（5）接驳运输企业开展分段式接驳运输,将接驳点设置在客运站的,可向相关许可机关申请将接驳点所在的客运站增设为停靠站点。相关许可机关对符合条件的,应当予以批准。

客运企业应当通过动态监控、视频监控、接驳信息记录检查、现场抽查等方式加强接驳运输管理和安全隐患排查治理,严格执行接驳运输流程和旅客引导等服务。一经发现违规操作,应当立即纠正。

4.6.3 常见的客运安全生产操作规程

操作规程一般是指为保证生产工作能够安全、稳定、有效运转而制定的,相关人员在操作设备或办理业务时必须遵循的程序或步骤。客运安全影响因素较多,企业必须围绕影响安全生产的各种因素,找出能有效保障安全生产的各个主要工序,并作为关键岗位来管理,制定详细、标准化的安全生产操作规程,规范有关员工的工作程序及操作方法。旅客运输中常见的操作规程包括行车操作规程、车辆日常检查和日常维护操作规程、动态监控操作规程、乘务员及其他安全操作规程等。客运企业应根据企业实际和岗位特点,分类制定适合企业的安全生产操作规程,本书不对具体操作规程进行论述,只给出规程的主体内容和相关规范规定。

4.6.3.1 客运驾驶员行车操作规程

客运企业应当制定客运驾驶员行车操作规程。操作规程的内容应当包括:出车前、行车中、收车后的操作规范,开车前向旅客的安全告知,各类路段行车注意事项,恶劣天气下的行车注意事项,夜间行车注意事项,应急驾驶操作程序,进出客运站注意事项等。具体操作规范可以参考《道路客货运输驾驶员行车操作规范》(JT/T 1134—2017)相关内容。

4.6.3.2　客运车辆日常检查和日常维护操作规程

客运经营者应依据国家有关技术规范对客运车辆进行定期维护,确保车辆技术状况良好。客运车辆的维护作业项目和程序应按照《汽车维护、检测、诊断技术规范》(GB 18344—2016)等有关技术标准的规定执行。企业应当制定客运车辆日常检查和日常维护操作规程。操作规程的内容应当包括:轮胎、制动、转向、悬架、灯光与信号装置、卫星定位装置、视频监控装置、应急设施装置等安全部件检查要求和检查程序,以及不合格车辆返修及复检程序等。

造成重大道路交通事故的车辆技术故障主要包括制动系统故障、转向系统故障、轮胎缺陷(轮胎质量不符合要求、前轮使用翻新轮胎、轮胎异常磨损)等。为保障车辆安全、可靠运行,道路运输企业应确保车辆处于良好的技术状况,符合机动车安全运行技术条件。除对客运车辆进行定期的检修、维护外,还应结合实际情况进行预防性的日常安全检查、维护。日常安全检查由专业技术人员或驾驶员在出车前进行,主要对车辆灯光、制动、转向、悬架、传动、轮胎、刮水器、油箱等重点部位和防滑链、三角木、应急锤、灭火器、卫星定位装置、应急门、应急窗等安全设施(或工具)及液化、压缩天然气安全装置等进行检查。按规定维护、经常检查,发现隐患及时整改,才能够使车辆和安全设施设备随时处于完好有效的状态,从而减少或避免因车辆故障或安全隐患引发的交通事故。

4.6.3.3　客运车辆动态监控操作规程

客运企业应当制定车辆动态监控操作规程。操作规程的内容应当包括:卫星定位装置、视频监控装置、动态监控平台设备的检修和维护要求,动态监控信息采集、分析、处理规范和流程,违法违规信息统计、报送及处理要求及程序,动态监控信息保存要求和程序等。

4.6.3.4　乘务员及其他安全操作规程

配备乘务员的客运企业应当建立乘务员安全操作规程。操作规程的内容应当包括乘务员值乘工作规范、值乘途中安全检查要求、车辆行驶中相关信息报送等。

乘务员是指在客车运行过程中,随车为营运作业和旅客提供各种服务活动的工作人员。在旅客乘车、车辆运行、途中休息及进站上、下车过程中,乘务员的工作贯穿其始终。乘务工作较为繁杂,由于客车运行过程中经常会遇到各种各样的问题,需要协助驾驶员迅速、果断地处理事故,特别是加强对途中上车旅客行包的检查,防止危险品上车。另外,由于乘客有着不同的出行目的和要求,身体状况和对乘车的适应情况都不相同,所以需要不同的关心照顾。乘务员工作服务性强,其工作质量的高低,直接影响道路旅客运输服务质量和运输安全。因此,客运企业应当建立乘务员安全服务操作规程,乘务员值乘工作主要包括:

(1)执行乘务任务前,做好必要的准备工作,如准确掌握客车车型、车座情况负责车厢内清洁卫生;检查座椅、安全带以及应急安全设施、药品的完好情况。

(2)组织乘客有序上车,如根据派车单和检票记录,清查乘客人数;检查乘客行李,防止"三品"上车;协助乘客正确摆放行李;开车前做好安全告知,向旅客介绍注意事项及沿途停靠站点;督促乘客正确使用安全带。

(3) 途中照料乘客,维护乘车秩序,并协助驾驶员做好应急安全处置。值乘途中对中途上车乘客的行李进行检查,禁止"三品"上车。认真清点上车人数,严禁超载、防止漏乘。在车辆行驶中报告车辆异常运行的相关信息,如行驶中遇到治安事件、乘客突然生病等。

(4) 在汽车客运站和途中休息区组织乘客安全有序上、下车。

影响驾驶员操作行为的因素还有很多,保持车辆良好技术状况的措施不仅仅是车辆日常安全检查,还必须围绕影响安全生产的各种因素,全方位找出所有能有效保障安全生产的各个主要工序,凡有关安全管理制度不具体的企业,都应制定有关操作规程,使安全管理制度实现可操作化。

思考与练习

1. 简述长途客运班线接驳组织的定义。
2. 城乡一体化的内涵及特征是什么?
3. 简述道路旅客运输的定义与分类。

第5章 道路货物运输组织

5.1 道路货物运输概述

5.1.1 基本概念

道路货物运输是指以载货汽车为主要运输工具,通过道路使货物产生空间位移的生产活动。货物是运输的直接对象,它与道路运输组织工作有密切的关系。

道路货物运输组织就是从运输生产过程管理入手,按照运输企业的生产经营目标和计划,充分利用各种资源,对运输生产的各要素、环节进行合理安排,从运输产品的时间、质量、数量和成本等要求出发,对社会提供符合需要和用户满意的运输服务全过程进行计划、组织、协调。

5.1.2 道路货物运输分类

对于道路运输类别的划分,按照不同的分类标准,可以分为很多种,常见的分类有:

(1)按运输组织方法分类:可分为零担货物运输、整批货物运输和集装箱运输三类。托运人一次托运货物计费质量在3t及以下的,为零担货物运输。

快递所托运大多也是属于小件轻量物品,它与零担运输主要是通过质量来划分,具体见表5-1。

快递与零担运输的划分　　表5-1

质量	类别	质量	类别
$X < 30kg$	快递	$1000kg \leq X < 3000kg$	大票零担
$30kg \leq X < 1000kg$	小票零担		

注:X为所托运货物质量。

近年来,零担运输公司和快递公司也有互相渗透的趋势,比如德邦开始用零担的网络来做快递,而顺丰也宣布接20kg以上的单。

托运人一次托运货物计费质量在3t以上或虽不足3t,但其性质、体积、形状需要一辆汽车运输的,为整批货物运输;采用集装箱为容器,使用汽车运输的,为集装箱运输。

(2)按运输速度分类:可分为普通货物运输和快件货物运输。要求在规定的时间内将货物运达目的地的,为快件货物运输;应托运人要求,采取即托即运的,为特快件货物运输。

(3)按运输条件分类:可分为一般货物运输和特种货物运输。

(4)按运输车辆分类:可分为普通车辆运输和特种车辆运输。

5.1.3 道路货物运输组织的基本原则和要求

5.1.3.1 道路货物运输组织的基本原则

由于货物运输具有运输对象广泛、运输时间和运输方向上的不均衡性以及销售的集中性等特点,因此,货物运输组织应遵循负责运输、计划运输、均衡运输、合理运输及直达运输的基本原则。

5.1.3.2 道路货物运输组织的基本要求

道路货物运输组织应该符合安全、迅速、准时、方便及经济等基本要求。

5.1.4 货运场站

5.1.4.1 货运场站的定义

货运场站是公路货运网络中组织货物集散、中转运输及相关服务,并具备一定规模的场所,是货运经营者(承运人)和货主(托运人)进行货物运输交易的场所,是为货主和经营者提供服务的基础设施,是组织货物搬运装卸并提供各种服务的经营单位。货物运输的发送作业和到达作业多数在货运场站完成。

5.1.4.2 货运场站的特征与分类、分级

(1)货运场站的特征。

①以公路运输为主要手段,可提供集疏运、仓储、信息等服务。

②具有一定规模和数量的装卸作业场所和仓储或信息服务的设施和设备。

③具有一定规模的停车场所。

(2)货运场站的分类。

根据《公路货运站站级标准及建设要求》(JT/T 402—2016),以货运场站承担的主要业务功能作为分类依据,将货运场站分为综合型货运场站、运输型货运场站、仓储型货运场站和信息型货运场站四类。

①综合型货运场站。

综合型货运场站主要业务功能应体现运输和仓储等物流多环节服务的功能,同时符合以下要求:

a. 从事物流多环节服务业务,可以为客户提供运输、货运代理、仓储、配送、流通加工、包装、信息等多种服务,且具备一定规模。

b. 按照业务要求,自有或租用必要的装卸设备、仓储设施及设备。

c. 设置专门的机构和人员,建立完备的客户服务体系,能及时、有效地提供服务。

d. 具备网络化信息服务功能,应用信息系统可对服务全过程进行状态查询和监控。

②运输型货运场站。

运输型货运场站主要业务功能应体现以运输服务为主的中转服务功能,同时符合以下要求:

a. 以从事道路货物运输业务为主,包括公路干线运输和城市配送,并具备一定规模。

b. 可以提供门到站、站到门、站到站的运输服务。

c. 具有一定数量的装卸设备和一定规模的场站设施。

③仓储型货运场站。

仓储型货运场站主要业务功能应体现以道路运输为主的仓储服务功能,同时符合以下要求:

a. 以从事货物仓储业务为主,可以为客户提供货物储存、保管等服务,并具备一定规模。

b. 具有一定规模和数量的仓储设施及设备。

④信息型货运场站。

信息型货运场站主要业务功能应体现以道路运输为主的信息服务相关功能,同时符合以下要求:

a. 以从事货物信息服务业务为主,可以为客户提供货源信息、车辆运力信息、货流信息及配载信息等服务,并具备一定规模。

b. 具有网络化的信息平台,或为客户提供虚拟交易的信息平台。

c. 具有必要的货运信息交易场所和定规模的停车场所。

d. 具备网络化信息服务功能,应用信息系统可对交易过程进行状态查询、监控等。

(3)货运场站的分级。

货运场站以占地面积和处理能力(日均交易次数)作为站级划分的主要依据。

①综合型货运场站。

综合型货运场站的占地面积和处理能力应符合表 5-2 的要求。

综合型货运场站分级标准　　　　　　　　　　　　　　表 5-2

序号	综合型	一级	二级	三级
1	占地面积(亩)①	≥600	≥300	≥150
2	处理能力(万 t/年)	≥600	≥300	≥100

注:①1 亩≈666.67m²。

②运输型货运场站。

运输型货运场站的占地面积和处理能力应符合表 5-3 的要求。

运输型货运场站分级标准　　　　　　　　　　　　　　表 5-3

序号	运输型	一级	二级	三级
1	占地面积(亩)	≥400	≥200	≥100
2	处理能力(万 t/年)	≥400	≥200	≥100

③仓储型货运场站。

仓储型货运场站的占地面积和处理能力应符合表 5-4 的要求。

仓储型货运场站分级标准　　　　　　　　　　　　　　表 5-4

序号	仓储型	一级	二级	三级
1	占地面积(亩)	≥500	≥300	≥100
2	处理能力(万 t/年)	≥20	≥10	≥3

④信息型货运场站。

信息型货运场站的占地面积和处理能力应符合表 5-5 的要求。

信息型货运场站分级标准　　　　　　　　　　　　　　　　　表 5-5

序号	信息型	一级	二级	三级
1	占地面积(亩)	≥200	≥100	≥50
2	处理能力(万 t/年)	≥500	≥300	≥100

5.1.4.3　货运场站的设施设备

货运场站的设施设备主要包括生产设施设备和安全设施设备。生产设施设备是货运场站生产经营和货物装卸、储存等作业活动的物质保障,为货运场站的生产经营提供必要的设施场地和机械工具等。安全设施设备是货运场站生产经营的安全保障,为作业人员和车辆、货物及其他设备设施提供有效的安全防护,可避免安全事故的发生。货运场站设施设备配置分别见表 5-6、表 5-7。

货运场站站内设施配置　　　　　　　　　　　　　　　　　　表 5-6

设施类型	设施名称		综合型			运输型			仓储型			信息型		
			一级	二级	三级	一级	二级	三级	一级	二级	三级	一级	二级	三级
办公设施	货运站站房		√	√	√	√	√	√	√	√	√	○	○	○
	生产调度办公室		√	√	√	√	√	√	√	√	√	√	√	√
	信息管理中心		√	√	○	√	√	○	√	√	○	√	√	√
	会议室		√	√	√	√	√	√	√	√	√	√	√	√
	国际联运代理业务办公室	海关	○	○	○	○	○	○	○	○	○	○	○	○
		国检	○	○	○	○	○	○	○	○	○	○	○	○
		税务	○	○	○	○	○	○	○	○	○	○	○	○
生产设施	库(棚)设施与信息交易中心	中转库	√	√	√	√	√	√	√	√	√	×	×	×
		存储库	√	√	√	√	√	√	√	√	√	×	×	×
		零担库	√	√	√	√	√	√	√	√	√	×	×	×
		信息交易中心	○	○	×	○	○	×	○	○	×	√	√	√
	场地、道路及绿化设施	集装箱堆场	○	○	×	○	○	×	○	○	×	×	×	×
		货场	√	√	√	√	√	√	√	√	√	×	×	×
		装卸(作业)场	√	√	√	√	√	√	√	√	√	×	×	×
		停车场	√	√	√	√	√	√	√	√	√	√	√	√
		道路及绿化	√	√	√	√	√	√	√	√	√	√	√	√
生产辅助设施	维修设施		○	○	×	○	○	×	○	○	×	×	×	×
	动力设施		√	√	√	√	√	√	√	√	√	√	√	√
	供水供热设施		√	√	√	√	√	√	√	√	√	√	√	√
	环保设施		√	√	√	√	√	√	√	√	√	√	√	√

续上表

设施类型	设施名称	综合型			运输型			仓储型			信息型		
		一级	二级	三级	一级	二级	三级	一级	二级	三级	一级	二级	三级
生活服务设施	浴室、卫生间、食宿设施	○	○	○	○	○	○	○	○	○	○	○	○
	其他服务设施	○	○	○	○	○	○	○	○	○	○	○	○

注:"√"表示必须配置;"○"表示视条件配置;"×"表示无须配置。

货运场站设备配置 表5-7

设备名称	综合型			运输型			仓储型			信息型		
	一级	二级	三级	一级	二级	三级	一级	二级	三级	一级	二级	三级
管理信息系统	√	√	○	√	√	○	√	√	○	√	√	√
业务、服务、宣传设备	√	√	√	√	√	√	√	√	√	√	√	√
计量设备	√	√	√	√	√	√	√	√	√	√	√	√
传送设备	√	○	×	○	○	×	√	○	×	×	×	×
大型装卸设备	√	√	×	√	√	×	√	√	×	×	×	×
中型装卸设备	√	√	√	√	√	√	√	√	√	×	×	×
小型装卸设备	√	√	√	√	√	√	√	√	√	×	×	×
维修设备	○	○	×	○	○	×	○	○	×	×	×	×
货物标签扫描设备	√	√	√	√	√	○	√	√	○	√	○	○
安检设备	√	√	√	√	√	√	√	√	√	√	√	√
消防设备	√	√	√	√	√	√	√	√	√	√	√	√
空调、采暖设备	√	○	○	○	○	○	○	○	○	√	√	√
清洁、卫生设备	√	√	√	√	√	√	√	√	√	√	√	√
充电站	○	○	○	○	○	○	○	○	○	○	○	○

注:"√"表示必须配置;"○"表示视条件配置;"×"表示无须配置。

(1)货运场站主要设施。

①货运场站生产设施。

货运场站生产设施主要包括业务办公设施、库(棚)设施、信息交易中心、场地设施、道路设施等。

a.业务办公设施。

业务办公设施主要包括货运场站站房、生产调度办公室和信息管理中心。有国际运输业务的货运场站,可设置含有海关、检疫、商检、商务等部门的国际联运代理业务办公室。

(a)货运场站站房由业务人员工作间和货主办理货物托运或仓储受理手续、提货手续的场所构成。

(b)生产调度办公室及国际联运代理业务联合办公室。

(c)信息管理中心由放置信息管理硬件系统的机房、工作人员的办公场所和供信息发布及用户查询的场所构成。

(d)业务办公设施的设置要方便货主,货物受理处业务人员工作间和联合办公室应按作业流程设置,货物受理处与仓库的距离应短捷。

b. 库(棚)设施。

库(棚)设施包括中转库、仓储库、零担库、集装箱拆装装箱库和货棚等。根据《公路货运站站级标准及建设要求》(JT/T 402—2016),库(棚)设施应符合下列要求:

(a)仓库内货位宽度可取 2.5~3m,货位间隔和操作通道宽度应根据货物装卸方式和所用机械的型号和规格而定。

(b)每平方米仓门数量不应少于 6 扇,仓门设置方式根据仓库处理能力大小而定,处理能力较大仓库的进、出仓可双向设置或分开设置,仓门宽度不小于 3m。

(c)高架库房宜采用质量不大于 0.5t 的货格,单幢库房内货格数量宜在 3000~7000 个之间,货架层数不宜超过 6 层。

(d)仓库的窗地面积比宜为 1:10~1:18;窗户功能以采光为主的仓库,采用固定窗,窗地面积比取较大值;窗户功能以通风为主的仓库,采用中悬窗,窗地面积比取较小值。

(e)仓库屋顶应设置 2%~3% 的采光带;宜采用功率较小的节能环保灯具,其中一般照明灯具不大于 100W,工作照明灯具不大于 400W,灯具应由金属罩或金属网保护。

(f)仓库屋顶和门窗应采用保温、隔热、密闭性材料,按规定进行围护结构的热工设计及通风和空气调节的节电设计。

(g)货棚与库房的面积比不宜超过 20%,其货位宽度、间隔和操作通道宽度符合相关规定。

(h)各类仓库应分区设置并与道路衔接,且保持良好作业联系,零担货棚和仓储货棚应与相应仓库位于同一区域。

c. 中转库。

中转库应符合以下要求:

(a)中转、换装作业量大的一、二级综合型、运输型货运场站,可设置具有监控、传送、分拣设备的中转库。

(b)具有铁路专用线的货运场站,中转库一侧宜设铁路装卸站台,宽度不小于 13.5m;另一侧或多侧设汽车装卸站台,站台高度为 1.1~1.45m,宽度不小于 3m。

d. 仓储库。

仓储库应符合以下要求:

(a)仓储库可按建筑层数分为单层仓储库和多层仓储库。存放外形尺寸较小、单件质量较轻且价值较高货物的仓储库可建成高架库。

(b)多层仓储库的楼梯及货梯的位置应处于中央部位,储存货物出入库的水平运输距离应不大于 30m;一幢仓储库设置两台货梯时,应集中布置;货梯多于两台时应分两处设置;多层仓储库除设主楼梯外,还应设置疏散楼梯。

e. 零担库和集装箱拆装箱库。

零担库和集装箱拆装箱库的站台宜建成高站台,站台宽度不小于 3m,高度取 1.1~1.45m,两端设置斜坡,站台装卸货位可设置升降平台。

f. 信息交易中心。

信息交易中心是利用互联网、信息交易平台等实现货物运输信息交易的场所,应符合以下要求:

(a)配备信息发布台和电子显示设备。

(b)配备电子监控设备。

g. 场地设施。

场地设施主要包括集装箱堆场、货场、装卸(作业)场和停车场。

h. 道路设施。

道路设施包括铁路专用线和站内道路。

(a)在邻近铁路线并有较大公铁联运作业量的一、二级货运场站,可引设铁路专用线。三级货运场站或无条件的货运场站可不设置。

(b)站内道路应采用无交叉的环行路线。

②货运场站生产辅助设施和生活服务设施。

用于货运场站的生产辅助和生活服务设施应按需设置。

a. 生产辅助设施。

货运场站的生产辅助设施主要包括维修设施、动力设施、供水供热设施等。

(a)维修设施。

维修设施包括维修现场的消防通道、行车通道、围栏、警告标志、夜间警示红灯、消防器材、通信设备、照明设备、脚手架、冲洗用水源等。

(b)动力设施。

动力设施可分为:

ⓐ动能发生设备:包括空气压缩设备、液化气站设备、锅炉房设备。

ⓑ电气设备:包括变压器、高低压配电设备、照明和其他电气设备。

ⓒ其他动力设备:包括通用采暖设备、管道、除尘设备和其他动力设备。

(c)供水供热设施。

ⓐ供水设施,就是供水设备,比如无负压供水设备、变频供水设备、气压供水设备、消防供水设备、落地膨胀水箱等。

ⓑ供热设施,是为使人们生活或进行生产的空间保持在适宜的热状态而设置的供热设施。供热设施按照服务范围分为局部的、集中的和区域的。集中式供热设施有集中式热风供暖设施、集中式热水供暖设施和集中式蒸汽供暖设施。

b. 生活服务设施。

货运场站的生活服务设施主要包括浴室、卫生间、食宿设施和其他服务设施。

(2)货运场站主要设备。

①货运场站主要生产设备。

货运场站主要生产设备包括运输车辆、装卸机械、计量设备、管理系统、维修设备、安检设备、消防设备等。

a. 运输车辆。

货运场站应根据需要配置用于货物配送和装卸搬运工作的运输车辆,其车辆类型应根据运输方式、货物种类合理选择。

b. 装卸机械。

货运场站装卸机械包括货场和仓库装卸机械,以及集装箱堆场和作业区装卸机械等。货场和仓库装卸机械主要包括叉车、堆垛机和输送机等,集装箱堆场和作业区装卸机械主要包括集装箱起重机、集装箱门式起重机等。

c. 计量设备。

货运场站应配备检定合格的计量设备(称重设备)。三级以上综合型、运输型、仓储型货运场站应设置电子自动计量设备(称重设备),各种电子自动计量设备(称重设备)均应并入货运场站计算机网络,或预留相关接口。

d. 管理系统。

三级以上综合型、运输型、仓储型货运场站及所有信息型货运场站应设置公路信息系统,包括计算机监控系统、无线(有线)通信系统、站内和站间计算机网络系统、信息显示发布系统等。

e. 维修设备。

三级以上综合型、运输型、仓储型货运场站可根据车辆、装卸机械和集装箱的维修工作量配备符合其工艺要求的清洁和维修设备。

②装卸特种设备及装卸辅助装备。

a. 装卸特种设备。

装卸搬运设备,是指用来搬运、升降、装卸和短距离输送物料或货物的机械设备,装卸搬运机械是实现装卸搬运作业机械化的基础。装卸搬运设备按主要用途和结构特征分为起重机械、输送机械、装卸搬运车辆、专用装卸搬运机械。其中,专用装卸搬运机械是指专用取物装置的装卸搬运机械,如托盘专用装卸机械、集装箱专用装卸搬运机械、分拣专用机械等。

特种设备,是指涉及生命安全、危险性较大的锅炉、压力容器(含气瓶)、压力管道、电梯、起重机械、客运索道、大型游乐设施和场(厂)内专用机动车辆。用于货运场站装卸的特种设备起重机械主要有叉车、巷道堆垛机、集装箱门式起重机、集装箱起重机。

(a)叉车。

叉车,又称铲车、万能装卸机,是一种通用的起重、运输、装卸和堆垛车辆。叉车一般由底盘、动力装置和工作装置三大部分组成。底盘由传动系统、转向系统、行驶系统及相应的电气设备等组成。工作装置主要由机械部分与液压系统组成。在运输装卸作业中,叉车担负着堆码垛、装卸载、短途运输及牵引等任务,不但大大降低了人员的劳动强度,也极大地提高了运输装卸作业的效率,并保证了物资收发的高效性和安全性。

(b)巷道堆垛机。

巷道堆垛机,是由叉车、桥式堆垛机演变而来的。桥式堆垛机由于桥架笨重因而运行速度受到很大的限制,它仅适用于出入库频率不高或存放长形原材料和笨重货物的仓库。巷道堆垛机的主要用途是在高层货架的巷道内来回穿梭运行,将位于巷道的货物存入货格,或者取出货格内的货物运送到巷道口。

(c)集装箱门式起重机。

门式起重机是桥架通过两侧支腿支撑在地面轨道上的桥架型起重机。在结构上由门架、大车运行机构、起重小车和电气部分等组成。有的门式起重机只在一侧有支腿,另一侧支撑在厂房或栈桥上运行,称作半门式起重机。门式起重机的门架由上部桥架(含主梁和端梁)、支腿、下横梁等部分构成。为了扩大起重机作业范围,主梁可以向一侧或两侧伸出支腿,形成悬臂,也可采用带臂架的起重小车,通过臂架的俯仰和旋转扩大起重机作业范围。

(d)集装箱起重机。

集装箱起重机俗称正面吊,是用来装卸集装箱的一种起重机,属于起重设备的一种,也可以说是一种流动机械。集装箱起重机有可伸缩和左右旋转的集装箱吊具,能用于20ft(1ft≈0.3048m)、40ft集装箱装卸作业,吊装集装箱时,起重机不一定要与集装箱垂直,可以与集装箱成夹角作业。在起吊后,可旋转吊具,以便通过比较狭窄的通道。同时,吊具可以左右侧移各800mm,以便于在吊装时对箱,提高作业效率。对于场地条件较差的货运场站,集装箱起重机也能正常作业。

伸缩式的臂架,可带载变幅,集装箱的起降由臂架伸缩和变幅来完成,在臂架伸出和俯仰油缸伸出时,其起升速度较快,在下降时同时锁入,可获得较快的下降速度。在作业时,可同时实现整车行走、变幅、臂架伸缩动作,具有较高的工作效率。

b.装卸辅助设备。

指用于货运场站装卸机械的辅助设备,有带式输送机和监控、传送、分拣设备。

(a)带式输送机。

带式输送机,是以输送带作牵引和承载构件,通过承载物料的输送带的运动进行物料输送的连续输送设备。输送带绕经传动滚筒和尾部滚筒形成无极环形带,上、下输送带由托辊支承以限制输送带的挠曲垂度,拉紧装置为输送带正常运行提供所需的张力。工作时驱动装置驱动传动滚筒,通过传动滚筒和输送带之间的摩擦力驱动输送带运行,物料装在输送带上和输送带一起运动。带式输送机一般是在端部卸载,当采用专门的卸载装置时,也可在中间卸载。

(b)监控、传送、分拣设备。

分拣就是将很多的货品按品种、不同的地点和顾客的订货要求,迅速、准确地从储位拣取出来,按一定的方式进行分类、集中并分配到指定位置,等待配装送货。按手段不同,分拣分为人工分拣、机械分拣、自动分拣。

ⓐ人工分拣。人工分拣基本上是靠人力搬运,或利用最简单的器具和手推车等,把所需要的货物分门别类地送送到指定地点。这种方式劳动强度大,分拣效率最低。

ⓑ机械分拣。机械分拣又称输送机械分拣,它以机械为主要输送工具,拣选作业还要靠人工。这种方式用得最多的是输送机,有链条输送机、传送输送机、辊道输送机等,也有用箱式托盘分拣的。这种分拣方式投资小,可以减轻劳动强度,提高分拣效率。

ⓒ自动分拣。自动分拣系统可将一批相同或不同的货物,按照不同的要求自动识别、自动计数、自动检测、自动计量、自动包装、自动分拣,快速、准确地满足配送或发运要求,提高客户的满意度。自动分拣系统由设定装置、控制装置、分类装置、输送装置及分拣道口组成。

5.1.4.4 货运场站的主要功能

(1)运输组织功能。要求贯彻执行国家及行业主管部门有关法规,进行货物运输生产、货流和货运车辆的运行组织,实现道路货物的合理运输,包括运输生产组织、货源组织、运输能力组织、运行组织、道路货运市场管理等。

(2) 中转和装卸储运功能。利用货运场站内部的装卸设备、仓库、堆场货运受理点及相应的配套设施,为货物中转和因储运需要而进行的换装提供方便,保证中转货物安全、快捷、经济、可靠地完成换装作业,及时运送货物到目的地。

(3) 联运和中介代理功能。通过信息中心和自身的信息系统,与铁路、水运、航空等运输企业、行业部门建立密切的货物综合运输体系,协调地开展联合运输业务。同时,承担运输代理业务,为货主和车主提供双向服务,合理组织联运。

(4) 综合物流服务功能。货运场站除具备储存保管等传统功能外,还具备拣选、配货、检验、分类等作业功能,并具有多品种、小批量、多批次收货配送,以及附加标签、重新包装等综合物流服务功能。

(5) 通信信息功能。通过信息传递与设备交换,使全国道路货运场站形成网络,信息互通,资源共享,各种营运信息迅速、及时、准确地传递和交换。

(6) 辅助服务功能。货运场站除开展正常的货运生产外,还提供与运输生产有关的服务。

5.1.4.5 货运场站的主要任务

货运场站的基本任务是:满足营运区域内社会需求者对公路货运的需求,为货物的合理运输创造良好条件,组织好城市间、城乡间的公路货运工作;组织好公路与铁路、水运的联运;完成运输经办业务和仓库作业;安全、及时、方便、经济地完成货运任务,提高车辆的实载率和运输生产效率。

货运场站的具体任务和职能包括:

(1) 调查并组织货源,签订有关运输合同和运输协议。

(2) 组织日常的货运业务工作。

(3) 做好运行管理工作。

5.1.4.6 货运场站的规划选址

货运场站是道路交通运输的基础设施之一,是公路货物运输网络的节点,也是道路货物运输的重要组成部分,承担着货物集散、仓储保管、车辆停放、组织调度、运行指挥等作用。同汽车客运站一样,货运场站规划建设得合理与否,也直接关系到车站能否与城市交通密切配合,并直接影响车站与周边城市交通的安全畅通及车站生产和服务的本质安全。因此,货运场站规划建设也应将安全和服务要求贯穿于规划、建设、运营全过程。

货运场站站址选择应符合国家公路运输枢纽总体布局规划或所在地区货运场站发展规划要求。

(1) 选址原则。

① 符合城市或城镇总体布局规划。

② 与公路网、城市道路网和综合运输网合理衔接。

③ 靠近较大货源集散点,并适应服务区域内的货运需求。

④ 尽量利用现有场站设施,并留有发展余地。

⑤ 具备良好的给排水、电力、道路、通信等条件。

⑥ 具备良好的环境和地质条件。

(2) 选址步骤。

① 收集城镇、路网、国土等有关规划和运输的统计数据,以及气象、水文、地质等资料。

②确定货运场站的服务范围和功能。
③测算货运场站处理能力和占地面积。
④根据站址选择原则,提出若干货运场站站址备选方案。
⑤对备选站址进行现场勘察。
⑥经方案比选优化,确定货运场站站址。

5.2 道路货物运输组织流程及方法

5.2.1 道路货物运输组织的工作流程

道路货物运输组织工作是一项复杂的系统性工作,需要按一定的工作程序进行,其作业流程如图5-1所示。

在图5-1所示的五个步骤中,货运工作量调查及预测是后续各步工作的前提;货运生产计划是依据前期的货运工作量调查和预测的成果而制订的,是运输企业一定时期的规划方案;运输方案是营运计划的具体化;运输方案的实施是运输方案付诸实际的过程,也是对运输方案制订合理与否的检验过程;运输方案效果评价是对以前各步工作的总结评价,并为下一阶段的工作提供借鉴经验(图5-2)。

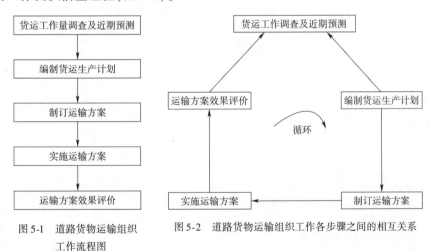

图5-1 道路货物运输组织工作流程图

图5-2 道路货物运输组织工作各步骤之间的相互关系

5.2.2 道路货物运输运作模式及业务流程

5.2.2.1 道路货物运输企业业务运作模式

道路货物运输的基本流程由货物受理、发货站装卸分拣作业、干线货物运输、收货站装卸分拣作业、货物送达五个环节构成。目前道路货运业务一般采取的是一种集配的业务运作模式,也就是说在干线运输两端分别存在一个集货与配送的环境,如图5-3所示。

5.2.2.2 道路货物运输场站作业基本流程

货运场站作为道路快运网络的一个重要组成部分,最基本的业务是接受托运人的货物和向收货人交付货物,基本业务流程如图5-4所示。

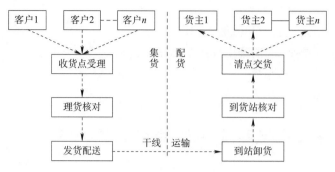

图 5-3　道路货物运输企业采取的业务运作模式

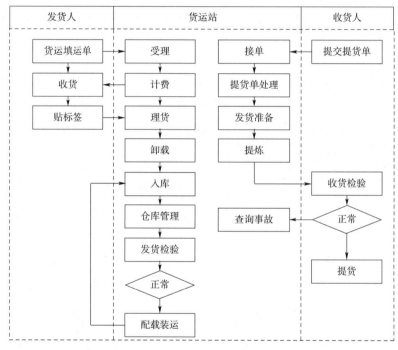

图 5-4　道路货运站的基本业务流程

5.2.3　货物运输组织方法

根据汽车的运行特点和对装卸组织的不同要求,有定挂运输、甩挂运输、驼背运输与滚装运输等多种组织方法。不论哪一种组织方式,只要在适宜的条件下运用,都会有助于汽车运输生产率的提高。

5.2.3.1　定挂运输

定挂运输是指汽车列车在完成运行和装卸作业时,汽车和全挂车一般不分离。这种定车定挂的组织形式,在运行组织和工作方面基本上与单车运行相仿,易于推广,它是拖挂运输开展之初被采用的一种主要形式。

5.2.3.2　甩挂运输

甩挂运输是指牵引车按照预定的运行计划,在货物装卸作业点甩下所拖的挂车,换上其他挂车继续运行的运输组织方式。甩挂运输以充足的货源、完善的道路网络和信息系统、性能良好的牵引车以及规范的货运场站为基础,是网络化、信息化、组织化的一种现代物流新形态。

(1)甩挂运输的特点。

甩挂运输在国际上得到了广泛的推广应用,已经成为非常普遍的先进运输组织方式。与传统单体车或者定挂运输方式相比,甩挂运输具有以下特点:

①有利于减少装卸等待时间,加速始发即可牵引车周转,提高单车利用率,提高车辆运输生产效率。

②完成同等运输量,可以减少牵引车和驾驶员的配置数量,降低牵引车的购置费用和运行费用,同时有利于节省货物仓储设施,节约物流运营成本。

③有利于组织汽车运输与水路滚装运输、铁路驮背运输等多式联运,充分发挥各种运输方式的技术经济优势。

④有利于减少车辆空驶和无法运输,降低燃料消耗,减少汽车尾气排放。

(2)甩挂运输的基本组织形式。

甩挂运输主要有以下三种组织形式。

①一线两点,只在一端甩挂。

这种甩挂运输的模式只有两个装卸点,分别用 A 和 B 来表示。牵引车在装货点 A 甩下挂车,挂上已经装好货物的挂车,运行到货物的目的地 B,牵引车在目的地 B 等待卸完货之后,拖空或者装好货物的挂车返回 A 点,进行下一轮的甩挂运输,如图 5-5 所示。

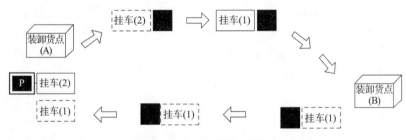

图 5-5　一线两点,只在一端甩挂

②一线两点,两端都会甩挂。

同第一种甩挂运输的模式相同,这种甩挂运输也有 A 和 B 两个装卸点。牵引车在装货点 A 挂上已经装好货物的挂车,运行到达卸货地点 B,甩下有货物的挂车再挂上空的或者装好货物的挂车返回装货点 A,进行下一轮的甩挂运输,如图 5-6 所示。

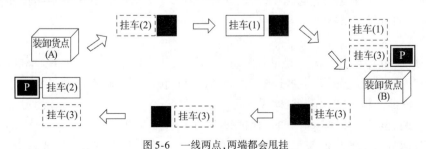

图 5-6　一线两点,两端都会甩挂

③多点装卸货,循环甩挂运输。

循环甩挂运输是指在闭合循环回路的各个装卸点上,配备一定数量的周转挂车,当牵引车到达一个装卸点后甩下所牵引的挂车,等待卸货或者装上装好货的挂车前往下一个目的地,在另外一个目的地也重复这样的动作。和上面两种甩挂运输模式不同的是,这种甩挂运输模式不是在两点之间,可能是多个装卸点之间,如图 5-7 所示。

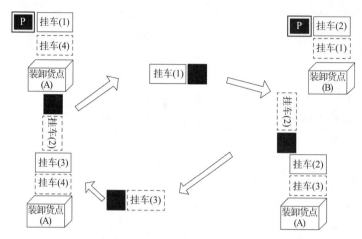

图 5-7 多点装卸货,循环甩挂运输

(3)甩挂运输组织要求。

甩挂运输生产率的高低取决于汽车的平均载重量、平均技术速度和装卸停歇时间三个主要因素。甩挂运输适用于装卸能力不足、运距短、装卸时间占运行时间比较大的条件下。目前甩挂运输方式在我国的作业类型主要有两种:一是为港口服务,在码头和集装箱堆场之间进行甩挂运输;二是为生产企业服务,在生产企业与码头(或堆场)之间进行甩挂运输。组织甩挂运输应注意以下几个方面:

①牵引车与挂车的组合不受地区、企业、号牌不同的限制,但牵引车的准牵引总质量应与挂车的总质量相匹配。

②牵引车与挂车之间的电连接器、气制动连接装置、AB 系统形式及接口应符合规定且相匹配。挂接后,货运驾驶员应检查灯光信号、制动系统工作是否正常,检查牵引车与挂车之间的匹配高度、回转间隙是否符合要求。

③组织甩挂运输应有周密的运行作业计划,提前绘制牵引车运行图,并加强对甩挂运输的调度工作。

④在运行和装卸作业中,在机件设备、驾驶操作、甩挂作业等方面都必须严格按规范操作,遵守现场的监督和指挥。

5.2.3.3 驼背运输

驼背运输(或称载驳运输),是甩挂运输的基本原理应用于集装箱或挂车的换载作业形式。其基本方法是:在多式联运各运输工具的联结点,由牵引车将载有集装箱的底盘车或挂车直接开上铁路平板车或船舶上,停妥摘挂后离去,集装箱底盘车或挂车由铁路车辆或船舶载运至前方换装点,再由到达地点的牵引车开上车船挂上集装箱底盘车或挂车,直接运往目的地。驼背运输组织方式加速了车辆周转,扩大了货物单元,节约了装卸或换载作业时间,提高了作业效率，如图 5-8 所示。

图 5-8 驼背运输

5.2.3.4 滚装运输

滚装运输是基于运输过程中的装卸作业要克服重力因素的问题而产生的，指利用叉车、半挂车或载货汽车承载货物，将货物连同车辆一起开上滚装船，到达目的地之后再从船上开下的运输组织形式（图 5-9）。一般地，机动车作为一个运输单元，由托运人驾驶直接驶上或驶离船舶，采用两种票据，客/车同渡完成客/车运输过程，从而实现客、车、货三位一体同步运输过程。在内海、海湾、海峡和沿海岛屿间的短途水运中，滚装运输通常具有明显的竞争优势。

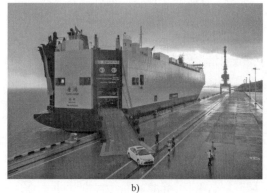

图 5-9 滚装运输

适合采用滚装运输的货物种类包括：载货的汽车、全挂车、半挂车以及其他带轮的车辆等陆路载运工具；载有集装箱的拖挂车、底盘车；货盘（板）成组的集装箱；长、大、笨重货物等。

5.3 货运车辆行驶路线的选择

车辆行驶路线是指车辆在完成运输工作中的运行线路，包括空驶和有载行程。如图 5-10 所示，A—B、D—A 属于空驶区段；B—C、C—D 属于有载区段。在道路网发达、货运点众多的情况下，车辆按不同的行驶路线完成计划的运输任务时，对运输效率和运输成本会有不同的影响。

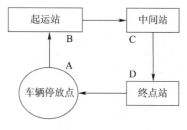

图 5-10　车辆行驶路线示意图

因此，在运输组织生产活动时，选择时间段费用省、效益好的最经济的运行线路，是组织货运车辆经济有效运行的一项十分重要的工作。

所谓最经济的运行路线，是指在保证运输安全的前提下，运输时间和运输费用最小的路线。一般情况下，行程最短的路线也是最经济的运行路线。当路网分布复杂、货运点分布范围较大时，可采用最优化方法来确定车辆最佳行驶路线。

5.3.1　车辆行驶路线的种类

车辆行驶路线一般有往复式、环形式和汇集式三种类型。

5.3.1.1　往复式行驶线路

往复式行驶线路是指车辆在两个装卸作业点之间的线路上，做一次或多次重复运行的形式线路。根据汽车往复运输时的载运情况，这种行驶线路可分为单程有载往复式、回程部分有载往复式和双程有载往复式三种。

(1) 单程有载往复行驶线路。

单程有载往复式行驶线路(图 5-11)在运输生产中属于常见方式，但车辆里程利用率较低。

(2) 回程部分有载往复式行驶线路。

这种线路在运输中也常用到，尤其是已经具有网络化运输经营能力的大型运输企业。在回程途中，有一段路程有载，或全程有载的运输方式，如图 5-12 所示，目前许多企业通过回程"配载"的方式，尽量减少回程空驶路段或空载现象。

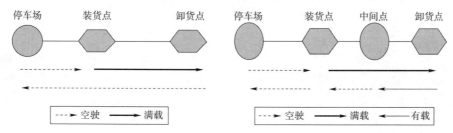

图 5-11　单程有载往复式行驶线路示意图　　图 5-12　回程部分有载往复式行驶线路示意图

(3) 双程有载往复式行驶线路。

车辆回程全程有载往复式行驶线路在三种运输生产中运输效率最高，而回程时满载属于理想的状态，如图 5-13 所示。

由此可见，回程载货式的运输方式里程利用率最高；其次是回程载货不全的运输方式；回程不载货的运输方式运输效率最低。

5.3.1.2　环形式行驶线路

当不同运输任务的装卸点一次连接成一条封闭线路时称为环形行驶线路。由于不同货运任务装卸点位置分布不同，环形线路可能有不同形状，如图 5-14 所示。

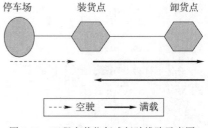

图 5-13　双程有载往复式行驶线路示意图

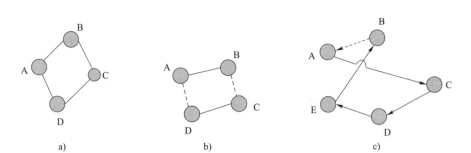

图 5-14 环形式行驶线路示意图

环形式行驶线路的选择,以完成同样货运任务时,里程利用率最高,即空车行驶最短为原则。里程利用率小于 0.5 的环式路线,一般不宜采用。

5.3.1.3 汇集式行驶

汇集式行驶是指车辆沿分布于运行线路上各装货作业点,依次完成相应的装卸作业,且每次的货物装(卸)量均小于该车核定载质量,直到整个车辆装满(卸空)后返回出发点的行驶线路。汇集式运输时,车辆可能沿一条环形线路运行,也可能在一条直线形线路上往返运行,一般汇集式运输可分为三种形式:

(1) 分送式(仅送货,先送多者):车辆沿运行线路上各货运点依次进行卸货,如图 5-15a) 所示。

(2) 收集式(仅收货,先收少者):车辆沿运行线路上各货运点依次进行装货,如图 5-15b) 所示。

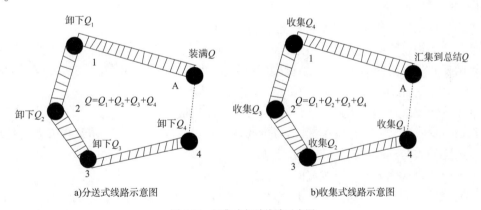

a) 分送式线路示意图　　b) 收集式线路示意图

图 5-15　汇集式行驶线路示意图

(3) 分送-收集式(先送货后收货):车辆沿运行线路上各货运点分别或同时进行分送及收集货物,如图 5-16 所示。

在以上三种运送方式中,按总行程最短组织车辆进行运输最为经济,因此,选择汇集式线路以总行程最短为最佳运输方案。

5.3.2　车辆行驶路线选择

车辆行驶路线选择是运输所要考虑的主要因素,也

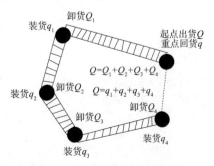

图 5-16　分送-收集式线路示意图

是影响运输成本的主要因素。在实际过程中往往会面临许多具体的问题,例如,有时从单一的出发地到单一的目的地,有时却需要从多个起点出发到达多个终点;有时每一地点既有货物要运送,又有货物要收取;有时有多辆运输工具可以使用,每一运输工具都有自己的容量和承载量的限制,因车辆容量的限制或者其他因素,要求先送货再取货;考虑到驾驶员的就餐和休息,有时追求的目标还是相互矛盾的。所以,车辆行驶路线选择问题就不可能有一个普遍适用的最佳解决方案。这里仅给出几种简单假设约束路线选择的数学方法,旨在提供一种考虑问题的方法。

5.3.2.1 图上作业法

多起点、多终点问题的运输线路,在运输实践中经常存在。在这些问题中,起点和终点都不是单一的,各供应点的供应量往往也有限制。

在多个货源地服务于多个目的地时,运输线路存在两种情况:运输线路成圈的和不成圈的。有多个货源地服务于多个目的地时,运输线路选择优化的任务是要指定为各目的地服务的供货地,同时要找到供货地、目的地之间的最佳路径。解决这类问题可以运用一类特殊的线性规划方法,即物资调运问题图上作业法进行求解。

(1)基本概念。

图上作业法是在运输图上求解线性规划运输模型的方法。对于运输以及类似的线性规划问题,都可以首先画出流向图,然后根据有关规则进行必要调整,直至求出最小运输费用或最大运输效率的解。这种求解方法,就是图上作业法。它适用于运输线路呈树状、圈状,而且对产销地点的数量没有严格限制的情况。

(2)图上作业法的步骤。

①列出货物运输计划平衡表或各点发、到空车差额表。

②绘制运输路线图。运输线路由若干个点(点上标有地名)和连接各个点的线段(线段上标有两点间的距离)组成。为了使运输线路图简单、明确,各点用符号表示。空车的收点(需车点)用"○"表示;收货点即空车的发点用"□"表示。

③作流向图。在运输线路图的各发点、收点上注上货物发、收量或空车收、发量,有"+"号的数值表示收货量或空车发车量;括号中的数字表示两点间的距离;用箭线表示货物运输或空车调度的方向,在箭线上注明的数字表示运量。

④检查是否最优方案。最优流向图应既没有对流,又没有迂回。

对流就是在流向图的同一路段上两个方向都有货物和车辆流向。在图5-17中,B、C之间就发生了对流现象,若改为图5-18,就没有对流现象了。

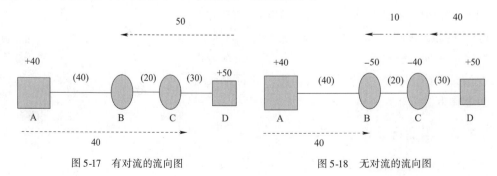

图5-17 有对流的流向图 　　　　图5-18 无对流的流向图

如果货运线路是线形,编制出的空车调度方案只要没有对流,就是运输线路最优方案。直线操作步骤按"直线取一端,供需归邻点"的原则进行。

如果运输线路图是树形的操作程序,按"先定义干线,分支作流向,余缺归交点,化成一条线"的原则进行。

如果运输线路呈闭合状态,必须首先将其破圈,即将闭合线路变成不闭合的运输线路,然后按不闭合环形线路的方法作出流向图。破圈就是要甩开一段,一般甩圈中较长段。在流向图中把顺时针流向画在圈内,称为内圈流向;把逆时针流向画在圈外,称为外圈流向;如果流向图中内圈流向的总长度(称内圈长)或外圈流向的总长度(简称为外圈长)超过整个圈长的50%,就称为迂回运输,属于不合理运输。图5-19所示的流向图就属于迂回运输,如果调整为图5-20所示的流向图,就没有迂回现象了。作出调度方案后,如果既没有对流也没有迂回,就是最优方案。

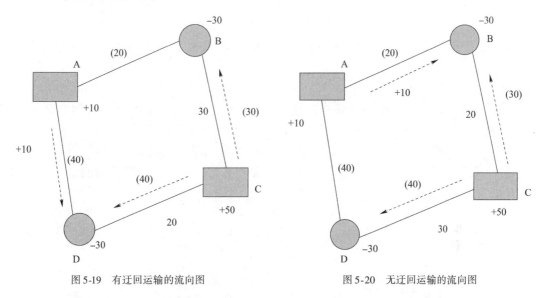

图5-19　有迂回运输的流向图　　　　图5-20　无迂回运输的流向图

图上作业法的实质就是在运输线路图上寻找没有对流和迂回的最优流向图。

⑤调整到最优流向图后,根据最优流向图将最优方案填入货运计划平衡表或空车调度表。

例题5-1　　例题5-2　　例题5-3

5.3.2.2　表上作业法

(1)基本概念。

表上作业法是指用列表的方法求解线性规划问题中运输模型的计算方法,是线性规划的一种求解方法。当某些线性规划问题采用图上作业法难以进行直观求解时,就可以将各元素列成相关表,作为初始方案,然后采用检验数来验证这个方案,否则就要采用闭合回路法、位势法等方法进行调整,直至得到满意的结果。这种列表求解方法就是表上作业法。

(2) 建立模型。

表上作业法属于线性规划问题,利用"运输问题"模型寻求最优解。表上作业法的原理是:假设空车发点(包括卸货点、车场)数为 m;空车收点(包括装货点、车场)数为 n,由 i 点发往 j 点的空车数为 Q_{ij},第 j 点所需空车数为 q_j,第 i 点发出的空车数为 Q_i,自第 i 点到 j 点的距离为 L_{ij},则其空车行驶路线的选择问题数学模型如下:

$$\min L_v = \sum_{i=1}^{m}\sum_{j=1}^{n} Q_{ij}L_{ij} \tag{5-1}$$

$$约束条件:\begin{cases} \sum_{j=1}^{n} Q_{ij} = Q_i & (i=1,2,\cdots,m) \\ \sum_{i=1}^{m} Q_{ij} = q_i & (j=1,2,\cdots,n) \\ \sum_{i=1}^{m} Q_i = \sum_{j=1}^{n} q_j \\ Q_{ij} \geq 0 \end{cases} \tag{5-2}$$

上述数学模型求解方法较多,以表上作业法为例,求解上述问题的流程图如图 5-21 所示。

5.3.2.3 启发式算法

城市配送中出现的车辆行驶路线选择实际上最早是由 Dantzig 和 Ramser 于 1959 年首次提出的车辆路线问题(VRP),指一定数量的客户,各自有不同数量的货物需求,配送中心向客户提供货物,由一个车队负责分送货物,组织适当的行车路线,目标是使得客户的需求得到满足,并能在一定的约束下,达到诸如路程最短、成本最小、耗费时间最少等目的(图 5-22)。

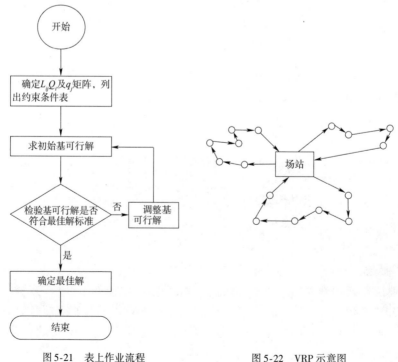

图 5-21　表上作业流程　　　　图 5-22　VRP 示意图

在基本车辆路线问题的基础上,车辆路线问题由于实际应用环境要求不同而产生了许多不同的延伸和变化形态,包括多场站车辆路线问题、开放式车辆路线问题、时窗限制车辆路线问题、追求最佳服务时间的车辆路线问题、多车种车辆路线问题、车辆多次使用的车辆路线问题、考虑收集的车辆路线问题、考虑物品尺寸的车辆路径问题、随机需求车辆路线问题等。

综合过去有关车辆路线问题的求解方法,可以分为精确算法与启发式算法。由于VRP是NP-hard问题,难以用精确算法求解,启发式算法是求解车辆运输问题的主要方法,多年来许多学者对车辆运输问题进行了研究,提出了各种各样的启发式方法。

本书中以最常见和应用最为广泛的插入法和节约法为例,介绍启发式算法在车辆线路问题中的应用。

(1) 插入法。

插入法又称"最远插入法",原本是Mole和Jameson于1976年提出的,用于求解车辆路线问题的方法,其结合最邻近法与节省法的观念,依序将顾客点插入路径中以构建配送路线。该方法首先将节省值的观念应用于循序路线建立上,首先以离场站最远的需求点作为路线的种子点,再根据最邻近点插入法的概念,以插入值最小者作为下一个插入点,最后再用一般化节省值公式,以其中节省值最大者来决定插入的位置,重复进行选取与插入的步骤,直到超过车辆容量或时窗限制时,再建立另一条路线。其流程图如图5-23所示。

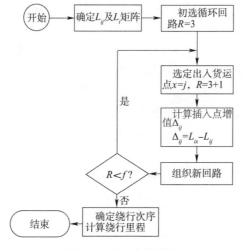

例题5-4

图5-23 插入法流程图

L_i-货运点i的里程系数;R-组成循环回路的货运点数;f-货运点总数;i、j-货运点序号

(2) 节约法。

节约法是一类最为经典的启发式算法之一,该算法最早由Clark和Wright于1964年提出,通常被简称为C-W算法。该算法的思想是:根据顾客点之间连接可以节省的距离(节约值)最大的原则,将不在线路上的顾客点依次插入路线中,直到所有的点都被安排进路线为止。节约里程法原理可以用图5-24简要说明。图5-24a)所示的运输方法运距为$2a+2b$,图5-24b)所示的运输方法运距为$a+b+c$,则节省里程$2a+2b-a-b-c=a+b-c>0$(两边之和大于第三边)。

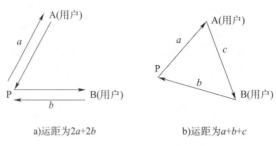

a) 运距为 $2a+2b$　　　　b) 运距为 $a+b+c$

图 5-24　节约里程的线路设计

节约法步骤如下：

① 计算网络节点之间的最短距离。

② 计算各托运（收货）人之间可节约的运行距离 $a+b-c$，其中，$a+b$ 为 P 点至各点距离（来回），c 为两点间最小距离。

③ 对节约里程按大小顺序进行排列。

④ 组成配送路线图。

例题 5-5

5.4　道路货物运输组织安全要求及操作规程

5.4.1　行车前安全操作要求

货物运输前，应做到以下几点。

5.4.1.1　熟悉行车路线和行车计划

包括提前熟悉高速公路出入口、沿线服务区或其他中途休息场所、备用行车路线等信息，同时应提前了解运行路线沿线的道路情况、交通环境和气候特点，并相应地做好准备，比如根据季节性气候变化，及时更换相适应的冷冻液、机油、燃油等，配备防滑链、垫木等防滑材料等。

5.4.1.2　驾驶员生理、心理状况检查

检查身体是否处于健康状态。有疲劳、头晕、恶心、乏力甚至幻象等现象时，不应驾驶车辆上路行驶。情绪不良时，也不应驾驶车辆上路行驶。

5.4.1.3　车辆安全状况检查

应按照《机动车驾驶员安全驾驶技能培训要求》（JT/T 915—2014）的要求做好出车前检查（包括起动发动机前和起动发动机后），并如实填写车辆日常检查表，具体见表 5-8、表 5-9。按照《汽车维护、检测、诊断技术规范》（GB/T 18344—2016）的要求做好日常维护。同时，确认卫星定位系统、车载终端、行车记录设备、视频监控设备等（如安装）齐全且工作正常。另外，还需做好如下出车前的安全检查：

（1）确认无擅自改变车辆类型或用途、车辆外廓尺寸、轮胎数量或尺寸、车轴数量、承载限值等情形，无擅自更换车辆燃料类型、发动机、变速器、车架、车桥、悬架、罐车罐体等主要总成部件的情形。

（2）确认装载货物包装完好、捆绑固定牢固，无载客、人货混装、超载、超限、装载货物质

量分布失衡等现象。

（3）冷藏车驾驶员确认车辆的制冷设备、温湿度记录仪正常工作,门封闭严密,车辆保湿。

（4）罐式车辆驾驶员确认罐体容器内预留膨胀空间。

（5）大型物件运输车辆驾驶员确认车辆的标志旗或标志灯齐全、有效、位置合适。

（6）车辆起步前,确认车辆关闭锁止,罐式车辆还应确认灌装软管拆除,阀门关闭。

起动发动机前机动车安全检查项目及要求　　表5-8

序号	检查项目	检查要求	适用车型	
			大型货车	牵引车
1	轮胎	用气压表检查轮胎气压符合标准; 胎面花纹的深度不低于深度标记,胎冠无严重磨损,胎侧无割裂伤,轮胎间无异物	√	√
2	散热器及冷却液	无泄漏,液面在max、min刻度之间	√	√
3	驱动桥壳	无渗漏	√	√
4	油底壳	无渗漏	√	√
5	燃油箱及油箱盖	箱盖完好,无渗漏	√	√
6	润滑油	用机油尺检查油面在机油尺的凹槽内; 油质无乳化等异常现象	√	√
7	制动液	液面在max、min刻度之间	√	√
8	风窗玻璃清洗液	液面在max、min刻度之间	√	√
9	蓄电池	清洁、无漏液、液量符合要求; 电极接线连接牢靠,无腐蚀	√	√
10	发动机外部传动带	松紧适当,无起皮、无脱壳、无破损	√	√
11	可见线束	无松脱、无破裂、无老化	√	√
12	安全带	能正常调节长度,锁止,无破损	√	√
13	内、外后视镜	完好、清晰、调整得当	√	√
14	转向盘	转动无松旷、窜动; 转动转向盘,最大自由转动量应不超过两指宽度	×	×
		转动无松旷、窜动; 转动转向盘,最大自由转动量应不超过四指宽度	√	√
15	制动踏板	踏板下无异物,有效	√	√
16	离合器踏板	踏板下无异物,有效	√	√
17	驻车制动器操纵杆	拉紧、放松等有效	√	√
18	变速器操纵杆	无松旷,有效	√	√
19	缓速器操纵装置	有效	√	√

续上表

序号	检查项目	检查要求	适用车型	
			大型货车	牵引车
20	刮水器	完好,洗涤液能正常喷出;刮水器片能回到起始位置	√	√
21	灭火器	有效期内,压力正常,放置在指定位置	√	√
22	危险警告标志	齐全	√	√
23	灯光	检试各种灯光信号有效	√	√
24	号牌	完好、清晰	√	√
25	轮胎螺栓	齐全、无松动	√	√
26	半轴螺栓	齐全、无松动	√	√
27	传动轴螺栓	齐全、无松动	√	√
28	悬架装置	无断裂、无错位,挠度正常	√	√
29	U形螺栓	齐全、无松动	√	√
30	行李舱及舱门	正常	×	×
31	安全锤	齐全、标志明显	×	×
32	车内灯	齐全、正常	×	×
33	车辆反光标识	齐全	√	√
34	侧、后防护装置	完好	√	√
35	车厢栏板	完好	√	√
36	货物装载、固定	无偏载、无超高,固定牢固,覆盖严实	√	√
37	牵引车与挂车连接制动管路和电路	连接正确、可靠,无断裂、无漏气、无老化	×	√
38	鞍座、牵引销、锁止机构	机件齐全、润滑良好、保险可靠;鞍座与牵引销尺寸匹配	×	√

起动发动机后机动车安全检查项目及要求　　　　　　　　　　表5-9

序号	检查项目	检查要求	适用车型	
			大型货车	牵引车
1	发动机运转情况	起动发动机,察听发动机怠速运转平稳、无异响	√	√
2	仪表指示、报警灯	正常、无报警信号	√	√
3	散热器	无泄漏	√	√
4	燃油箱	无渗漏	√	√
5	油底壳	无渗漏	√	√
6	驱动桥壳	无漏油	√	√

续上表

序号	检查项目	检查要求	适用车型	
			大型货车	牵引车
7	汽车尾气	无色或略带白色	√	√
8	冷却液温度	起动发动机数秒之后,水温逐渐上升	√	√
9	制动气压	查看气压表的指示气压,在规定时间内达到正常范围	√	√
10	制动管路	以5km/h的速度直线行驶,然后采取紧急制动,车辆能够立即停止,无跑偏或其他异常现象	√	√

5.4.2　行车中安全操作要求

在运输途中,驾驶员应做到以下几点。

(1)按照《机动车驾驶员安全驾驶技能培训要求》(JT/T 915—2014)的要求规范操作车辆操纵装置:车辆行驶方向、速度等变化时,提前观察内、外后视镜,视线不应持续离开行驶方向超过2s。

(2)应根据道路条件、道路环境、天气条件、车辆技术性能、车辆装载质量等,合理控制行驶速度和跟车距离。

(3)行车中应遵守道路交通安全法律、法规的规定,不应有以下不安全驾驶行为:

①车门或车厢未关闭锁止时行车。

②下陡坡时熄火或空挡滑行。

③占用应急车道行驶。

④长时间骑轧车道分界线行驶。

⑤出现驾驶时聊天、使用手持电话等妨碍安全驾驶的行为。

⑥带不良情绪驾驶车辆。

(4)行车中检查。

应不定时查看车上各种仪表,察听发动机及底盘声音,辨识车辆是否出现异常状况。当出现以下情况时,应立即选择安全区域停车检查:

①仪表报警灯亮起时。

②操纵困难、车身跳动或颤抖、机件有异响或有异常气味、冷却液温度异常时。

③发动机动力突然下降时。

④转向盘的操纵变得沉重并偏向一侧时。

⑤制动不良时。

⑥车辆灯光出现故障时。

中途停车时,应逆时针绕车辆一周,按照《机动车驾驶员安全驾驶技能培训要求》(JT/T 915—2014)的要求检查车辆仪表、轮胎、悬架装置、螺栓等重点安全部件是否齐全、技术状况是否正常,车辆有无油液泄漏,尾气颜色是否正常,并如实填写车辆日常检查表,见表5-10。

中途停车时机动车安全检查项目及要求　　　　　表 5-10

序号	检查项目	检查要求	适用车型 大型货车	适用车型 牵引车
1	汽车尾气	发动机运转状态,尾气为无色或略带白色	√	√
2	轮胎	用气压表检查轮胎气压符合标准;胎面花纹的深度不低于深度标记,胎冠无严重磨损,胎侧无割裂伤,轮胎间无异物	√	√
3	散热器	无泄漏	√	√
4	燃油箱及油箱盖	箱盖完好,无渗漏	√	√
5	油底壳	无渗漏	√	√
6	驱动桥壳	无渗漏	√	√
7	轮胎螺栓	齐全、无松动	√	√
8	半轴螺栓	齐全、无松动	√	√
9	传动轴螺栓	齐全、无松动	√	√
10	悬架装置	无断裂、无错位,挠度正常	√	√
11	U形螺栓	齐全、无松动	√	√
12	货物固定、覆盖	固定牢固,覆盖严实	√	√

货车驾驶员应随时通过后视镜观察货物的捆绑、覆盖情况;中途停车时,应检查货物捆绑、固定是否牢固,覆盖是否严实,货厢栏板锁止机构有无松动。

5.4.3　收车后安全操作要求

收车后驾驶员应做到以下两点:

(1)应按照《机动车驾驶员安全驾驶技能培训要求》(JT/T 915—2014)的要求检查车辆轮胎、转向系统、制动系统、悬架装置、灯光、螺栓、座椅安全带等重点安全部件是否齐全、技术状况是否正常,车辆有无漏油、漏水、漏气现象,并如实填写车辆日常检查表,具体见表 5-11。

收车后机动车安全检查项目及要求　　　　　表 5-11

序号	检查项目	检查要求	适用车型 大型货车	适用车型 牵引车
1	轮胎	用气压表检查轮胎气压符合标准;胎面花纹的深度不低于深度标记,胎冠无严重磨损,胎侧无割裂伤,轮胎间无异物	√	√
2	散热器及冷却液	无泄漏,液面在 max、min 刻度之间	√	√
3	燃油箱及油箱盖	箱盖完好,无渗漏	√	√
4	油底壳	无渗漏	√	√
5	驱动桥壳	无渗漏	√	√

续上表

序号	检查项目	检查要求	适用车型	
			大型货车	牵引车
6	发动机外部传动带	松紧适当,无起皮、无脱壳、无破损	√	√
7	轮胎螺栓	齐全、无松动	√	√
8	半轴螺栓	齐全、无松动	√	√
9	传动轴螺栓	齐全、无松动	√	√
10	悬架装置	无断裂、无错位,挠度正常	√	√
11	U形螺栓	齐全、无松动	√	√
12	安全锤	齐全、标志明显	×	×
13	行李架、栏杆、扶手	完好、牢固	×	×
14	乘客座椅及安全带	齐全、完好	×	×

(2)应对当天车辆运行中出现的异常情况填写报修单,交由专业维修人员开展维修作业。

5.4.4 货物包装、装载基本要求

货物运输包装是使用适当的材料或容器并采用一定的技术,对货物在流通过程中加以保护,使货物在一般外力作用或自然条件下,避免破坏、变质、损失,保证安全、完整、迅速地将货物运至目的地,具有保障货物运输安全、便于装卸储运、加速交接点验等功能。

5.4.4.1 运输包装标志的含义和作用

货物运输包装标志的基本含义,是指用图形或文字(文字说明、字母标记或阿拉伯数字)在货物运输包装上制作的特定记号和说明事项。运输包装标志有三个方面的内涵:

(1)运输包装标志是在收货、装卸、搬运、储存保管、送达直至交付的运输全过程中区别与辨认货物的重要基础。

(2)运输包装标志是一般贸易合同、发货单据和运输保险文件中记载有关事项的基本组成部分。

(3)运输包装标志是包装货物正确交接、安全运输、完整交付的基本保证。

5.4.4.2 包装储运图示标志

货物的包装储运图示标志是根据货物对易碎、易残损、易变质、怕热、怕冻等有特殊要求所提出的搬运、储存、保管以及运输安全等的注意事项。我国国家标准《包装储运图示标志》(GB/T 191—2008)规定了17类标志图形、文字,由生产单位在货物出厂前于货物外包装明显的部位标记,提醒操作人员注意并规范操作,如图5-25所示。

5.4.4.3 货物装载基本要求

(1)选择合适的运输车辆。

运输车辆种类繁多,货物形状及其包装也比较多,车辆的选择应适合所运货物的种类、特性、外形尺寸、货运量以及运输距离等,满足安全高效的要求。

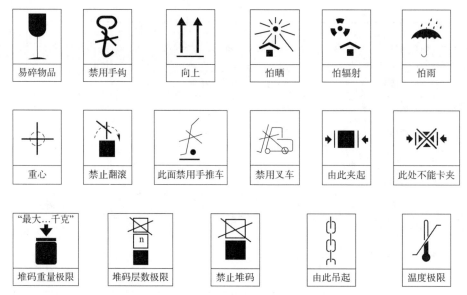

图 5-25 包装储运图示标志

① 对于原木、木板、钢筋等长条状货物,所选择的运输车辆应有足够的长度,防止因货物超出货厢而影响货车转弯时的安全性。

② 对于流体货物和松散货物,所选择的运输车辆应具有能够完成容纳货物的货厢,货厢的结构和设计应尽可能减少货物在货厢内的移动,以降低由此带来对车辆行驶稳定性的影响。

③ 松散货物的运输车辆车厢顶部应具备密封装置,或者使用防水篷布将货物覆盖,以避免货物遗撒或淋雨。

(2) 确保货物质量分布均衡。

确保在载货汽车核定的载质量限额内配装货物,严禁超载。同时,还需要注意车辆载荷分布应符合要求。

《营运货车安全技术条件 第 1 部分:载货汽车》(JT/T 1178.1—2018)的第 7 章 "载荷布置标识与系固点" 要求载货汽车(罐车、自卸车除外)应在车辆易见位置设置能永久保持的载荷布置标识,且载荷布置标识应以车辆简图(不含上装结构)为背景,载荷分布曲线以货物质心位置为横坐标,以最大运行装置质量为纵坐标(图 5-26)。

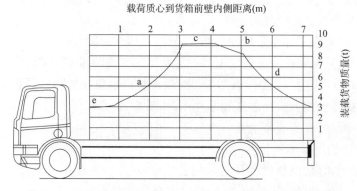

图 5-26 JT/T 1178.1—2018 附录 D 中某车型的载荷布置标识示意图

对于挂车,《营运货车安全技术条件 第 2 部分:牵引车辆与挂车》(JT/T 1178.2—2019)的第 9 章"载荷布置标识与系固点"也同样明确,牵引货车与挂车(罐车、车辆运输车、自卸车除外)应在车辆易见部位上设置能永久保持的载荷布置标识(图 5-27)。因此,货车或者半挂车上设置的载荷布置标识是引导纵向载荷分布的重要指标。

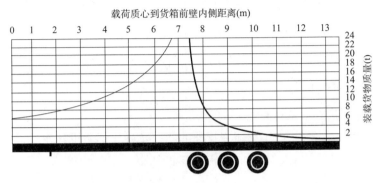

图 5-27　JT/T 1178.2—2019 附录 D 中某型号半挂车的载荷布置标识示意图

在实际装载过程中,应确保实际装载质量与货物总质心位置坐落在载荷布置标识曲线下方,即应符合《道路甩挂运输货物装载与拴固技术要求》(JT/T 882—2014)的要求,如图 5-28 所示。

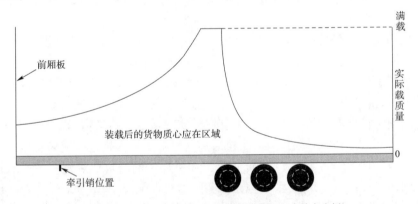

图 5-28　JT/T 882—2014 的载荷布置规划图(以半挂车为例)

装载时,货物宜靠车厢整层摆放,充满车厢整个承载平面,不同高度的货物应交错摆放。密度、质量较大的货物应优先置于下层位置,袋装货物扎口应朝向内侧。下层托盘单元货载应满足货物堆码的承载要求。总体来说,货物在车辆内布置应满足图 5-28 的要求。

货物多层摆放但上层不能摆满时,宜将货物分区摆放,优先放置在靠近前厢板和(或)龙门架以及车轴前方附近位置。零散包装货物、轻泡货物与托盘单元货载混合运输时,轻泡货物宜放置在靠近车厢前厢板处,托盘单元货载宜置于靠近车厢厢门处。

(3)合理安排货物装载顺序。

货物装载顺序应遵循"后到先装、先到后装"的原则。

(4)科学进行货物拼装配载。

货物拼装配载时,应注意下列安全事项:

①液体不与固体拼装。

②有不良气味的货物,不与茶叶、香烟、大米等食品拼装。
③普通货物不与危险货物拼装,毒性物质不与食物拼装。
④易碎物品、易磨损的袋装货物,不与包装不规则的贵重物品拼装。
⑤车厢潮湿、防雨设备不良,不装粮食、绸布、纸张等怕湿物品。

(5)进行必要的填充。

根据货物特性、车厢货厢结构与加固点选择填充、货物加固装置,并对货物施加适当的约束。

5.4.5 网络货运经营

5.4.5.1 网络货运经营相关定义

当前,以互联网、大数据、人工智能为特征的新一轮科技革命迅猛发展,信息技术与传统货运物流深度融合,网络货运、车货匹配等平台经济创新发展,对推动物流降本增效发挥了积极作用。

2019年9月,交通运输部发布了《交通运输部国家税务总局关于印发〈网络平台道路货物运输经营管理暂行办法〉的通知》(交运规〔2019〕12号),以及《网络平台道路货物运输经营服务指南》《省级网络货运信息监测系统建设指南》《部网络货运信息交互系统接入指南》三个指南。这三个指南中,对于网络货运平台申请资质、上线运营、数据接入作出了明确要求。

根据《网络平台道路货物运输经营管理暂行办法》,网络货运经营是指经营者依托互联网平台整合配置运输资源,以承运人身份与托运人签订运输合同,委托实际承运人完成道路货物运输,承担承运人责任的道路货物运输经营活动。网络货运经营不包括仅为托运人和实际承运人提供信息中介和交易撮合等服务的行为。其中,实际承运人,是指接受网络货运经营者委托,使用符合条件的载货汽车和驾驶员,实际从事道路货物运输的经营者。

网络货运经营者通常不拥有车辆,主要通过互联网等技术搭建物流信息平台,集约整合和科学调度车辆、货源等物流资源,优化物流市场格局。网络货运经营者拥有双重属性:对货主来说,网络货运经营者是承运人;但是对实际承运人来说,网络货运经营者又是托运人。

据交通运输部网络货运信息交互系统统计,截至2021年12月31日,全国共有1968家网络货运企业(含分公司),整合社会零散运力360万辆、驾驶员390万人,全年完成运单量6912万单,是2020年的3.9倍。

5.4.5.2 网络货运经营管理

(1)经营许可。

申领道路运输经营许可证的,向所在地县级负有道路运输监督管理职责的机构提出申请,县级负有道路运输监督管理职责的机构应按照《中华人民共和国道路运输条例》《道路货物运输及站场管理规定》的规定,向符合条件的申请人颁发《道路运输经营许可证》,经营范围为网络货运。

此外,从事网络货运经营的,应当符合《互联网信息服务管理办法》等相关法律法规规章关于经营性互联网信息服务的要求,并具备与开展业务相适应的信息交互处理及全程跟踪记录等线上服务能力。

网络货运经营者线上服务能力应包括以下条件：
①取得增值电信业务许可证(公司名称与网络货运经营申请人名称一致)。
②符合国家关于信息系统安全等级保护的要求(单位名称与网络货运经营申请人名称一致,建议取得三级及以上信息系统安全等级保护备案证明及相关材料)。
③网络平台接入省级网络货运信息监测系统。
④具备《网络平台道路货物运输经营服务指南》规定的功能。

省级交通运输主管部门应对县级交通运输主管部门提交的网络货运申请者相关信息进行线上服务能力认定,认定合格的,开具线上服务能力认定结果或在省级交通运输主管部门官网公示。

(2)安全生产管理。

网络货运经营合规性运营一定要将运输安全放在首位,具体需要做到以下几点：
①应当在许可的经营范围内从事经营活动,不得运输法律法规规章禁止的运输的货物。
②按照《中华人民共和国安全生产法》的规定,建立健全适合网络货运经营特点的安全生产责任制度、安全生产业务操作规程、驾驶员和车辆资质登记查验制度、托运人身份查验登记制度等,设立相应的安全生产管理部门或者配备专职安全管理人员,落实安全生产主体责任。网络货运经营者的主要负责人和安全生产管理人员应当由县级以上交通运输主管部门对其安全生产知识和管理能力考核合格。同时,应制定安全事故应急救援预案。发生事故或不可抗力事件时,第一时间启动应急预案,组织实际承运人进行应急处置,并积极配合相关部门开展应急救援。
③应对实际承运车辆及驾驶员资质进行审查,保证提供运输服务的车辆具备合法有效的营运证(从事普通货物运输经营的总质量4.5t及以下普通货运车辆除外)、驾驶员具有合法有效的从业资格证(使用总质量4.5t及以下普通货运车辆的驾驶人员除外)。网络货运经营者和实际承运人应保证线上提供服务的车辆、驾驶员与线下实际提供服务的车辆、驾驶员一致。
④委托运输不得超越实际承运人的经营范围,比如不能委托普通货物运输车辆承运危险货物。
⑤委托实际承运人从事道路货物运输服务,经营行为应符合合同约定条款及国家相关运营服务规范。
⑥应遵守车辆装载的要求,不得指使或者强令要求实际承运人超载、超限运输。
⑦应按照相关技术规范的要求上传运单数据至省级网络货运信息监测系统。
⑧若从事零担货物运输经营,则应按照《零担货物道路运输服务规范》的相关要求,对托运人身份进行查验登记,督促实际承运人实行安全查验制度,对货物进行安全检查或者开封验视,如实记录托运人身份、物品信息。
⑨应对运输、交易全过程进行实时监控和动态管理,不得虚构交易、运输、结算信息。

(3)信息安全管理。

网络货运经营者应按照《中华人民共和国电子商务法》《中华人民共和国税收征收管理法》及其实施细则等法律法规规章的要求,记录实际承运人、托运人的用户注册信息、身份认证信息、服务信息、交易信息,并保存相关涉税资料,确保信息的真实性、完整性、可用性。信息的保存时间自交易完成之日起不少于三年,相关涉税资料(包括属于涉税资料的相关信息)应当保存十年;法律、行政法规另有规定的,依照其规定。其中,交易信息包括订单日志、网上交易日志、款项结算、含有时间和地理位置信息的实时行驶轨迹数据等。

此外,网络货运经营者应遵守《中华人民共和国网络安全法》等国家关于网络和信息安全有关规定。采取有效措施防病毒、防攻击、防泄密,落实网络安全管理责任,加强对驾驶员、车辆、托运人等相关信息的保密管理,未经被收集者同意,不得泄露、出售或者非法向他人提供信息,不得使用相关信息开展其他业务。

(4)驾驶员权益保护。

网络货运经营者应当建立健全交易规则和服务协议,明确实际承运人及其车辆及驾驶员进入和退出平台、托运人及实际承运人权益保护等规定,建立对实际承运人的服务评价体系,公示服务评价结果。

不得利用市场垄断地位排除、限制竞争,随意压低运价,损害货运驾驶员权益;应按照合同约定及时支付运费,不得拖欠运费;不得提供虚假信息,扰乱市场秩序;应合理安排运输计划,保障货运驾驶员合理休息,避免疲劳驾驶。

(5)经营管理。

①不得虚构运输交易相互委托运输服务。应遵照国家税收法律法规,依法依规抵扣增值税进项税额,不得虚开虚抵增值税发票等扣税凭证。

②网络货运经营者和实际承运人均应当依法履行纳税或扣缴税款义务。

③应当建立健全投诉和举报机制,公开投诉举报电话,及时受理并处理投诉举报。鼓励网络货运经营者建立争议在线解决机制,制定并公示争议解决规则。

川藏运输线

思考与练习

1. 简述道路货物运输组织的基本原则。
2. 简述道路货物运输组织的工作流程。
3. 汇集式行驶路线的选择方法有哪些?
4. 简述运输包装标志的内涵。

第6章 特殊货物道路运输组织

6.1 危险货物运输组织

6.1.1 危险货物定义

根据《危险货物道路运输安全管理办法》(交通运输部令2019年第29号),危险货物,是指列入《危险货物道路运输规则》(JT/T 617—2018),具有爆炸、易燃、毒害、感染、腐蚀、放射性等危险特性的物质或者物品。

危险货物经由道路运输时需要满足下列运输条件:

(1)危险货物分类符合《危险货物道路运输规则 第2部分:分类》(JT/T 617.2—2018)的要求。

(2)装运危险货物的包装符合《危险货物道路运输规则 第4部分:运输包装使用要求》(JT/T 617.4—2018)的要求。

(3)托运程序符合《危险货物道路运输规则 第5部分:托运要求》(JT/T 617.5—2018)的要求。

(4)运输工具选用及装卸作业符合《危险货物道路运输规则 第6部分:装卸条件及作业要求》(JT/T 617.6—2018)的要求。

(5)运输作业符合《危险货物道路运输规则 第7部分:运输条件及作业要求》(JT/T 617.7—2018)的要求。

具体来说,判定某种货物在道路运输时是否为危险货物,主要通过两种方式:

(1)直接查找《危险货物道路运输规则 第3部分:品名及运输要求索引》(JT/T 617.3—2018)附录A的"道路运输危险货物一览表"来确定。

(2)当一览表中未详尽列明的或者属于新物质、新产品,则应由托运人按照国家有关危险货物分类鉴定的标准,以及《危险货物道路运输规则 第2部分:分类》(JT/T 617.2—2018)的要求进行分类,或者委托专业机构鉴定以确定其所属危险货物类别、项别及其适用的联合国编号。例如,判断氟乙酸甲酯在道路运输时是否为危险货物。首先,在"道路运输危险货物一览表"直接查找该名称时,并没有单一条目与之相对应。但根据托运人委托专业鉴定机构出具的"化学品安全技术说明书"(MSDS)中的"模块14 运输信息"可知,该货物对应的联合国编号为UN 2929,正式运输名称属于"有毒液体,易燃,有机,未另作规定的"。这即意味着氟乙酸甲酯在道路运输环节不仅属于危险货物,同时也需要遵守UN2929这一条目所对应的运输操作要求。

6.1.2 危险货物分类和分项

在我国,危险货物分类目前主要依据《危险货物分类和品名编号》(GB 6944—2012)和《危险货物道路运输规则 第2部分:分类》(JT/T 617.2—2018)这两个标准。

上述标准依据危险货物具有的危险性,或最主要的危险性对其分类,共分为9个类别,其中第1类、第2类、第4类、第5类和第6类再按照危险货物性质分成项别。需注意的是,该类别和项别的号码顺序并不是危险程度的顺序,具体见表6-1。

危险货物分类　　　　　　　　　表6-1

类别	项别	项目名称
第1类:爆炸品	1.1项	有整体爆炸危险的物质和物品
	1.2项	有迸射危险,但无整体爆炸危险的物质和物品
	1.3项	有燃烧危险并有局部爆炸危险或局部迸射危险或这两种危险都有,但无整体爆炸危险的物质和物品
	1.4项	不呈现重大危险的物质和物品
	1.5项	有整体爆炸危险的非常不敏感物质
	1.6项	无整体爆炸危险的极端不敏感物品
第2类:气体	2.1项	易燃气体
	2.2项	非易燃无毒气体
	2.3项	毒性气体
第3类:易燃液体	不分项	无
第4类:易燃固体、易于自燃的物质、遇水放出易燃气体的物质	4.1项	易燃固体、自反应物质和固态退敏爆炸品
	4.2项	易于自燃的物质
	4.3项	遇水放出易燃气体的物质
第5类:氧化性物质和有机过氧化物	5.1项	氧化性物质
	5.2项	有机过氧化物
第6类:毒性物质和感染性物质	6.1项	毒性物质
	6.2项	感染性物质
第7类:放射性物质	不分项	无
第8类:腐蚀性物质	不分项	无
第9类:杂项危险物质和物品,包括危害环境物质	不分项	无

危险货物的命名,有的根据货物的物理性质;有的根据货物的化学性质(如氧化性物质和腐蚀性物质);有的结合货物的物理和化学性质。总之,哪一种特性在运输的危险中居主导地位,就把该货物归为哪一类危险货物。危险货物分类标准并不是相互排斥的,大多数危险货物都兼有两种以上的性质,因此,在注意到某种货物的主要特性时,也必须注意到该货物的其他性质。

危险货物品名表和主要用途

6.1.3 包装类别划分及含义

6.1.3.1 包装类别的划分

对于某个危险性分类类别,其危险程度须用标准化的方式进行进一步划分。在危险货物法规中一般使用包装类别来表征其危险程度的高低。所以,需要强调的是,包装类别并不是指包装的等级高低,而是指包装内所装危险货物的危险性高低,是危险性程度的划分方式。

根据《危险货物分类和品名编号》(GB 6944—2012),除第 1 类、第 2 类(不含气溶胶)、第 7 类、5.2 项、6.2 项以及 4.1 项自反应物质和某些物品以外的危险货物,根据其危险程度划分为 3 个包装类别,具体如下:

(1) Ⅰ类包装:具有高度危险性的物质。
(2) Ⅱ类包装:具有中等危险性的物质。
(3) Ⅲ类包装:具有轻度危险性的物质。

此外,第 6.1 项物质(包括农药),按其毒性程度划入三个包装类别:

(1) Ⅰ类包装:具有非常剧烈毒性危险的物质及制剂。
(2) Ⅱ类包装:具有严重毒性危险的物质和制剂。
(3) Ⅲ类包装:具有较低毒性危险的物质和制剂。

根据第 8 类腐蚀性物质的危险程度划定三个包装类别:

(1) Ⅰ类包装:非常危险的物质和制剂。
(2) Ⅱ类包装:显示中等危险性的物质和制剂。
(3) Ⅲ类包装:显示轻度危险性的物质和制剂。

具体该使用何种包装,可以具体查看《危险货物品名表》的第 6 列"包装类别"中列出的该危险货物应使用的包装等级,也可以查找《危险货物道路运输规则 第 3 部分:品名及运输要求索引》(JT/T 617.3—2018)。

6.1.3.2 包装储运标志

具体参见 5.4 节的相关内容。

6.1.3.3 危险货物包装标志

危险货物包装标志的制定,是以危险货物的分类为基础,以便于根据货物或包件所贴标志的一般形式(标志图案、颜色、形状等),识别出危险货物及其特性,并为装卸、搬运、储存提供基本指南。

主要依据为《危险货物包装标志》(GB 190—2009)。该标准规定危险货物包装标志分为标记和标签两类,其中标记 4 个,标签 26 个,其图形分别标示了 9 类危险货物的主要特性。

(1)标记。

危险货物标记主要包括以下各类。

①危害环境物质和物品标记。

该标记的符号树为黑色,鱼为白色,底色为白底或其他反差鲜明的颜色,具体如图 6-1 所示。

②方向标记。

该标记符号为两个黑色或红色箭头,底色为白色或其他反差鲜明的颜色,可选择在方向箭头的外围加上长方形边框,方向标记图例如图6-2所示。当容器装有液态危险货物的组合包装、配有通风口的单一包装或者拟装运冷冻液化气体的开口低温储存器时,需要粘贴方向标记。方向标记应粘贴在包件相对的两个垂直面上,箭头显示正确的朝上方向。

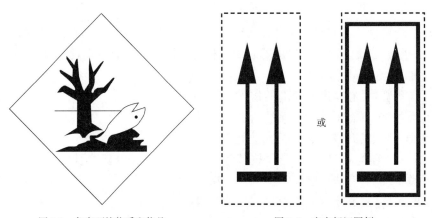

图6-1　危害环境物质和物品　　　　图6-2　方向标记图例

③高温物质标记。

该标记为等边三角形。标记颜色为红色,每边长不应小于250mm。运输装置在运输或提交运输时,若装有温度不低于100℃的液态物质或者温度不低于240℃的固态物质时,应在车辆的两外侧壁和尾部,集装箱、罐式集装箱、可移动罐柜的两侧壁和前后两端粘贴高温物质标记。

(2)标签。

①爆炸品。

根据《危险货物包装标志》(GB 190—2009),爆炸品的包装标志包括四个标签。其中,1.1~1.3项对应同一个标签,该标签上半部分为图形符号,下半部分为类别或项号和适当的配装组字母。即图形中**为填写爆炸品项别的位置,*为填写爆炸品配装组字母的位置。1.4~1.6项分别对应一个标签。标签分为上下两部分。标签上半部标明项号,下半部分标明配装组字母,1.4项S配装组一般不需要标签,但若认为这类货物需要标签的,则依照1.4项式样。

②气体。

第2.1项易燃气体的标签有两种,底色为正红色,符号为白色或黑色。

第2.2项非易燃无毒气体的标签同样有两种,底色为绿色,符号为白色或黑色。

第2.3项毒性气体的标签有一种,符号为黑色,底色为白色。

③易燃液体。

第3类易燃液体的包装标签有两种,底色为正红色,符号为白色或黑色。

④易燃固体。

第4.1项易燃固体的包装标签为符号:黑色,底色:白色红条。

第 4.2 项易于自燃的物质的包装标签为符号:黑色,底色:上白下红。

第 4.3 项遇水放出易燃气体的物质的包装标签有两种,底色为蓝色,符号为白色或黑色。

⑤氧化性物质和有机过氧化物。

第 5.1 项氧化性物质的包装标签为符号:黑色,底色:柠檬黄色。第 5.2 项有机过氧化物的包装标签有两种,底色为红色和柠檬黄色,符号为白色或黑色。

⑥毒性物质和感染性物质。

第 6.1 项毒性物质的包装标签为符号:黑色,底色:白色;第 6.2 项感染性物质的包装标签为符号:黑色,底色:白色。

⑦放射性物质。

放射性物质的包装标签分为四种。

一级放射性物质的标签,底色为白色,符号为黑色,标签下半部分写上:"放射性""内装物""放射性强度",在"放射性"字样之后应有一条红竖条。

二级放射性物质的标签,底色为上黄下白,符号为黑色,在标签下半部分写上:"放射性""内装物""放射性强度",在一个黑边框格内写上:"运输指数",在"放射性"字样之后应有两条红竖条。

三级放射性物质的标签,底色为上黄下白,符号为黑色,在标签下半部分写上:"放射性""内装物""放射性强度",在一个黑边框格内写上:"运输指数",在"放射性"字样之后应有三条红竖条。

裂变性物质的标签,底色为白色,符号为黑色,在标签上半部分写上:"裂变性",在标签下半部分的一个黑边框格内写上:"临界安全指数"。

⑧腐蚀性物质。

腐蚀性物质的包装标签有一种,符号:黑色,底色:上白下黑。

⑨放射性物质。

杂项危险物质和物品的包装标签有一种,符号:黑色,底色:白色。

道路运输危险货物一览表(示例)

6.1.4 爆炸品的危险性排序和装配要求

由 6.1.2 节可知,第 1 类爆炸品可以分为 6 个项别,而每个项别又划分成若干个配装组。依据《危险货物分类和品名编号》(GB 6944—2012)和《危险货物道路运输规则》(JT/T 617—2018),第 1 类爆炸品总共可分为 13 个配装组,用 A~S 字母表示,如 1.4S 表示第 1.4 项 S 配装组爆炸品。

爆炸品的装配组划分

爆炸品的配装原则是"如果两种或两种以上物质或物品在一起能安全积载货运,而不会明显增加事故概率,或在一定数量情况下不会明显提高事故危害程度的,可视其为同一配装组"。爆炸品的配装,一般将性质相似的一类划分为同一配装类,并根据不同配装类提出相应的隔离要求,属于同一配装类组的爆炸品可以放在一起运输,属于不同配装组的原则上不能放在一起运输。例如:1.1A 与 1.1B 不能装配,即不能同箱运输;1.1B 与 1.2B 可以装配,即能同箱运输。爆炸品的包件具体是否在同一车辆或集装箱中混合装载,见表 6-2。

装配组的具体含义

含第 1 类物质或物品不同配装组的包件混合装载要求　　表 6-2

配装组	A	B	C	D	E	F	G	H	J	L	N	S
A	X											
B		X		a								X
C			X	X	X		X				b、c	X
D		a	X	X	X		X				b、c	X
E			X	X	X		X				b、c	X
F						X						X
G			X	X	X		X					X
H								X				X
J									X			X
K										d		X
L											b	
N			b、c	b、c	b、c							X
S		X	X	X	X	X	X	X	X	X	X	X

注：X-允许混合装载。

　　a-含有第 1 类物品的配装组 B 和含有第 1 类物质和物品的配装组 D 的包件，如果经具有专业资质的第三方机构认可的内部使用单独隔舱或者将其中一个配装组放入特定的容器系统从而有效防止配装组 B 爆炸危险性传递给配装组 D，可以装载在同一个车辆或集装箱中。

　　b-不同类型的 1.6 项 N 配装组物品只有通过实验或类推证实物品间不存在附加的殉爆风险时，可以按 1.6 项 N 配装组一起运输，否则应被认定具有 1.1 项的风险。

　　c-配装组 N 的物品和配装组 C、D、E 的物质或物品一起运输时，配装组 N 的物品应被认为具有配装组 D 的特征。

　　d-含配装组 L 的物质和物品的不同类型的包件可以在同一车辆或集装箱内混合装载。

6.1.5　中毒主要途径及常用毒性指标含义

6.1.5.1　中毒的主要途径

在 9 类危险货物中，有不少物质和物品具有不同程度的毒性，比如氯气、环氧丙烷等。

毒性物质对人畜发生作用的先决条件是侵入体内。人畜中毒的途径是经呼吸道、皮肤和消化道进入。在运输中，毒性物质主要经呼吸道和皮肤进入人体，经消化道进入的较少。

6.1.5.2　毒性指标

毒性物质虽对人有毒害作用，但如果进入体内的毒性物质剂量不足，则不会中毒。表示毒性物质的摄入量与效应的关系称为毒性。通常认为：动物致死所需某毒性物质的摄入量（或浓度）越小，则表示该毒性物质的毒性越大。常见的毒性指标见表 6-3。

常见的毒性指标　　表 6-3

符号	指标	含义
LD_{50}	口服毒性半数致死量	指可使青年白鼠口服后，在 14 日内死亡 50% 的物质剂量，用每千克体重的毫克数（mg/kg）表示
	皮肤接触毒性半数致死	指使白鼠的裸露皮肤持续接触 24h，最可能引起这些试验动物在 14 日内死亡 50% 的物质剂量，试验结果以 mg/kg 体重表示

续上表

符号	指标	含义
LC_{50}	吸入毒性半数致死浓度	指雌雄青年白鼠连续吸入1h的蒸气、烟雾或粉尘,最可能引起试验动物在14日内死亡50%的浓度,用符号LC_{50}表示。其中,粉尘和烟雾毒性物质用每立方米空气中含有某毒性物质的毫克数(mg/m^3)表示。气体毒性物质则以每立方米空气中的毫克数表示(百万分率,即ppm)
TLV	最高容许浓度	又称极限阈值,是指在该浓度下健康成人长期经受也不致引起急性或慢性危害的浓度
LD_{100}	绝对致死量	指使试验动物全部死亡的毒性物质的最小用量
LDL_0	最低致死量	指在已发生的中毒死亡的病历报告中的最小摄入量。该指标是根据有死亡记录的最小量而定的,而不是根据试验。单位直接用质量单位(mg)
TDL_0	最小中毒量	指能引起染毒动物出现中毒症状的最小用量
TCL_0	最小中毒浓度	指能引起染毒动物出现中毒症状的最小浓度

在《危险货物道路运输规则 第2部分:分类》(JT/T 617.2—2018)中,主要按照口服毒性半数致死量、皮肤接触毒性半数致死量和吸入毒性半数致死浓度三个指标来判断是否归类为危险货物以及几类包装类别,见表6-4。

毒性程度评估表　　　　　　　　　　　　　　　　　　　　　　　　　　表6-4

包装类别	口服毒性 LD_{50} (mg/kg)	皮肤接触毒性 LD_{50} (mg/kg)	吸入粉尘和烟雾毒性 LC_{50} (mg/L)
Ⅰ	$LD_{50} \leqslant 5$	$LD_{50} \leqslant 50$	$LC_{50} \leqslant 0.2$
Ⅱ	$5 < LD_{50} \leqslant 50$	$50 < LD_{50} \leqslant 200$	$0.2 < LC_{50} \leqslant 2$
Ⅲ[a]	$50 < LD_{50} \leqslant 300$	$200 < LD_{50} \leqslant 1000$	$2 < LC_{50} \leqslant 4$

注:[a] 催泪性气体物质,即使其毒性数据相当于包装类别Ⅲ的数值,也应划在包装类别Ⅱ中。

6.1.6　危险废物基本含义

6.1.6.1　危险废物的定义

剧毒化学品定义和目录

在我国,危险废物是指列入《国家危险废物名录》和《医疗废物分类目录》的固体废物和液态废物,以及未列入的但根据国家危险废物鉴别标准和鉴别方法认定具有危险特性的危险废物。

《国家危险废物名录(2021年版)》列入了具有下列情形之一的固体废物(包括液态废物):

(1)具有毒性、腐蚀性、易燃性、反应性或者感染性一种或者几种危险特性的。

(2)不排除具有危险特性,可能对生态环境或者人体健康造成有害影响,需要按照危险废物进行管理的。

6.1.6.2　医疗废物的定义

由国家危险废物名录可知,医疗废物也属于危险废物的范畴。医疗废物是指医疗卫生机构在医疗、预防、保健以及其他相关活动中产生的具有直接或者间接感染性、毒性以及其他危害性的废物,具体参见《医疗废物分类目录》(国卫医函〔2021〕238号)。

该目录由国务院卫生行政主管部门和环境保护行政主管部门共同制定、公布,主要包括感染性废物、病理性废物、损伤性废物、药物性废物和化学性废物。

6.1.6.3 危险废物和医疗废物道路运输要求

根据《中华人民共和国固体废物污染环境防治法》(主席令第43号)第八十三条的规定:运输危险废物,应当采取防止污染环境的措施,并遵守国家有关危险货物运输的规定。禁止将危险货物与旅客在同一运输工具上载运。

《危险废物转移管理办法》(生态环境部　公安部　交通运输部令2021年第23号)规定,危险废物托运人(移出人)应当按照国家危险货物相关标准确定危险废物对应危险废物的类别、项别、编号等,并委托具备相应货物运输资质的安慰承运危险货物,依法签订运输合同。该条明确在危险货物转移过程中,托运人首先需要按照危险货物的分类方法对危险废物进行分类,确定其类别、项别和编号。危险废物承运人在整个运输过程中需要履行以下义务:

(1) 核实危险废物转移联单,没有转移联单的,应当拒绝运输。

(2) 填写、运行危险废物转移联单,在危险废物转移联单中如实填写承运人名称、运输工具及其替运证件号,以及运输起点和终点等运输相关信息,并与危险货物运单一并随运输工具携带。

(3) 按照危险废物污染环境防治和危险货物运输相关规定运输危险废物,记录运输轨迹,防范危险废物丢失、包装破损、泄漏或者发生突发环境事件。

(4) 将运输的危险废物运抵接收人地址,交付给危险废物转移联单上指定的接收人,并将运输情况及时告知移出人。

(5) 法律法规规定的其他义务。

6.1.6.4 危险废物和医疗废物道路运输豁免要求

《危险货物道路运输安全管理办法》第七十七条规定:"未列入《危险货物道路运输规则》(JT/T 617)的危险化学品、《国家危险废物名录》中明确的在转移和运输环节实行豁免管理的危险废物、诊断用放射性药品的道路运输安全管理,不适用本办法,由国务院交通运输、生态环境等主管部门分别依据各自职责另行规定。"

《国家危险废物名录》中明确的在转移和运输环节实行豁免管理的危险废物,具体是指《国家危险废物名录》的《危险废物豁免管理清单》中明确豁免环节为"运输"和"转移"或者标明"全部环节"的,且在满足豁免条件和豁免内容的前提下,可以不按危险废物进行运输,见表6-5。

危险废物豁免管理清单　　　　　　　　　　　表6-5

序号	废物类别/代码	危险废物	豁免环节	豁免条件	豁免内容
2	HW01	床位总数在19张以下(含19张)的医疗机构产生的医疗废物(重大传染病疫情期间产生的医疗废物除外)	运输	转运车辆符合《医疗废物转运车技术要求运输(试行)》(GB 19217)要求	不按危险废物进行运输
		重大传染病疫情期间产生的医疗废物	运输	按事发地的县级以上人民政府确定的处置方案进行运输	不按危险废物进行运输

续上表

序号	废物类别/代码	危险废物	豁免环节	豁免条件	豁免内容
3	S41-001-01	感染性废物	运输	按照《医疗废物高温蒸汽集中处理工程技术规范》(HJ 276)或《医疗废物化学消毒集中处理工程技术规范》(HJ 228)或《医疗皮物微波消毒集中处理工程技术规范》(HJ 229)进行处理后按生活垃圾运输	不按危险废物进行运输
4	S41-002-01	损伤性废物	运输	按照《医疗废物高温蒸汽集中处理工程技术规范》(HJ 276)或《医疗废物化学消毒集中处理工程技术规范》(HJ 228)或《医疗皮物微波消毒集中处理工程技术规范》(HJ 229)进行处理后按生活垃圾运输	不按危险废物进行运输
5	841-003-01	病理性废物(人体器官除外)	运输	按照《医疗废物化学消毒集中处理工程技术规范》(HJ 228)或《医疗废物微波消毒集中处理工程技术规范》(HJ 229)进行处理后按生活垃圾运输	不按危险废物进行运输
6	900-003-04	农药使用后被废弃与农药直接接触或含有农药残余物的包装物	运输	满足《农药包装废弃物回收处理管理办法》中的运输要求	不按危险废物进行运输
7	900-210-08	船舶含污水及残油经船上或港口配套设施预处理后产生的需通过船舶转移的废矿物油与含矿物油废物	运输	按照水运污染危害性货物实施管理	不按危险废物进行运输
11	900-451-13	采用破碎分选方式回收废覆铜板、线路板、电路板中金属后的废树脂粉	运输	运输工具满足防雨、防渗漏、防遗撒要求	不按危险废物进行运输
12	772-002-18	生活垃圾焚灭飞灰	运输	经处理后满足《生活垃圾填埋场污染控制标准》(GB 16889)要求,且运给工具满足防雨、防渗漏、防遗撒要求	不按危险废物进行运输

续上表

序号	废物类别/代码	危险废物	豁免环节	豁免条件	豁免内容
13	772-003-18	医疗废物焚烧处置产生的底渣	运输	满足《生活垃圾填埋场污染控制标准》(GB 16889)要求进入生活垃圾填埋场填埋	全过程不按危险废物管理
15	772-003-18	生物制药产生的培养基废物经生活垃圾焚烧厂焚烧处置产生的焚烧炉底渣、经水煤浆气化炉协同处置产生的气化炉渣、经燃煤电厂燃煤锅炉和生物质发电厂焚烧炉协同处置以及培养基废物专用焚烧炉焚烧处置产生的炉渣和飞灰	运输	生物制药产生的培养基废物焚烧处置或协同处置过程不应混入其他危险废物	全过程不按危险废物管理
16	193-002-21	含铬皮革废碎料(不包括鞣制工段修边、削匀过程产生的革屑和边角料)	运输	运输工具满足防雨、防渗漏、防遗撒要求	不按危险废物进行运输
18	900-052-31	未破损的废铅蓄电池	运输	运输工具满足防雨、防渗漏、防遗撒要求	不按危险废物进行运输
25	突发环境事件产生的危险废物	突发环境事件及其处理过程中产生 HW900-042-49 类危险废物和其他需要按危险废物进行处理处置的固体废物，以及事件现场遗留的其他危险废物和废弃危险化学品	运输	按事发地的县级以上人民政府确定的处置方案进行运输	不按危险废物进行运输
26	历史遗留危险废物	历史填埋场地清理，以及水体环境治理过程产生的需要按危险运输废物进行处理处置的固体废物	运输	按事发地的设区市级以上生态环境部门同意的处置方案进行运输	不按危险废物进行运输
		实施土壤污染风险管控、修复活动中，属于危险废物的污染土壤	运输	修复施工单位制定转运计划，依法提前报所在地的设区市级以上生态环境部门	不按危险废物进行运输
27	900-044-49	阴极射线管含铅玻璃	运输	运输工具满足防雨、防渗漏、防遗撒要求	不按危险废物进行运输
28	900-045-449	废弃电路板	运输	运输工具满足防雨、防渗漏、防遗撒要求	不按危险废物进行运输
29	772-007-50	烟气脱硝过程中产生的废钒钛系催化剂	运输	运输工具满足防雨、防渗漏、防遗撒要求	不按危险废物进行运输

续上表

序号	废物类别/代码	危险废物	豁免环节	豁免条件	豁免内容
30	251-017-50	催化裂化废催化剂	运输	采用密闭罐车运输	不按危险废物进行运输
31	900-049-50	机动车和非道路移动机械尾气净化废催化剂	运输	运输工具满足防雨、防渗漏、防遗撒要求	不按危险废物进行运输

6.1.7 危险货物运输作业规程及个人防护

6.1.7.1 运输前基本作业要求

(1) 确认托运人已提供了与所承运危险货物相关的所有信息。

(2) 结合人员、车辆和运输任务等信息，初步调度从事该运输任务的从业人员和车辆。同时，利用电子地图等方式，熟悉行车路线和行车计划，具体参见第 5 章 5.4.1 节的相关要求。对于危险货物运输路线而言，更多需要考虑沿途行驶风险，比如路线中是否有水源、人口密集区等。

(3) 开展运输作业之前应做好车辆、人员的检查工作，检查内容应至少包括：

① 车辆卫星定位装置是否正常运行。

② 上次运输任务期间（或上周）车辆运行轨迹是否正常（是否在线，或运行轨迹是否一致）。

③ 车辆道路运输证经营范围是否与承运货物相符，车辆是否按期年审等。

④ 驾驶员、押运员是否具备有效危险货物道路运输从业资格证。

(4) 驾驶员、押运员的生理、心理状况检查，具体参见第 5 章 5.4.1 节的相关要求。

(5) 根据调度安排，依据托运人提交的托运清单，编写运单，并交给当班驾驶员和押运员。

(6) 运单、随车物品和车辆安全状况检查。

出车前，企业安全管理人员、车辆管理人员、驾驶员和押运员等相关责任人具体应执行以下检查作业要求，即运单查验、随车物品和车辆安全状况检查，具体包括以下内容：

(1) 告知和熟悉危险货物特性及安全要求：安全管理人员应根据托运人提供的安全技术说明书、运输合同等文件，提前熟悉拟运输危险货物的基本危险特性、安全运输要求和应急措施，并在出车前向驾驶员和押运员进行运输安全告知。

(2) 运单查验是否相符：驾驶员、押运人员检查核对危险货物名称、数量、规格、托运人地址电话、接收人地址电话、运输路线，查验与调度交代的任务是否相符，与车辆罐体载荷是否相符。

(3) 检查随车携带证件和物品是否齐全：如道路运输证、危险货物运单、从业资格证、行驶证、道路运输危险货物安全卡、个人防护用品和应急用品、凭证运输的相关通行证件（如剧毒化学品道路运输通行证等）及法规标准规定的其他单证。其中，随车携带的主要证件包括以下部分：

① 车辆证件：机动车行驶证、道路运输证、道路通行证、机动车检验合格标志、强制保险标志、环保检验标志、保险卡、罐体定期检验报告复印件等。其中，车辆行驶证、道路运输证

在有效期内,签注的经营范围应包含所运输介质,并且车辆安全技术检验合格标志、强制保险标志等均在有效期内。

②人员证件:驾驶员驾驶证,驾驶员、押运员从业资格证。其中,驾驶员驾驶证上签注的准驾车型要与实车相符,从业资格证要在签证的有效期内,准驾车型要与实车相符,从业资格证要在签证的有效期内。

(4)车辆安全检查:车辆管理人员在运输前,应对运输车辆、罐式车辆罐体、可移动罐柜、罐式集装箱(以下简称罐箱)及相关设备的技术状况,利用卫星定位装置进行检查并做好记录,具体参见第5章5.4.1节的相关要求。但鉴于危险货物运输车辆有一些特殊装置或者要求,所以除了检查5.4.1节的通用项目外,还需要检查以下内容:

①标识标志检查:标志灯、标志牌、安全标示牌、反光带等是否与所装介质相符。

②罐体检查:检查罐体外观、导静电橡胶拖地带、压力表、液位计、温度计、紧急切断装置、导静电装置(如鳄鱼夹等)、装卸软管和阀门等。检查确认导静电橡胶拖地带有效接地,压力表、液位计、温度计等需要配备的仪表完好有效且数值在正常范围内。需要特别注意的是,对于要求安装紧急切断装置的罐车,出车前要重点检查确认紧急切断阀处于关闭状态。

③车辆检查:检查车辆卫星定位系统、主动安全防护系统、电源总开关、排气火花熄灭器导静电带等。出车前,检查车辆轮辋有无裂纹变形,螺栓是否完整紧固,轮胎是否变形和损伤,转向轮胎冠花纹深度磨损情况,胎压是否正常等。

驾驶员、押运员在起运前,应对承运危险货物的运输车辆、罐式车辆罐体、可移动罐柜、罐箱进行外观检查,确保没有影响运输安全的缺陷。同时,检查确认危险货物运输车辆按照《道路运输危险货物车辆标志》(GB 13392—2005)要求安装、悬挂标志。运输爆炸品和剧毒化学品的,还应当检查确认车辆安装、粘贴符合《道路运输爆炸品和剧毒化学品车辆安全技术条件》(GB 20300—2018)要求的安全标示牌。

(5)车辆管理人员、驾驶员、押运员等人在行车日志中填写相关内容并签名。

6.1.7.2 运输中基本作业要求

在运输中执行以下作业要求:

(1)安全驾驶行为。

具体参见第5章5.4.2节的相关要求。在整个运输过程中,驾驶人员应做到"六不",即不超速(最高车速80km/h)、不超载、不分心、不疲劳、不酒驾、不带病驾驶。同时,押运员也应密切注意驾驶员的安全操作状况,做到及时提醒,制止超速、强行超车会车等行为发生,督促驾驶员严格按照操作规程驾驶。

(2)按照指定线路行驶。

严格遵守有关部门关于危险货物运输线路、时间、速度的规定,车辆不应进入未经批准的危险货物运输车辆限制通行区域。对于运输剧毒化学品等有规定运行线路和时间的危险货物运输车辆,要按照既定的线路和时间运行,不得随意改变。

(3)不随意停车。

运输过程中,不应随意停车,且避免在人员聚集区、重点单位(如重要机关、学校、医院)门口、重要基础设施(如大型隧道、桥梁、涵洞、立交桥等)、易燃易爆物品仓库或具有明火的场所附近停靠。

同时,当车辆需要中途停车休息或检查时,应选择安全区域停放车辆,停车区域应为平坦、坚实的场地,停放方向要易于驶离,拉好驻车制动器操纵杆,将车辆熄火,同时下车检查,在驱动轮前后放置三角木,避免异常移动。前后放置三角木,避免异常移动。

因住宿或发生影响正常运输的情况需较长时间停车时,驾驶员、押运员应采取相应警示和安全措施;运输剧毒化学品或易制爆危险化学品的,除采取答示和安全措施外,还应向当地公安机关报告。

(4)按时检查休息。

驾驶员一次连续驾驶 4h 应休息 20min 以上;24h 内实际驾驶车辆时间累计不得超过 8h。

(5)押运监管。

押运员应密切注意车辆所装载的危险货物情况,需要停车检查、休息或对异常情况处理时,应向有关人员报告,并做好对危险货物的监护,不得擅自离岗脱岗。

(6)异常情况处理。

运输过程中,遇天气、道路路面状况发生变化时,应根据所载货物性质,及时采取相应安全防护措施。遇有雷雨时,不应在树下、电线杆、高压线、铁塔、高层建筑及易遭受雷击和产生火花的地点停车。避雨时,应选择安全地点停放。遇有泥泞、冰冻、颠簸、狭窄及山崖等路段时,应低速缓慢行驶,防止车辆侧滑、打滑及危险货物剧烈振荡等。

(7)事故处理。

运输过程中,若发生燃烧、爆炸、污染、中毒、被盗、丢失、流散、泄漏等情况,驾驶员和押运员应立即报警,并向单位报告,同时尽力开展自救,共同配合采取一切可能的警示、防范泄漏及二次事故的发生,有人员受伤应先抢救受伤人员;如无法控制事故,应撤离至安全地带,做好警戒并应看护好车辆、货物,等待救援。同时,向事故发生地公安部门、交通运输主管部门和运输企业报告。报告内容应至少包括:

①报告人姓名、联系方式。

②发生的事故及部位。

③发生时间、具体地点(如,×××公路××× km 处)、行驶方向。

④车辆牌照、装载质量、车辆类型、罐车罐体容积、当前状况。

⑤UN 编号,危险货物品名、数量,当前状况。

⑥人员伤亡及危害情况。

⑦已采取或拟采取的应急处置措施。

6.1.7.3 运输后基本作业要求

危险货物运输车辆到达目的地,将危险货物运单交给接收人确认,卸载后检查紧急切断阀是否关闭,确认安全后起步返回。

在运输后回场执行四项作业要求:回场检查、清洁车辆、停车入位、表单确认。

(1)回场检查。

回场后先进行自检,然后通知班组安排进行综合检查或其他专项检查。

(2)清洁车辆。

清洁车辆并进行必要的维护,保持清洁的车容车貌,该作业应由专业人员进行操作。对于常压罐体进行清洗（置换），需要到具有污染物处理能力的机构进行，将废气、污水等污染物集中收集，消除污染，不得随意排放，污染环境。

（3）停车入位。

根据停车场管理制度，停放对应区域或对号入位，保持易于驶离的方向入位。

（4）表单确认。

交还车钥匙，将车辆安全检查表、运输单据交管理人员签字确认。

6.1.7.4 装卸过程中的基本作业要求

（1）装卸作业现场。

对于具有易燃易爆等危险特性的危险货物装卸作业现场，应做到以下几点：

①应远离热源，通风良好，严禁烟火。

②电气设备设施须具有防爆功能。

③防静电和避雷设施符合要求。

④应划定警戒区，且安全范围内不应有明火。

⑤禁止在装卸作业区内维修车辆。

（2）进入装卸作业区。

①车辆按装卸作业有关安全规定驶入作业区，并将车辆停放在易驶离作业现场的方位上。

②进入易燃易爆危险货物装卸作业现场时，禁止随身携带火种，关闭随身携带的手机等通信工具和电子设备，严禁吸烟，应穿着防静电的工作服和不带铁钉的工作鞋。

③车辆停靠货垛时，应听从装卸管理人员的指挥，车辆与货垛之间要留有安全距离；待装、待卸车辆与正在装卸货物的车辆应保持足够的安全距离，并不准堵塞安全通道。

④对于易燃易爆危险货物的装卸，应检查车辆的导静电橡胶拖地带是否拖地；排气管是否正确安装好阻火器，且阻火器是否处于开启状态，接地线是否接好，牵引车与挂车导静电带是否完好可用。

⑤发动机熄火，切断车辆总电源（需从车辆上取得动力的除外），并采取防止车辆发生滑动的有效措施。

（3）装卸过程。

①装货人对装卸安全承担责任，驾驶员和押运员可以根据装卸场所的管理要求协助监督装卸过程。

②装卸过程中需要移动车辆时，应先关上车厢门或栏板；若原地关不上，应有人监护，在保证安全的前提下才能移动车辆；起步要慢，停车要稳。

③危险货物运达卸货地点后因故不能及时卸货的，在待卸期间，驾驶员应协同押运员负责看管货物。

（4）货物交接。

①办理货物交接签证手续时要现场当面交接。

②对照运单，仔细核对货物名称、规格、数量，不超载超限，其中罐式车辆的罐体载货后的总质量应和专用车辆核定载质量相匹配；牵引车的挂车载货后的总质量应与牵引车的准牵引总质量相匹配。

③装运前，认真检查包装完好情况，发现破损、撒漏，托运人应重新包装或修理加固，否

则,承运人应拒绝运输。应拒绝运输已有水渍、雨淋痕迹的遇湿易燃物品。有权拒绝运输不符合国家有关规定的危险货物;货物安全技术说明书、安全标签等与运单不符,或包装不符合要求的,应拒绝装车。

(5)装车后安全检查。

装车完毕后车辆起步前,驾驶员和押运员应对货物的堆码、遮盖、捆扎等安全措施及对影响车辆起动的不安全因素进行检查,确认无不安全因素后,方可起步。同时,关闭紧急切断阀(若有)。在高温季节、高温时段内,易燃易爆危险货物运输车辆不应上路。

6.1.8 危险货物运输安全生产风险和安全生产隐患

6.1.8.1 人的不安全行为

对于道路危险货物运输而言,人的不安全行为主要包括:

(1)未取得或者未携带驾驶证、行驶证、道路运输证及必要的通行手续,或者驾驶车辆与证件标明的车型或者货物类型不符等。

(2)超过道路限制车速及国家法律、地方性法规和企业内部明令规定车速的超速驾驶行为。

(3)服用不当药物或者毒品,酒后驾车(包括饮酒和醉酒驾车)。

(4)疲劳驾驶,包括连续驾驶车辆时间超过规定时限或者休息时间不足等导致的疲劳驾驶行为。

(5)行驶过程中不系安全带或者安全带失效等不安全行为。

(6)不按交通信号灯、交通标志、交通标线和交通警察的指挥驾驶操作的违反交通信号行为。

(7)不遵守交通法规,行车中意气用事、强行超车会车、争抢车道、占道行驶、弯道超车、坡路超车等影响其他车辆正常行驶的争道抢行或者易怒等行为。

(8)自身的生理、心理状态不符合安全行车的要求。

(9)超载超限运输行为。

(10)车辆运行中拨打、接听手持电话,存在观看电视等妨碍安全驾驶的行为。

(11)对交通动态及道路变化、天气变化、车况变化观察疏忽或措施不当等。

(12)驾驶技术不熟练。

(13)不使用或不正确使用个人防护用品等。

(14)擅自关闭卫星定位装置或者其他安全装置等行为。

(15)对承运的危险货物的危险特性、安全操作要求和应急要求不熟悉。

6.1.8.2 车辆和设备的不安全状态

对于道路危险货物运输而言,车辆和设备的不安全状态主要包括以下内容:

(1)车辆结构的不安全因素:主要指货车尤其是重型货车,如常压罐式车辆、移动式压力容器或者罐式集装箱运输车等,其车体庞大,车身较长、较宽和较高,再加上因充装了易晃动的液体或者加载了压力,进而容易导致车辆在转弯、制动时,容易出现因重心不稳等原因导致的侧翻事故。另外,因车辆结构问题出现的视觉盲区、内轮差大等特性引发的事故也属于车辆结构的不安全因素。

(2)车辆技术性能不良好:如车辆制动性能劣化或者失效、转向不良或失效、照明和信号装置不良、车辆悬架与减震系统缺陷,轮胎磨损、有裂纹或有杂物扎入,发动机故障等。

(3)车辆安全装置失效:主要包括主动安全装置和被动安全装置两方面,比如未安装防抱死制动系统、喇叭失效等;安全带损坏、保险杠损坏、侧部和后下部防护装置不符合要求或者灭火器失效、过期等问题。

(4)罐体技术性能不良和安全装置失效等:如罐体的壁厚不符合安全;充装介质与罐体材质、阀门等不相符;罐体的安全附件(如紧急切断阀)未配备或者失效;凸缘密封结构不完好;罐体存在裂纹等缺陷部位;安全附件和其他附件与罐体的接口有泄漏等;各管路存在机械接触损伤、堵塞等;扶梯、操作平台、护栏有掉焊、破损等情况。

6.1.8.3 环境的不安全因素

这里包括运输环境和作业环境两个部分,主要表现在以下三个方面:

(1)恶劣天气不仅会影响车辆运行,还有可能导致车载危险货物的不良反应,如部分需要控温运输的危险货物在运输过程中必须严格控制温度。

(2)因道路线形设计不良所导致的诸如断背曲线、长直线等影响驾驶员行车视距和驾驶心理等,也会导致交通事故的发生。

(3)装卸作业场所的照明光线不良,照度不足,通风不良,未进行有效隔离,或者作业现场的防火、防静电设施未正确使用和运行,以及未禁止烟火等,均会导致危险货物及其设施的安全事故发生。

6.1.8.4 危险货物自身特性及其包装的不安全因素

对于道路危险货物运输而言,危险货物特性及其包装引起的不安全因素主要包括以下三方面:

(1)货物装载和捆扎固定不安全:尤其对于包装货物而言,货物的固定和捆扎操作不符合要求,致使在运输过程频繁出现包件晃动、破损等问题。

(2)货物包装不善,包装材质或者容量与危险货物的特性要求不相符:包装材质及其容纳作用能够有效降低危险货物运输风险,但目前国内对于危险货物运输包装的检测和匹配性选用均存在薄弱之处,致使包装材质或者容量与危险货物的特性要求不相符,包装自身安全性能低下。

(3)货物性质不安全或者不稳定:在很多事故案例中,很多事故是由于危险货物自身具有的易燃易爆、毒性、腐蚀性或者放射性等危险特性导致的。比如,金属钠会与水发生剧烈的反应生成氢氧化钠和氢气,所以金属钠需要放在煤油中进行运输。再比如电石(碳化钙)遇水放出易燃气体,遇水或湿气能迅速产生高度易燃的乙炔气体,所以在运输中应特别注意防水的问题,需要采用封闭式车辆进行运输。

各类危险货物的主要危险特性见表6-6。

危险货物的主要危险特性　　　　表6-6

类别或项别	主要危险特性
第1类 爆炸品	(1)可能产生一系列的反应和影响,如大规模爆炸、碎片迸射。 (2)遇火源或热源产生强烈的反应。 (3)发出强光,产生大量的噪声或烟雾。 (4)对撞击和/或冲击和/或热敏感。

续上表

类别或项别	主要危险特性
第2类 气体	(1) 遇压力波爆炸。 (2) 毒性,如氯气。 (3) 腐蚀性。 (4) 氧化(助燃)作用,如非易燃无毒气体中,有一部分属于氧化(助燃)气体它们本身不燃,但因具有强烈氧化作用,可帮助燃烧。 (5) 可燃性。 (6) 窒息危险,窒息性气体,如氮气,甲烷、二氧化碳等。 (7) 接触冷冻液化气体冻伤危险,冷冻液化气体的临界温度一般不高于 -50℃,接触会有冻伤危险
第3类 易燃液体	(1) 易燃易爆性,易燃液体爆炸极限范围越宽,燃烧、爆炸的可能性越大,温度升高,易燃液体挥发量增大,易燃易爆性增大。 (2) 高度挥发性,易燃液体大多是低沸点液体,在常温下就能不断地挥发,不少易燃液体的蒸气密度比空气大,易积聚不散,特别在低洼处所、通风不良的仓库内及封闭式货厢内易积聚产生易燃易爆的混合蒸气,造成危险隐患。 (3) 高度流动扩散性,会随水的流动而扩散,进而有可能污染环境(水污染)。 (4) 受热膨胀性,液体物质的受热膨胀系数较大,加上易燃液体的易挥发性,受热后蒸气压也会增大,装满易燃液体的容器往往会造成容器胀裂而引起液体外溢,因此易燃液体灌装时应充分注意,容器内应留有足够的膨胀余位。 (5) 易积聚静电。 (6) 毒性,很多易燃液体都具有一定程度的毒性。 (7) 化学反应,能与很多化学物质发生反应
4.1项 易燃固体	(1) 易燃性,易燃烧或摩擦可能引燃或助燃;燃点低,对热、撞击、摩擦敏感,易被外部火源点燃,燃烧迅速。 (2) 粉尘有爆炸危险,粉尘因与空气接触表面积大,燃烧速度极快,遇火星会爆炸。 (3) 自反应放热,该项还包括一些即使没有氧气(空气)存在时,也易发生激烈放热分解的热不稳定物质。 (4) 毒性和腐蚀性,有些易燃固体具有毒性,能产生有毒气体和蒸气;或者在燃烧的同时产生大量有毒气体或腐蚀性物质,如硫黄、三硫化四磷等,不仅与皮肤接触能引起中毒,而且粉尘吸入后,亦能引起中毒
4.2项 易于自燃的物质	(1) 自燃性,此项物质暴露在空气中会与空气中的氧接触,发生氧化反应并放出大量热量。当热量积聚起来升到一定温度时,就会引起燃烧,隔绝这类物质与空气接触是储存安全的关键。 (2) 遇湿易燃火灾危险性,大部分易于自燃的物质与水反应剧烈,并放出易燃气体和热量,故起火时不可用水或泡沫扑救。 (3) 放热(皮肤接触灼伤),会自动发热,对易于自燃的物质储运保管中关键的防护措施是阻隔其与空气的接触,如黄磷就存放在水中,不过采取何种措施阻隔易于自燃的物质与空气的接触要看具体品种。 (4) 接触氧化剂会立即发生爆炸,一旦接触到氧化性物质或酸类物质立即发生强烈的氧化还原反应,产生爆炸的效果,因此危险性也更大。 (5) 毒性和腐蚀作用,有些易于自燃的物质具有毒性,能产生有毒气体和蒸气,或在燃烧的同时产生大量有毒气体或腐蚀性的物质,其毒害性较大

续上表

类别或项别	主要危险特性
4.3项 遇水放出易燃 气体的物质	（1）可燃性及遇水产生易燃气体，此项物质化学特性极其活泼，遇湿（水）会发生剧烈化学反应，产生可燃性气体和热量；当这些可燃性气体和热量达到一定浓度或温度时，能立即引起自燃或在明火作用下引起燃烧；此外，此项物质还会与酸类或氧化性物质发生剧烈反应，其反应比遇湿（水）更为剧烈，危险性也更大；所以，这类物质着火时，不能用水及泡沫灭火剂扑救，应用干砂、干粉灭火剂、二氧化碳灭火剂等进行扑救。 （2）毒害性和腐蚀性，遇水放出易燃气体的物质均有较强的吸水性，与水反应后生成强碱和有毒气体，接触人体后，能使皮肤干裂、腐蚀并引起中毒
5.1项 氧化性物质	（1）氧化性，这是氧化性物质的主要特性。 （2）不稳定性，受热、被撞易分解，当受热、被撞或摩擦时极易分解出原子氧，若接触易燃物、有机物，特别是与木炭粉、硫黄粉、淀粉等粉末状可燃物混合时，能引起着火和爆炸。 （3）化学敏感性，与还原剂、有机物或酸接触发生不同程度的化学反应，因此，氧化性物质不可与硫酸、硝酸等酸类物质混储混运。 （4）强氧化剂与弱氧化剂作用的分解性，氧化性物质的氧化能力有强有弱，相互混合后也可引起燃烧爆炸，如硝酸铵和亚硝酸钠等，因此，氧化性弱的不能与比它们氧化性强的氧化性物质一起储运，应注意分隔。 （5）与水作用分解性，有些氧化剂，特别是过氧化钠、过氧化钾等活泼金属的过氧化物，遇水或吸收空气中的水蒸气和二氧化碳时，能分解放出原子氧，致使可燃物质燃爆。 （6）腐蚀毒害性，部分氧化性物质具有一定的毒性和腐蚀性
5.2项 有机过氧化物	（1）很不稳定，易分解，且比无机氧化物更易分解，有机过氧化物在正常温度或高温下易放热分解；分解可因受热、与杂质（如酸、重金属化合物、胺）接触、摩擦或碰撞而引起；分解速度随着温度升高而增加，并随有机过氧化物配制品而不同，这一特性可通过添加稀释剂或使用适当的容器加以改变。 （2）有很强的氧化性。 （3）易燃性，有机过氧化物本身是易燃的，而且燃烧迅速，分解产物为易燃、易挥发气体，易引起爆炸。 （4）对热、振动或摩擦极为敏感，有机过氧化物中的过氧基(-O-O-)是极不稳定的结构，对热、振动、碰撞、冲击或摩擦极为敏感，当受到轻微的外力作用时就有可能发生分解爆炸；所以，某些有机过氧化物在运输时必须控制温度，其允许安全运输的最高温度即为控制温度。 （5）伤害性，应当避免眼睛与有机过氧化物接触；有些有机过氧化物，即使短暂地接触，也会对角膜造成严重的伤害，或者对皮肤具有腐蚀性
6.1项 毒性物质	（1）有机毒性物质具有可燃性，有机毒性物质遇明火、高热或与氧化剂接触会燃烧爆炸，燃烧时会放出毒性气体，加剧毒性物质的危险性；毒性物质中的有机物是可燃的，其中还有不少液体的闪点低于61℃，达到易燃液体的标准。 （2）遇酸或水反应放出毒性气体，如氰化氢（HCN）与氰化钾（KCN）相比毒性更强，而且又是气体，氰化氢比氰化钾更容易通过呼吸道致人中毒，因此，氰化物不得与酸性、腐蚀性物质配装。 （3）腐蚀性，有不少毒性物质对人体和金属有较强的腐蚀性，会强烈刺激皮肤和黏膜，甚至发生溃疡加速毒物经皮肤的入侵
6.2项 感染性物质	使人或动物感染疾病或其毒素能引起病态，甚至死亡

续上表

类别或项别	主要危险特性
第8类 腐蚀性物质	(1) 腐蚀性，对人体的腐蚀(化学烧伤或化学灼伤)和对物质的腐蚀。 (2) 毒性，腐蚀性物质中有很多物质具有不同程度的毒性，如五溴化磷、偏磷酸、氢氟硼酸等，特别是具有挥发性的腐蚀性物质，如发烟硫酸、发烟硝酸、浓盐酸、氢氟酸等，能挥发出有毒的气体和蒸气，在腐蚀肌体的同时，还能引起中毒。 (3) 易燃性和可燃性，有机腐蚀性物质具有易燃或可燃性，有些强酸强碱的腐蚀性物质，在腐蚀金属的过程中能放出可燃的氢气；当氢气在空气中占一定的比例时，遇高热、明火即燃烧，甚至引起爆炸。 (4) 氧化性，腐蚀性物质中的含氧酸大多是强氧化剂：一方面，强氧化剂与可燃物接触时，即可引起燃烧；另一方面，氧化性有时也可被利用，如浓硫酸和浓硝酸的强氧化性能使铁、铝金属在冷的浓酸中被氧化，在金属表面生成一层致密的氧化物薄膜，保护了金属，这种现象称为"钝化"。根据这一特点，运输浓硫酸可采用铁制容器或铁罐车装运，用铝制容器盛放浓硝酸。 (5) 遇水反应性，遇水反应的腐蚀性物质都能与空气中的水汽反应而发烟(实质是雾，习惯上称烟)，其对眼睛、咽喉和肺均有强烈刺激作用，且有毒；由于反应剧烈，并同时放出大量热量，当满载这些物质的容器遇水后，则可能因漏进水滴而猛烈反应，使容器炸裂
第9类 杂项危险物质 和物品，包括 危害环境物质	(1) 吸入微粒物质(尘肺，癌症)。 (2) 二噁英接触皮肤，迟发后果——癌症，基因改变，先天畸形。 (3) 蒸气点燃。 (4) 自膨胀式救生设备释放到环境中。 (5) 水污染。 (6) 基因突变的微生物的释放。 (7) 高温影响

道路危险货物运输
安全管理办法

道路危险货物运输
管理规定

6.2 大型物件道路运输组织

大件货物的运输组织主要包括办理托运、理货、验道、制订运输方案、签订运输合同、运输现场组织以及运费结算等。

(1) 办理托运。

托运人必须向已取得道路大型物件运输经营资格的运输业户或其代理人办理托运；托运人必须在运单上如实填写大型物件的名称、规格、件数、件重、起运日期、收发货人详细地址及运输过程中的注意事项；托运人还必须向承运人提交货物说明书，需要时应提供大件货物外形尺寸的三视图(并用"+"表示重心位置)和计划装载、加固等具体意见及要求。凡未按上述规定办理大件货物托运或运单填写不明确，由此发生运输事故的，由托运人承担全部责任。

云龙阶石运输案例

超限运输车辆行驶
公路管理规定

(2)理货。

大件货物承运人在受理托运时,承运大件货物的级别必须与批准经营的类别相符,不准受理经营类别范围以外的大型物件;必须根据托运人填写的运单和提供的有关资料,查对核实货物的特性、外形尺寸、质量、质量分布情况、重心位置、货物承载位置、装卸方式以及其他技术经济资料等,上述工作便是理货工作。理货完成后,应完成理货书面报告,理货可以为合理选择车型、查验道路及制订运输方案等提供依据。凡未按以上规定受理大型物件托运,由此发生运输事故的,由承运人承担全部责任。

(3)验道。

承运人应根据大件货物的外形尺寸和车货质量,在起运前会同托运人勘察作业现场和运行路线,查验沿途道路宽度坡度、线形、高空障碍和桥涵通过能力,还要查验装卸货现场的负荷能力;还需要了解运行路线附近有无电缆、煤气管道或其他地下建筑等。验道完毕,根据勘查的结果预测作业时间,编制运行路线图,完成验道报告。

(4)制订运输方案。

在对理货报告和验道报告充分分析与研究的基础上,制订周密的、安全可行的运输组织方案。运输组织方案的具体内容包括选用车辆、挂车及附件,确定车辆运行的最高车速,确定货物的装卸方案和加固方案,确定配备的辅助车辆数量,制订运行技术措施等,最终完成运输方案书面报告。货物运输涉及其他部门的,还应事先向有关部门申报并征得同意,方可起运,并按照核定的路线和时间行驶。

(5)签订运输合同。

完成上述工作后,承托双方便可以签订运输合同。运输合同的主要内容包括大件货物的基本数据、运输车辆数据、运输的起止地点、运输时间和运输距离、合同的生效时间、承托双方的责任与义务、运费的结算方式和付款方式等。

(6)运输现场组织。

①为确保大件货物运输的安全,应建立临时组织机构负责运输组织方案的实施与协调各方关系,督促各方执行岗位责任。

②大件货物的装卸质量直接影响到运输安全,鉴于大件货物的特点,对于装运车辆的性能和结构、货物的装载和加固技术等都有一定的特殊要求,为了保证货物和车辆完好,保证车辆运行安全,货物装卸必须满足以下基本技术条件:

a.货物的装卸应尽可能选用适宜的装卸机械,装车时应使货物的全部支承面均匀地分布在车辆底板上,以免损害车辆底板或大梁。

b.装运货物的车辆,应尽可能选用大型平板车等专用车辆。除有特殊规定外,装载货物的质量不得超过车辆的核定吨位,其外形尺寸不得超过规定的装载界限。

c.支承面不大的笨重货物,为使其质量均匀地分布在车辆底板上,必须将货物安置在纵横垫木上(或相当于起垫木作用的设备上)。

d.货物的重心应尽量置于车底板纵横中心线交叉点的垂直线上。

e.重车重心高度应符合相关要求,重车重心如果偏高,除应认真进行装载加固外,还应采取配重措施以降低重心高度,但需要注意货物和配重的总质量不得超过车辆的核定吨位。

重车重心高度的计算公式为:

$$h = \frac{h_c Q_c + h_h Q_h}{Q_c + Q_h} \qquad (6-1)$$

式中：h——重车重心距地面的高度(mm)；

h_c——车辆重心距地面的高度(mm)；

Q_c——车辆自重(kg)；

h_h——装于车上的货物的重心距地面的高度(mm)；

Q_h——装于车上的货物的质量(kg)。

f. 货物装车完毕后,应根据货物的形状、重车重心高度、运行线路、运行速度等情况,采取不同的措施进行加固,以确保行车安全。这是因为大件货物置于车辆(尤其是平板车辆)上运输时,比普通货物更容易受到各种外力的作用,包括纵向惯性力横向离心力、垂直冲击力、风力以及货物支承面与车底板(或垫木)之间的摩擦力等,如图 6-3 所示。这些外力综合作用可能会使货物发生水平移动、滚动甚至倾翻。

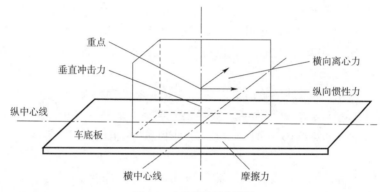

图 6-3　大件货物受力情况

③大件货物运输的装卸作业,由承运人负责的,应根据托运人的要求、货物的特点和装卸操作规程进行作业;由托运人负责的,承运人应按约定的时间将车开到装卸地点,并监装、监卸。在货物的装卸过程中,由于操作不当或违反操作规程,造成车货损失或第三者损失的,由承担装卸的一方负责赔偿。

④运输大件货物,应按有关部门核定的路线行车。白天行车时,悬挂标志旗;夜间行车和停车休息时装设标志灯。

(7) 运费结算。

①大件货物运输费用按交通运输主管部门和物价管理部门的有关规定,由承、托双方协商确定。

②因运输大件货物发生的道路改造、桥涵加固、清障、护送、装卸等费用,由托运人负担。

6.3　鲜活易腐货物运输组织

鲜活易腐货物,指在运输过程中,需要采取定措施,以防止死亡和腐烂变质的货物,道路运输的鲜活易腐货物主要有鲜鱼虾、鲜肉、瓜果、蔬菜牲畜、观赏性野生动物、花木秧苗、蜜蜂等。

6.3.1 鲜活易腐货物运输的特点

(1)季节性强,运量变化大。如水果蔬菜大量上市的季节、沿海渔场的鱼汛期等,运量会随着季节的变化而变化。

(2)运送时间上要求紧迫。大部分鲜活易腐货物极易变质,要求以最短的时间、最快的速度及时送达。

(3)运输途中需要特殊照料。如牲畜、家禽、蜜蜂、花木秧苗等的运输,需配备专用车辆和设备,沿途对其进行专门的照料。

6.3.2 冷链运输组织

鲜活易腐货物运输中,除了少数部分确因途中照料或车辆不适造成死亡外,其中大多数都是因为发生腐烂所致。冷藏方法可比较有效地防止腐烂现象发生,故被经常采用,它的优点是:能很好地保持食物原有的品质,包括色、味、香、营养物质和维生素;保藏的时间长,能进行大量的保藏及运输。冷链运输可实现运输过程中的冷藏需求,是指在运输全过程中,无论是装卸搬运、变更运输方式、更换包装设备等环节,都使所运输货物始终保持一定温度的运输。

冷链运输的对象主要按所运输的货物对温度要求来进行分类。

(1)保鲜类物品,如蔬菜、鲜花、水果、保鲜疫苗、鲜活水产品等,一般温度要求为 $2\sim8℃$。

(2)冷鲜类物品,如排酸肉品、江海鲜产品、豆制品、疫苗制品、巧克力等,一般要求温度为 $-5\sim0℃$。

(3)冷冻类物品,如速冻食品、速冻海鲜江鲜产品、冻肉制品等,一般要求温度为 $-18\sim18℃$。

(4)深冷冻物品,如冰激凌、高危险品、高级面包活菌酵母面团,一般要求温度为 $-45\sim-20℃$。

(5)高危品须使用一种极端高危品运输冷藏车运输。

6.3.3 冷链运输车辆的选择

冷链运输是冷链管理的重要部分,冷链运输成本高,而且包含了较复杂的移动制冷技术和保温箱制造技术,冷链运输管理包含更多的风险和不确定性。冷链运输包含航空运输、船舶水路运输、铁路运输和道路运输。公路冷链运输是冷链运输的主要组成部分。

6.3.3.1 冷藏车辆形式的选择

冷藏车辆的选择是冷链运输首先遇到的问题。市场上冷藏车辆种类繁多,何种形式车辆最适合企业的运作模式,是购置车辆首先应该考虑的问题。公路冷藏运输车辆按形式不同,可以分为冷藏集装箱车、冷藏厢式车、冷藏连杆厢式车等;按制冷机的安装及形式不同可分为单机制冷厢式车、双温控厢式车等。目前,我国公路冷藏车辆陆续实行标准化,非标准车辆将受到限制,所以运营单位选择车辆的范围首先要考虑交通运输部批准的冷藏车辆系列。选择车辆的形式要根据行业特点、产品特性等因素综合考虑。例如,服务于海关的运输企业选择拖挂式冷藏集装箱车,运输单一温度的长途车辆选择冷藏厢式车,而服务超市多温度产品的形式的运输企业可以考虑双温控厢式车等。

6.3.3.2 冷藏车辆大小的选择

冷藏车辆吨位大小会影响到运营成本并限制车辆的使用安排。车辆的运营成本由车折旧、燃油费、修理费、人工费、路桥费、保险费等费用组成。在国外,驾驶员的成本占车辆运营费用的1/3,我国目前人工成本相对较低,但此种现象不会长期延续下去。由于车辆的费用中很大比例和车辆的行驶距离直接相关,所以加大单位距离的运载量是多数情况下优先考虑的因素。一般来讲,车辆越大,单位货物的运输成本越低。这也是为什么国外道路上运营的大多为大吨位的车辆,而国内受多方面条件的限制,选择车辆考虑的因素要多一些。选择车辆大小时应考虑以下几方面因素:

(1)运输业务模式。无论是大批量长途运输还是小批量配送,长途运输应尽量选择大吨位的车辆。

(2)运输道路条件限制。一般市内配送受车辆限行的影响,在一定的期间内不允许大吨位车辆进城,所以城市配送要考虑此因素。

(3)订单批量。订单的小批量是目前运输企业特别是配送企业面临的主要问题。单位时间内一辆车能送几单货将制约车辆的装载能力。

6.3.3.3 冷藏车辆制冷能力的选择

冷藏车辆的功能主要是保持货品的温度,而不是降低货品的温度。车辆配备的制冷机的功率大小取决于冷藏箱尺寸、货品温度要求、箱体保温材料及环境温度等。一般而言,在特定的区域内,冷藏车辆的制冷机有标准配置。选择好车厢的大小后,对应相应温度有与其相匹配的制冷机。但在货品质量及对冷链控制要求较高的情况下,可以选择高一级的制冷机配置。

6.3.3.4 冷藏车辆制冷形式的选择

目前,冷藏车辆的制冷形式主要分为外接电源制冷、压缩气体制冷、独立车载发动制冷和冷板制冷等形式。外接电源制冷主要用于船运制冷集装箱,压缩气体制冷形式日本冷藏车辆上部分使用。我国公路冷藏车辆中主要采用独立车载发动机制冷和冷板制冷两种形式。独立车载发动机制冷形式应用得较普遍,它的优点在于不受时间和运输距离的限制,可调节不同温度范围。冷板制冷的优点在于车厢内温度较稳定,可多次卸货并且没有途中发动机损坏的风险,但缺点是温度范围较窄,需要制冷等待时间和不能接力运输等。

6.3.4 冷链运输组织工作

良好的运输组织工作,对保证冷链货物的质量十分重要。对于冷链运输,应坚持"四优先"的原则,即优先安排运输计划、优先进货装车、优先取送、优先挂运。

发货人在托运之前,应根据货物的不同性质,做好货物的包装工作。托运时,应向承运人提出货物最长的运达期限、某一种货物的具体运输温度及特殊要求,提交卫生检疫等有关证明,并在托运单上注明。检疫证明应退回发货人或随同托运单代递到终点站交收货人。

承运冷链货物时,承运人应对货物的质量、包装、温度等进行仔细检查。包装要符合要求,温度要符合规定。承运人应根据货物的种类、性质、运送季节、运距和运送地方来确定具体的运输服务方法,及时地组织适合的车辆予以装运。

冷链货物装车前,应认真检查车辆及设备的完好状态,做好车厢的清洁、消毒工作,适度风干后再装车。装车时,应根据不同货物的特点,确定其装载方法。如果为冷冻货物,应紧密堆码以保持其冷藏温度;若为水果、蔬菜等需要通风散热的货物,必须在货件之间保持一定的空隙;如为怕压的货物,则应在车厢内加搁板,分层装载。

对于冷链货物的运送,应充分发挥道路运输快速、直达的特点,协调好仓储、配载、运送各环节,及时运送。运输途中,应由托运方派人沿途照料。天气炎热时,应尽量利用早、晚时间行驶。

思考与练习

1. 危险货物的分类有哪些?
2. 危险货物标记主要包括什么?
3. 危险废物和医疗废物道路运输的要求有哪些?
4. 简述危险货物运输后基本作业要求。

第 7 章　城市轨道运营组织

7.1　运营组织内容框架

7.1.1　运营组织的范畴与定位

城市轨道交通运营组织是综合利用相关设施为旅客提供优质服务的保证。城市轨道交通运营企业不但要为乘客提供良好的乘车环境,而且要有配套完善的基础设施和保障机制。为了保证城市轨道交通高效运转、优质服务和安全运营,不仅需要优质高效的硬件设备,还要有与系统规模相适应的运营管理、高素质的人才。

城市轨道交通是一个庞大而复杂的技术系统,其专业涵盖了土建、机械、电机电器、自动控制、运输组织等技术范畴。从运营功能看,城市轨道交通大体可分为三大系统。

(1)列车运行系统:线路、车辆、牵引供电、通信信号、控制中心等。

(2)客运服务系统:车站、自动售检票、导向标识、消防环控、火灾报警、给排水等。

城市轨道交通运营管理规定

(3)检修保障系统:为保障城市轨道交通设备性能良好,应具备的检修手段及检修能力等。

7.1.2　运营组织的核心内容

城市轨道运营组织的目的是为规范和引导城市轨道运营的各项工作,使运营得以安全、高效、科学地运作实施。轨道运营组织的内容包括行车管理、站务管理、票务管理、车站设备管理四个部分。

7.1.2.1　行车管理

行车管理按生产、组织、管理流程,可以分为运输计划的编制(客流计划和全日行车计划)、车辆配备计划、列车牵引计划、列车运行图的铺画、列车交路计划、运输能力计算、列车运行和行车调度指挥等内容。

7.1.2.2　站务管理

城市轨道交通的站务管理是指密切关注车站乘客动态,发现危及行车和乘客安全的情况,及时与有关人员联系,进行处理,站台工作人员还需要与乘务人员密切配合。站务管理是全线行车指挥和车站行车组织的必要支持和补充,共同确保列车运行安全和乘务安全。

7.1.2.3　票务管理

票务管理主要包括票制、票价的确定和自动检票系统及其运用、管理。由车站组织检票工作,负责设备的养护维修和运用管理,并根据客流情况对售票系统的设置进行调整。由运营企业票务管理部门对全线的运量、运营指标进行统计和进行财务、经济的核算与评价。

7.1.2.4 车站设备管理

一个完整的城市轨道交通系统的设备运营管理包括车站服务实施系统、通信及信号系统、收费系统、供电系统、环控系统、通风及排烟系统、防灾系统、给排水及消防系统、自动扶梯及电梯运载系统等设施设备的操作运用和养护维修管理。作为设备的运用,一般可分为正常状态下的日常运用,非正常情况下(故障运行)的运用及紧急情况时的运用。

7.2 运营计划

7.2.1 客流计划

客流计划是指计划期间城市轨道交通客流的规划,它是其他计划的基础和编制依据。对新线来说,客流计划要根据客流预测资料来编制,既有线路则可根据统计和调查资料来编制。

客流计划的主要内容包括站间到发客流量,各站分方向上下车人数,全日分时段断面客流量,全日分时段最大断面客流量等。

客流计划以站间到发客流量数据作为原始资料,最基本的站间客流资料可用站间交换量 OD 矩阵表来表示。根据 OD 矩阵可以计算车各站上下车人数和断面客流量数据。表 7-1 是某城市轨道交通线路 7:00—8:00 时段站间的发客流量 OD 矩阵,A 站至 B 站方向为下行方向。根据表 7-1 站间到发客流量 OD 矩阵计算的对于时段的各站上下车人数,以及根据各站上下车人数计算出的对应时段的断面客流量数据见表 7-2。

线路站间客流 OD 表(7:00—8:00)(单位:人次)　　　　　　表 7-1

车站	A	B	C	D	E	F	G	H	合计
A	—	2341	2033	2518	1626	2104	3245	4232	18099
B	2314	—	575	1540	1320	2282	2603	3112	13746
C	1887	524	—	187	281	761	959	1587	6186
D	2575	1736	199	—	153	665	940	1638	7906
E	1556	1253	322	158	—	143	426	1040	4898
F	3100	2337	662	691	162	—	280	1895	9127
G	4191	3109	816	956	448	388	—	711	10619
H	3560	2918	1569	1728	967	1752	671	—	13165
合计	19183	11877	4143	5260	3331	5991	5879	9983	65647

各站分方向上下车人数与断面客流量表(7:00—8:00)(单位:人次)　　　表 7-2

下行			车站	上行		
断面客流量	上车	下车		上车	下车	断面客流量
18099	18099	0	A	19183	0	19183
27190	11432	2341	B	11517	2314	28386
28357	3775	2608	C	3568	2411	29543
27508	3396	4245	D	3533	4150	28926
25737	1609	3380	E	1577	3289	27214
21957	2175	5955	F	2140	6952	22402
14215	711	8453	G	671	9908	13165
	0	14215	H	0	13165	

7.2.2　行车计划

全日行车计划是城市轨道交通系统全日分时段开行的列车对数计划。它决定着城市轨道交通系统的输送能力和列车运行计划,也是列车运行图标编制的依据。

7.2.2.1　全日行车计划的编制依据

(1)运营时间。城市轨道交通系统运营时间的安排主要考虑两个因素:一是城市居民出行活动的特点;二是城市轨道交通系统各项设备检修养护的需要。根据资料,世界上大多数城市的城市轨道交通系统运营时间都在 18～20h 之间,个别城市 24h 运营。适当延迟运营时间,是城市轨道交通系统提高服务水平的体现。

(2)全日分时最大断面客流量。全日分时最大断面客流量通常是在高峰小时断面客流量的基础上,根据全日客流分布模拟图来计算确定。

(3)列车定员数。列车定员数是列车编组辆数和车辆定员数的乘积。列车编组数的确定以高峰小时最大断面客流量作为基本依据。车辆定员数的多少取决于车辆的尺寸、车厢内座位布置方式和车门设置数。

(4)线路断面满载率。线路断面满载率是指在单位时间内特定断面上的车辆载客能力利用率。

7.2.2.2　全日行车计划编制步骤

(1)根据各站上下车人数推算全日分时最大断面客流量。

(2)计算运营时间内各时段应开行的列车数。计算公式如下:

$$n_i = \frac{P_{\max,i}}{P_{列} \cdot \beta} \tag{7-1}$$

式中:n_i——第 i 时段开行的列车数(列或对);

$P_{\max,i}$——第 i 时段单向最大断面客流量(人次);

$P_{列}$——列车定员数(人);

β——线路断面满载率(%)。

(3)计算各时段行车间隔时间(I_i)。计算公式如下:

$$I_i = \frac{60}{n_i}(\min) \tag{7-2}$$

(4)确定全日开行的列车对数(N)。计算公式如下:

$$N = \sum_i n_i \tag{7-3}$$

在已经计算得到各小时应开行列车数和行车间隔时间的基础上,应检查是否存在某段时间内行车间隔过长的情况。为方便乘客、提高服务水平,城市轨道交通系统在非高峰运营时间9:00—21:00,行车间隔一般不大于6min;而在其他非高峰运营时间内,行车间隔也不应大于10min。另外,高峰小时行车间隔的确定应检验与列车折返能力是否相适应。

【例7-1】 已知某城市轨道交通线路早高峰小时为7:00—8:00,客流量为全日最大,站间到发量OD客流数据见表7-1。全日运营时间为5:00—23:00,晚高峰为17:00—18:00;全日分时最大断面客流量分布比例见表7-3;列车编组为6,车厢定员310人/辆;高峰小时线路断面满载率为1.1,其他运营时间为0.9。试根据上述资料编制该线路的全日行车计划。

解:(1)根据早高峰小时站间OD客流数据(表7-1),推算出早高峰小时各站上下车人数;根据早高峰小时各站上下车人数,推算出早高峰各站上下行断面客流量,结果见表7-3。

(2)编制全日列车行车计划。

从表7-3中可知,早高峰小时最大断面客流量为29543人。根据全日分时最大断面客流分布比例可计算出全日分时单向最大断面客流量,见表7-3。

由已知条件知:高峰小时的列车载客人数为:

$$310 \times 6 \times 1.1 = 2046(人)$$

其他时间的列车载客人数为:

$$310 \times 6 \times 0.9 = 1674(人)$$

根据式(7-2)和式(7-3),可分别计算出行车间隔和分时列车开行对数。

对计算结果进行检查,非高峰运营时间内的部分小时的行车间隔较长(超过了10min或6min),需对开行列车数进行调整,最终确定的全日行车计划见表7-3。

全日开行的列车对数:

$$N = \sum_i n_i = 166(对)$$

全日开行列车计划　　　　　　　　　　　　　　　　　　表7-3

时间段	分时最大断面客流量分布比(%)	单向最大断面客流量(人次)	分时开行列车数		行车间隔	
			计算值	调整值	计算值	调整值
5:00—6:00	18	5318	4	6	15min	10min
6:00—7:00	42	12408	8	8	7min30s	7min30s
7:00—8:00	100	29543	15	15	4min	4min
8:00—9:00	74	21862	13	13	4min35s	4min35s
9:00—10:00	49	14476	9	10	6min40s	6min

续上表

时间段	分时最大断面客流量分布比（%）	单向最大断面客流量（人次）	分时开行列车数		行车间隔	
			计算值	调整值	计算值	调整值
10:00—11:00	52	15362	10	10	6min	6min
11:00—12:00	64	18908	12	12	5min	5min
12:00—13:00	59	17430	11	11	5min25s	5min25s
13:00—14:00	55	16249	10	10	6min	6min
14:00—15:00	57	16840	10	10	6min	6min
15:00—16:00	68	20089	12	12	5min	5min
16:00—17:00	86	25407	13	13	4min35s	4min35s
17:00—18:00	63	18612	12	12	5min	5min
18:00—19:00	44	12999	8	10	7min30s	6min
19:00—20:00	33	9749	6	10	10min	6min
20:00—21:00	28	8272	5	10	12min	6min
21:00—22:00	25	7386	5	6	12min	10min
22:00—23:00	16	4727	3	6	20min	10min

7.2.3 车辆配备、运用与检修计划

车辆配备、运用与检修计划是指为完成全线全日行车计划所需要的列车保有数计划。列车保有数计划包括运用车辆数、检修车辆数和备用车辆数三部分。在此，把列车交路计划也纳入到该节一起讨论。

7.2.3.1 车辆运用

城市轨道交通的技术非常复杂，属于系统工程的范畴，涉及的领域众多。列车运转流程包括列车出车、列车正线运行、列车回库收车、列车场内检修及整备作业。

7.2.3.2 列车出车

列车出车工作流程分为制订发车计划、出乘作业及发车作业三部分，从制订发车计划开始到列车发车结束。其中，制订发车计划可分为编制、下达发车计划，检修交车、确认计划两个环节。出乘作业可细分为列车司机出勤、出车前检查、列车出库三个环节。出车工作流程图如图7-1所示。

7.2.3.3 列车正线运行

列车正线运行主要由乘务员来完成。主要工作内容包括正线运行中的信息交流、正线交接班作业。

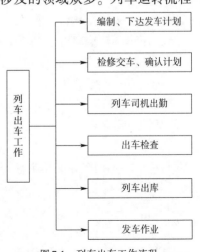

图7-1 列车出车工作流程

(1) 正线运行中信息流转换。

正线列车或其他行车设备发生故障时,列车司机应及时报告行车调度员故障车次、故障时间、故障现象及处理结果。

行车调度员将故障车次/车号、故障情况及其他相关信息通报维修部门。

列车司机除汇报行车调度员有关故障信息外,还应将故障信息在报单上记录备案。对运营中列车因故障而导致下线,行车调度员应及时通知车站值班员。

(2) 正线交接班有关规定。

列车司机在正线交接班时应提前20min至有关地点出勤,出勤方式按部门制定的相应规定执行。

列车司机在途中交接班时必须向接班人员说明列车的运行技术状态及有关行车注意事项,并填写在列车司机报单上,内容包括制动性能、故障情况、线路情况、当前有效调度命令及执行情况以及其他必须交接的情况。

7.2.3.4 列车收车工作

列车回库收车工作流程分为接车及回库作业,其中回库作业可分为列车入库、回库检查及收车、列车司机退勤三个环节(图7-2)。

7.2.3.5 列车保有数计划

为进行正常的运营工作,城市轨道交通系统内必须存储一些备用车辆。车辆按运用上的区别,分为运用车、检修车和备用车。

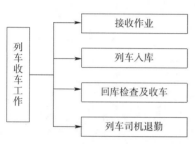

图7-2 列车回库收车工作流程

(1) 运用车辆数。

为了进行正常的运营,防止因为意外事故而造成线路长时间的中断,需要储备状态良好的车辆,这些车被称为运用车。其数量的确定需要列车旅行速度、折返站停留时间以及高峰小时开行对数的确定,并按如下公式计算:

$$N = \frac{n_{高峰} \theta_{列} m}{3600} \quad (7\text{-}4)$$

式中:N——运用车辆数(辆);

$n_{高峰}$——高峰小时开行列车数(对);

$\theta_{列}$——列车周转时间(s);

m——列车编组辆数(辆)。

列车周转时间是指列车在线路上往返一次所需要的全部时间。它不仅包括列车在中间站停车供乘客乘降、折返站进行折返作业,还包括列车在区间运行的全过程。

$$\theta_{列} = \sum t_{运} + \sum t_{站} + \sum t_{折停} \quad (7\text{-}5)$$

式中:$\sum t_{运}$——列车在线路上往返一次各区间运行时间的和(s);

$\sum t_{站}$——列车在线路上往返一次各中间站停站时间的和(s);

$\sum t_{折停}$——列车在折返站停留时间的和(s)。

当列车在折返站的出发间隔时间大于高峰小时的行车间隔时间时,必须在折返线上预先布置一个列车进行周转,因此,运用车的数量也要增加。

(2) 检修车辆数。

检修车是指处于定期检修状态的车辆。车辆的定期检修是一项有计划的预防性维修制度。车辆经过一段时间的运用后,各部件会产生磨耗、变形或损坏,为保证车辆技术状态良好和延长使用寿命,需要定期对车辆进行检修。检修计划表见表7-4。

检修计划表　　　　　　　　　　　表7-4

检修级别	运用时间	走行公里(km)	检修停时
双周检	2 周	4000	4h
双月检	2 月	20000	2h
定修	1 年	100000	10 日
架修	5 年	500000	25 日
大修	10 年	1000000	40 日

(3) 备用车辆数。

为了适应客流变化,确保完成临时紧急的运输任务,以及预防运用车发生故障,必须保有若干技术状态良好的备用车辆。备用车的数量一般控制在运用车数的10%左右。备用车原则上停放在线路两端终点站或车辆基地内。

7.2.4 列车交路计划

列车交路包含列车开行区段以及折返站等内容。城市轨道交通是城市公交系统的顶梁柱,拥有高速度、大运量、长运距等特点,可以保障大量乘客的出行需要,尤其是给生活在市郊和城乡接合部的人们带来了极大的方便,对城市的交通拥堵问题有着显著的解决效果。城市轨道交通的合理运营十分复杂,其中的列车交路的规定也十分不易,必须统计大量的基础数据后才能作出最后的决定,但是列车交路计划必须遵守以下五条原则:

(1) 最大程度地使客流顺畅。
(2) 把城市轨道交通的高速度和远距离运输能力发挥得淋漓尽致。
(3) 满足城市轨道交通运营设备荷载的要求。
(4) 与其他城市轨道交通线路配合安排。
(5) 考虑实际工作中的可行性。

7.2.4.1 交路方案模式及其优点

(1) 单一交路模式。

全线单一交路是指列车在城市轨道交通的线路上的每站都停,并在线路的起讫点折返,为每个站的旅客提供运输服务(图7-3)。该交路是最简单最基础的交路,适用于每个断面的客流量比较均衡的情况。

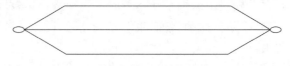

图7-3　单一交路模式

(2)衔接交路模式。

衔接交路是指列车只在规定的某个区段内运行,并不跑完全程,在城市轨道交通线路中的某一个中间站和终点站折返(图7-4)。这种交路可以满足几个断面客流量有着明显不同的区段的需要,同时还可以降低运输成本。

(3)大小交路嵌套模式。

大小嵌套交路是指有的列车只在规定的两个中间站之间运行,其他的列车每站都停并在线路两端折返(图7-5)。该列车交路计划可以用于中间几个车站断面的客流与其他断面有着非常明显的区别的情况。

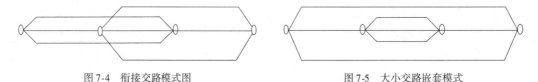

图7-4　衔接交路模式图　　　　　　图7-5　大小交路嵌套模式

7.2.4.2　不同列车交路比较

采用符合实际情况的列车交路计划,可以提高城市轨道交通系统的运营效率,降低运营成本,在保证原有的服务水平上提高列车的运载能力。单一交路可以使每个站的可达性十分均衡,但是有时会造成列车运载能力的浪费。大小嵌套交路和衔接交路较单一交路可以提高运输组织效率并且节约成本,但是对列车的组织要求非常高。

7.2.4.3　列车交路计划的确定

列车计划的确定,首先需要获得所有断面大量的客流量的数据并加以详细的分析,然后考虑各种计划实施的可行性,最后制订列车交路计划。

首先,对所有断面的客流在时间和空间上进行细致的分析,总结出每个断面客流的特征,再进行不均衡性的分析,所有这些分析都是做好列车交路计划的基础。

其次,由于建设成本的关系,不会每个城市轨道交通车站都修建用于折返的线路,而且由于行车条件的限制,不同的发车间隔会制约着某些交路上列车的运行,因此,必须要对这两方面加以充分的考虑。

再次,车站的客运服务程度也应该是必须考虑的因素之一。车站的客运服务如果做得好,会在较短的时间内疏散大量的客流,可以为列车运行图的铺画创造有利条件,同时为列车交路的确定提供更宽松的环境。相反,如果客运服务做得差,会影响列车的停站时间,打乱整个的运输计划和列车交路计划。因此,在制订列车交路计划之前,一定要调查好每个车站客运服务的情况。

7.2.5　网络化运营管理

随着管辖线路里程和线路数量的不断增加,城市轨道交通系统由简单的单线系统逐步形成网络化系统,由单线运营模式迈入网络化运营时代。网络化运营随之带来了许多新问题,如网络化运营管理体制、换乘枢纽的管理、系统互联互通、设施设备资源共享、线路间运力协调、运营组织配合等。

在城市轨道交通网络上,线路、车辆及信号等制式往往多样化,设有大型的换乘枢纽、折返系统、车辆基地等大型基础设施,通过这些设施使线路之间实现互联互通、资源共享,从而满足城市交通和乘客出行的需求。

7.3 列车运行图与运输能力

7.3.1 列车运行图

7.3.1.1 列车运行图的定义

列车运行图是运用坐标原理来表示列车运行时空关系的图解关系,体现了列车运行时间与时空关系,是表示列车在各个区间运行及在各车站停车或通过状态的二维线条图,又称为时距图(Distance-Time Diagram)。在城市轨道交通系统中,列车运行图规定了列车占用区间的次序,列车在每一个车站出发、到达或通过的时间,区间运行时分,车站停车时分,在折返线的折返作业时间,以及列车交路和列车出入车辆基地时刻等,能直观地显示出各次列车在时间上和空间上的相互位置对应关系;它是列车运行的综合计划,因此,列车运行图也就规定了线路、站场、车辆和通信信号灯设备的运用和与行车有关各部门的工作。所以,列车运行图是各项运输工作的综合计划、行车组织的基础,是协调城市轨道交通系统各个部门、单位按一定程序进行生产活动的重要文件。

此外,列车运行图是城市轨道交通系统的综合性计划,城市轨道交通运营的各业务部门都需要根据列车运行图来安排工作。例如,控制中心根据列车运行图调度、指挥和监控列车运行;车站根据列车运行图组织行车、客运和其他站内工作;车辆基地则需要根据列车运行图安排相关工作,维修部门每天要做好上线列车的整备工作,运转部门要确定上线列车数、车辆基地出入顺序及时间、乘务员作息时间和列检等;机电、供电、通电和工务等部门应根据列车运行图的规定来安排施工计划和维修计划。总之,围绕着城市轨道交通运营的各个业务部门都要遵循"按图办事"的原则。列车运行图对保证城市轨道交通运营各部门的相互配合和协调起非常重要的作用。

7.3.1.2 列车运行图的图解

用列车运行图表示列车运行时空过程的图解形式一般有两种:①以横坐标表示时间,纵坐标表示距离,运行图上的水平线表示车站的中心线,垂直线表示时间;水平线间的间隔表示车站间的距离,垂直线间的间隔表示时间的单位。②以横坐标表示距离,纵坐标表示时间,运行图上的水平线表示时间,垂直线表示车站的中心线;水平线间的间隔表示时间的单位,垂直线间的间隔表示车站间的距离。在我国,目前列车运行图图解方式采用第一种。

列车运行图有两种输出形式:时刻表和图解表。其中图解表又称为时距图,它利用坐标原理表示列车运行状况和行车时刻,将列车看作一个质点,斜线就是列车运行的轨迹,代表列车的运行线。坐标系有两种表示方法,如图7-6所示。

在图7-6a)中,横坐标表示时间,纵坐标表示距离。这时,运行图上的水平线表示车站的中心线,垂直线表示时间;水平线间的间隔表示车站间的距离,垂直线间的间隔表示时间的单位。

图7-6b)的表示方法正好与图7-6a)相反,以横坐标表示距离,纵坐标表示时间。这时,

列车运行图上的水平线表示时间,垂直线表示车站的中心线,水平线间的间隔表示时间的单位,垂直线间的间隔表示车站间的距离。

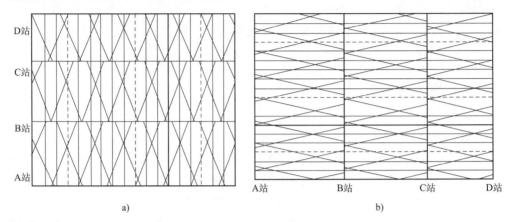

图 7-6 列车运行图图解表示

时刻表规定了运营线路的每个运营周期(一般为每天)的起止时间、高峰期起止时间、各次列车占用区间的顺序、列车在一个车站到达和出发(通过)的时刻、列车在区间的运行时分、列车在车站的停站时分、折返站列车折返作业时间及列车出入车辆基地的时刻。

7.3.1.3 列车运行图的分类

根据区间正线数目、列车运行速度、上下行方向列车数目和同方向列车运行方式等条件,列车运行图的分类如下:

按区间正线数目的不同,列车运行图可分为:

(1)单线运行图:列车运行图上、下行列车都在同一正线上运行,上、下行方向列车交会必须在车站进行。

(2)双线运行图:列车运行图上、下行列车在各自的正线上运行,上、下行方向列车交会可在区间或车站进行。

(3)单双线运行图:单双线运行图兼有单线和双线运行图的特点,列车在单线区间和双线区间分别按单线运行图和双线运行图运行。

按列车运行速度的不同,列车运行图可分为:

(1)平行运行图:列车运行图上,同方向列车的运行速度相同。

(2)非平行运行图:列车运行图上,同方向列车的运行速度或旅行速度不相同。

按上下行方向列车数目的不同,列车运行图可分为:

(1)成对运行图:列车运行图上、下行方向的列车数相等。

(2)不成对运行图:列车运行图上、下行方向的列车数不相等。

按同方向列车运行方式的不同,列车运行图可分为:

(1)连发运行图:列车运行图上,同方向列车的运行以站间区间为间隔,采用连发运行时,在连发的一组列车之间不铺画对向列车。

(2)追踪运行图:列车运行图上,同方向列车的运行以闭塞分区(轨道电路区段)或制动距离加上安全防护距离为间隔,即在一个区间内允许有一列以上同方向列车运行。采用追踪运行图必须是安装自动闭塞设备的线路。

实践中,每张列车运行图都有上述四个方面的特点。例如,城市轨道交通列车运行图通常是采用双线、平行、成对和追踪运行图类型。

7.3.2 线路运输能力

运输能力是通过能力和输送能力的总称。运输能力的大小主要取决于固定设备、活动设备、技术设备的运用、行车组织方法和行车作业人员的数量、技能水平。

7.3.2.1 通过能力

城市轨道交通线路的通过能力是指在采用一定的车辆类型和一定的行车组织方法条件下,城市轨道交通线路的各项固定设备在单位时间内(通常是高峰小时)所能通过的最大列车数。研究影响通过能力的因素、通过能力的计算确定和提高通过能力的途径、措施等问题,对于城市轨道交通新线的规划设计和既有线路的日常运能安排、扩能技术改造,都具有重要的理论和实践意义。

地铁、轻轨的通过能力按下列固定设备计算:

线路,是指由区间和车站构成的整体,其通过能力主要受正线数、列车停站时间、列车运行控制方式、车站是否设备配线、车辆技术性能、进出站线路平纵断面和行车组织方法等因素影响。

列车折返设备,其通过能力主要受折返站的配线布置形式及折返方式、列车停站时间、车站信号设备类型、车载设备反应时间、折返作业进路长度、调车速度以及列车长度等因素影响。车辆基地设备,其通过能力主要受车辆的检修台位、停车线等设备的数量和容量等因素影响。

牵引供电设备,其通过能力受牵引变动所的配置和容量等因素影响。

根据以上各项固定设备计算出来的通过能力一般是各不相同的,其通过能力最小的固定设备限制了整条线路的通过能力,该项固定设备的通过能力即为整条线路的最终通过能力。

因此,通过能力是各项设备的综合能力。根据分阶段发展的可能性,各项固定设备的通过能力配置相互匹配、协调,以避免出现通过能力紧张或闲置的现象。

$$n_{最终} = \min\{n_{线路}, n_{折返}, n_{车辆}, n_{供电}\} \tag{7-6}$$

式中:$n_{最终}$——最终通过能力(列);

$n_{线路}$——线路通过能力(列);

$n_{折返}$——折返设备通过能力(列);

$n_{车辆}$——车辆基地设备通过能力(列);

$n_{供电}$——牵引供电设备通过能力(列)。

在实际工作中,通常还把通过能力分为设计通过能力、现有通过能力和需要通过能力三个不同的概念。设计通过能力,是指新建线路或技术改造后的既有线路所能达到的通过能力。

现有通过能力,是指在现有固定设备和现有行车组织方法条件下,线路能够达到的通过能力。需要通过能力,是指为了适应中、远期规划年度的客运需求,线路应具备的包括后备能力在内的通过能力。

7.3.2.2 输送能力

城市轨道交通线路的输送能力是指在一定的车辆类型、固定设备和行车组织方法的条件下,安装现有活动设备的数量、容量和乘务人员的数量,城市轨道交通线路在单位时间内(通常是高峰小时、一昼夜或一年)所能运送的乘客人数。输送能力是衡量城市轨道交通技术水平与服务水平的重要指标。

在最终通过能力一定的条件下,输送能力可按以下公式计算:

$$P = n_{最终} m P_{车} \tag{7-7}$$

式中:P——小时内单位最大输送能力(人);

m——列车编组辆数(辆);

$P_{车}$——车辆定员数(人)。

7.4 列车运行组织

7.4.1 行车组织

城市轨道交通的行车组织工作是指在运输生产的过程中,为完成运送乘客的任务所进行的一系列与运输有关的工作。行车组织工作是整个城市轨道交通运营的核心内容,组织工作的好坏,直接影响乘客的选择意愿,甚至乘客的生命安全。

与铁路相比,城市轨道交通系统的技术设备自动化程度较高,因此,城市轨道交通系统的运输组织和运营工作都比铁路相对简单。正常情况下的行车组织工作是指在设备及客流比较稳定的情况下,列车运行实现自动控制。

7.4.2 正常情况下列车运行组织

行车组织工作包括列车进出车辆基地、正线列车运行组织和车站接发列车三部分,分别由控制中心、车站和车辆基地三地协调完成。城市轨道交通的列车运行由控制中心统一指挥,车站和车辆基地作为二级调度,按照控制中心的指挥组织列车运行。

为统一指挥日常运输生产工作,城市轨道交通的行车工作必须坚持"高度集中、统一指挥、逐级负责"的原则。城市轨道交通具有行车密度高、运行间隔小、安全运营要求高等特点。根据信号设备所提供的运行条件,一般分为调度监督下的自动运行控制、调度集中控制和调度监督下的半自动运行控制三种方式,按照列车运行图规定的行车计划组织列车运行。

7.4.2.1 调度监督下的自动运行控制

列车自动运行控制是城市轨道交通列车运行组织的主要控制方式,自动运行控制方式利用计算机技术对列车运行实行自动指挥和自动监护,并有列车运行保护系统可以提高行车安全系数。在正常情况下,系统根据列车运行图自动排列列车进路,列车以自动驾驶模式运行;在非正常情况下,按调度指令调整行车计划。调度监督下的自动运行控制可实现的基本条件如下:

计算机系统可输入及储存多套列车运行图,并可根据设定的列车运行图实现行车指挥功能。对正线运行列车实行自动跟踪,显示进路、道岔位置、区间及线路占用情况。可自动或人工对列车运行进行调整,可人工对进路排列、信号开放、道岔转换进行控制。提供中央及车站两级运行控制模式,并可根据需要进行控制权转换。

列车运行自动保护系统对列车运行设定防护区段,控制前后列车运行的安全间距。列车可使用自动驾驶功能,也可采用人工驾驶,列车占用区间的凭证是列车收到的速度码。通过计算机系统自动绘制列车实际运行图,并进行有关运营数据统计。

7.4.2.2 调度集中控制

调度集中控制下的行车组织方式,在控制中心行车调度员的统一指挥下,利用行车设备对列车在车站的到达、出发、折返等作业进行人工控制及调整。调度集中控制下的组织指挥由行车调度员实施。在大多数情况下,车站不直接参与行车组织工作。调度集中控制可实现的基本条件如下:应具有微型计算机联锁和电气集中联锁设备,实现远程控制功能,并从设备方面提供列车的运行安全保障。通过控制屏或显示器可监护全线列车运行状态、信号显示、道岔位置及线路占用情况。应能利用微型计算机联锁或电气集中联锁设备转换道岔、排列进路、开放信号,指挥和调整列车运行。应能自动或人工绘制列车实际运行图。

7.4.2.3 调度监督下的半自动运行控制

此方式是在控制中心行车调度员的统一指挥和监督下,由车站行车值班员操作车站微型计算机联锁设备、电气集中联锁设备或临时信号设备控制列车运行。在一些新线上,由于信号系统尚未安装调试完毕,在过渡期运营时会采取这种方式进行行车组织。在信号设备完全安装完毕的条件下,当中央列车自动监控子系统设备发生故障时或在特殊情况下也可采取此种方式。调度监督下的半自动运行控制可实现的功能有:

(1)车站信号控制系统具有联锁功能,可对进路排列、道岔转换、信号开放实行人工操作。

(2)可实时反映进路占用、信号及道岔等工作状态,对线路上的列车运行进行监控。

(3)可储存信号开放时刻、道岔动作、列车运行等各类运行资料,并根据需要调用。

(4)车站根据调度指令对列车运行进行调整。

(5)计算机自动绘制或人工绘制列车实际运行图。

7.4.3 特殊事件下列车运行组织

非正常情况下的行车组织是相对于正常情况下的行车组织而言的,其主要是指由于人、设备或环境等因素导致不能继续采用正常情况下的行车组织方法组织行车的情况。

城市轨道交通由于采用了较多的先进设备,自动化程度较高,因此,出现意外情况的概率较小。也正是由于平时很少遇到故障情况,一旦出现故障,如果处理不当就很容易导致大面积的晚点,严重的甚至造成人员伤亡的事故。因此,各大城市轨道交通运营单位都非常重视非正常情况下的列车行车组织,都制订出了详细的应急处理方法和预案,在日常的培训和管理中,重点加强员工对非正常情况下应急处理能力的培训及演练,提高员工的应急处理水平,降低事故造成的影响。

非正常情况根据发生的原因主要分为以下几类。

7.4.3.1 设备故障

一般对于列车正常运行影响较大的设备故障包括列车故障、信号系统故障、轨道线路故障、供电系统故障、通信系统故障及其他设备设施故障。

列车故障包括制动系统故障、牵引系统故障、车辆构件故障等。

信号系统故障包括联锁系统故障(包括系统故障、轨道电路、道岔及信号机故障等)、列车自动监控子系统故障、车载列车自动防护子系统故障、轨旁列车自动防护子系统故障等。

轨道线路故障主要是指钢轨故障,包括钢轨变形、断裂、破损,道岔转动故障、无显示等情况。

供电系统故障主要包括停电、变电系统故障、接触网故障等。

通信系统故障主要是指用于行车组织的通信工具故障,它会影响正常指挥信息的传递并影响列车的运行指挥。

其他设备设施故障包括建筑结构变形侵限、部件脱落,直接威胁到行车安全等。

7.4.3.2 自然灾害

自然灾害通常是指强台风、暴雨、暴雪、地震等灾害,自然灾害一方面可以直接影响正常的行车组织,另一方面也会影响设备系统的运作而引发故障,从而影响正常的行车组织。

7.4.3.3 人为因素

这主要是指由于人为操作失误(包括故障处理失当)、故意行为等造成影响列车运行组织的情况。过往事故的统计数据表明,70%以上事故的发生都是由于人为因素造成的。

7.5 客运管理

7.5.1 客流组织

车站是城市轨道交通客流的集散地,一般由入口及通道、站厅层、站台层、设备用房、管理用房、生活用房等几部分构成,但也有些简易车站无站厅层。

城市轨道交通车站有很多不同的分类,按车站客流量大小可分为大车站、中等车站、小车站;按车站的运营功能不同可分为终点站即始发站、中间站、换乘站;按车站站台形式可分为岛式站台车站、侧式站台车站、混合式站台车站。车站根据具体的地理环境、车站类型,车站的具体形式也是多种多样的。

城市轨道交通车站的规模应能满足远期预测客流集散量的需求,并设置与之相应的出入口数,以方便乘客出入。车站的大小在很大程度上取决于站台的长度,而站台应满足远期预测客流的要求,且站台的宽度取决于高峰小时的客流量。

因此,在进行车站设计确定站台的客流组织方法的过程中,在遵循客流组织的原则下,宜因地制宜依据不同的车站形式来确定站台的客流组织方法。

城市轨道交通车站的选址、规模在城市轨道交通建设时已经确定,一般不能再改变,出入口及通道宽度、站厅及站台的规模一般在建设时根据预测客流量确定,在运营管理中如何正确设置售检票位置、合理布置付费区、进行合理的导向对客流组织起到重要作用。在布置时,一般要以符合运营时最大客流量、保持客流的畅通为原则,因此,一般按以下要求进行布置。

(1)售检票位置与出入口、楼梯应保持一定距离。售检票位置一般不设置在出入口、通道内,并尽量保持与出入口、楼梯有一定的距离,从而保证出入口和楼梯的畅通。

(2)保持售检票位置前通道宽敞。售检票位置一般选择站厅内宽敞位置设置,以便于售检票位置前客流的疏导,售检票位置应适当保持一定距离,避免排队时拥挤。

(3)售检票位置根据出入口数量相对集中布置。因城市轨道交通车站一般有多个出入口,为了减少乘客进入车站后的走行距离,一般设置多处售检票位置,但过多设置售检票容易造成设备的使用不平衡,降低设备使用效率,并且不利于管理,因而售检票位置应根据车站客流的大小相对集中布置。

(4)应尽量避免客流的对流。客流的对流减缓了乘客出行的速度,同时也不利于车站的管理。因此,车站一般对进出客流进行分流,进出车站检票位置分开设置,保持乘客经过出入口和售检票位置的线路不至于发生对流。

车站具有多种形式,在确定站台客流组织方法时,应使行人流动线简单、明确,尽量减少客流交叉、对流。对不同的车站采取灵活策略设计。

换乘站一般客流比较大,同时客流流线复杂,客流组织相对其他车站较为复杂。换乘站根据不同的换乘方式在客流组织管理上应采用不同的方法,总的原则在于应组织好换乘客流,缩短换乘路径,减少换乘客流与进出站客流的交叉、干扰。

车站日常客流组织主要由进站客流组织、出站客流组织、换乘客流组织三部分组成。

7.5.1.1 进站客流组织

按照进站客流的路线流程进行组织,有下列几种方式:

(1)组织引导客流经出入口、楼梯、自动扶梯(或垂直电梯),通过通道进入车站站厅层。

(2)组织引导部分乘客在自动售票机、客服中心或临时售票亭购票后检票通过进站闸机进入付费区,引导部分持储值票、月票等不用购票的乘客直接检票通过进站闸机进入付费区。

(3)乘客入闸检票或人工检票进入站厅付费区后,组织引导乘客再通过楼梯、自动扶梯(或垂直电梯)进入站台层候车。

(4)乘客到达站台,应组织引导乘客站在黄线内候车,通过导向标识和乘客咨询系统选择乘车方向和了解列车到发时刻。

(5)列车到站停稳开门后,引导乘客按先下后上的顺序乘车,站台工作人员要注意做好引导工作,防止乘客因抢上抢下导致安全和纠纷问题的产生。

7.5.1.2 出站客流组织

按照出站客流的流动过程进行客流组织,有下列几种方式:

(1)乘客下车到达车站站台,组织引导其经楼梯、自动扶梯(或垂直电梯)进入站厅层付费区。

(2)通过出站闸机(单程票出闸时将被收回)或人工验票,进入站厅层非付费区后,组织引导客流(通过导向标志)找到相应的出入口,经通道、出入口出站。

(3)组织引导车票车资不足(无效车票)或无票乘车的乘客到客服中心办理相关补票事宜后,方可出站。

7.5.1.3 换乘客流组织

按照换乘地点的不同,客流换乘形式主要有两种,即付费区换乘和非付费区换乘。

(1)付费区换乘。乘客到达换乘站下车后,无须通过车站闸机,直接在付费区内根据换乘导向标志指引经楼梯、自动扶梯（或垂直电梯）、换乘通道或平台到达另一站台层换乘候车。付费区换乘一般包括同站台平面换乘、站台立体换乘及通道换乘。这种换乘组织要求有良好的引导标志和通道设计，在容易走错方向的地点安排工作人员值守引导，保证乘客尤其是初次乘车者安全顺利地完成换乘。

（2）非付费区换乘。乘客到达换乘站下车后，根据换乘导向标志指引，经楼梯、自动扶梯（或垂直电梯）到达站厅层付费区，通过出站闸机进入非付费区或出站，到另一线路重新进入付费区或进站进行换乘。这种换乘组织需要最大限度缩短乘客的走行距离，具有良好的衔接引导标志，并且要避免换乘客流与其他进、出站客流的交叉干扰。

7.5.1.4 换乘方式

换乘方式首先决定于城市轨道交通两条线路的走向和相互交织形式。一般常见的有垂直交叉、斜交、平行交织等多种线路交织形式。城市轨道交通不同线路间的换乘方式主要有站台换乘、站厅换乘、通道换乘、站外换乘和组合式换乘几种类型，如图7-7所示。

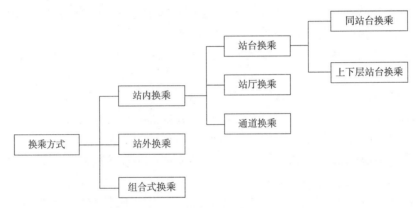

图7-7 城市轨道交通不同线路间的换乘方式

（1）站台直接换乘。站台直接换乘有两种方式，同站台换乘和上下层站台换乘。

同站台换乘一般适用于两条平行交织的线路，且采用岛式站台的设计，两条不同线路的车辆分别停靠在同一站台的两侧，乘客换乘时由岛式站台的一侧下车，穿越站台至另一侧上车，即完成了转线换乘，换乘极为方便。同站台换乘要求站台能够满足换乘高峰客流量的需要，乘客无须换乘行走，换乘时间短，但换乘方向受限。双岛式站台通过同一站厅能实现四个方向的换乘，单岛式站台每一层只能实现两个方向的换乘，其余换乘方向的乘客仍然要通过站厅或自动扶梯、楼梯进行换乘，换乘时间相应增加。在所有换乘方式中同站台换乘的换乘能力最大，适用于优势方向换乘客流较大的情形。这种换乘方式的主要制约因素是站台的宽度和列车的行车间隔，前者关系到站台的容量，后者关系到站台出清速度的快慢。

北京城市轨道交通网络中的第一个同站台换乘站——国家图书馆站，是北京地铁4号线与北京地铁9号线的换乘站，4号线与9号线站台位于同一层面，为地下双岛式车站，如图7-8所示。

上下层站台换乘是指乘客由站台通过楼梯或自动扶梯到另一站台直接换乘。根据城市轨道交通线路交叉的情况及两车站的位置，可形成站台与站台的十字换乘、T形换乘、L形换乘和平行换乘的模式，如图7-9、图7-10所示。

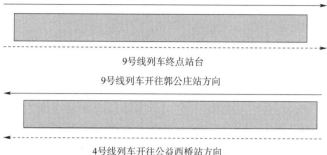

图7-8 北京地铁4号线与9号线国家图书馆站同站台换乘示意图

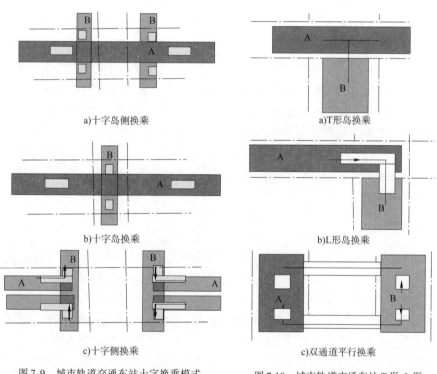

图7-9 城市轨道交通车站十字换乘模式

图7-10 城市轨道交通车站T形、L形、平行换乘模式

上下层站台换乘方式的关键在于楼梯或自动扶梯的宽度,该宽度往往受岛式站台总宽度的限制,使其通过能力不能满足乘客流量的需要。这种换乘方式要求换乘楼梯或自动扶梯应有足够的宽度,以免高峰时发生乘客堆积和拥挤。在所有换乘方式中,这种换乘方式的换乘能力最小,其制约因素是自动扶梯(楼梯)的运量。在上下层站台配置的组合中,线路的交叉点越少,则换乘能力越小。实践中,通过增加站台宽度以扩大交叉处面积,是提高上下层站台换乘能力的基本途径。

(2)站厅换乘。站厅换乘一般用于相交车站的换乘,设置两线或多线的共用站厅,或相互连通形成统一的换乘大厅。乘客下车后,无论是出站还是换乘,都必须经过站厅,再根据导向标志出站或进入另一个站台继续乘车。由于下车客流到站厅分流,减少了站台上人流交织,乘客行进速度快,在站台上的滞留时间减少,但换乘距离比站台直接换乘要长。若换乘过程中需要进出收费区,检票口的能力可能成为限制因素。

站厅换乘方式中,乘客换乘线路必须先上(或下)再下(或上),换乘总高度落差大。若是站台与站厅之间是自动扶梯连接,可改善换乘条件。这种换乘方式有利于各条线路分期修建、后期形成。

(3)通道换乘。通道换乘是指在两个或几个单独设置车站之间设置联络通道等换乘设施,方便乘客完成换乘。通道可直接连接两个站台,这种方式换乘距离较近,换乘时间较短;通道不可连接两个站厅收费区,换乘距离相对较远,换乘时间较长。一般情况下,换乘通道长度不宜超过100m,换乘通道的宽度可根据客流状况加宽。这种换乘方式最有利于两条线路工程分期实施,预留工程最少,后期线路位置调节有较大的灵活性。

(4)站外换乘。站外换乘是指乘客在车站付费区以外进行换乘。此种换乘方式往往是客观条件不允许或设计不当造成的。乘客换乘线路可分为出站行走、站外行走和进站行走,在所有换乘方式中站外换乘所需的换乘时间和换乘距离最长,给乘客的换乘带来很大不便,应尽量避免。对城市轨道交通系统自身而言,站外换乘是缺乏线网规划造成的一种后遗症。

(5)组合式换乘。在换乘方式的实际应用中,往往采用两种或几种换乘方式组合,以便使所有换乘方向的乘客均能实现换乘。同时组合式换乘可改善换乘条件,方便乘客的使用。例如:同站台换乘方式辅以站厅或通道换乘方式,可使所有的换乘方向都能换乘;站厅换乘方式辅以通道换乘方式,可以减少预留的工程量。组合式换乘可进一步提升换乘通过能力,同时还具有比较大的灵活性,工程设施比较方便。

7.5.2 客运服务

城市轨道交通主要通过合理的客运组织来完成其大容量的客运任务。客运组织是通过合理布置客运有关设备、设施以及对客流采取有效的分流或引导措施来组织客流运送的过程。客运组织的主要内容包括:车站售检票位置的设置、车站导向的设置、车站自动扶梯的设置、隔离栏杆等设施的设置以及车站广播的导向、售检票数量的配备、工作人员的配备、应急措施等。不管是何种形式的车站(高架、地下、地面),进站乘客最基本的流线是:购票→过检票机→通过楼梯上台阶(侧式站台地面站→侧乘客可直接进入站台)→乘车。出站乘客则反之。进、出站流程是两个完全对称的逆向过程。乘客进出站线路如图7-11所示。

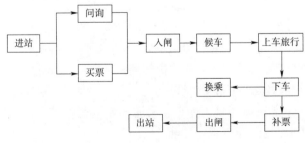

图7-11 乘客进出站线路图

影响客运组织的因素较多,不同类型的车站其客运组织比较简单,而大车站、换乘站因客流较大、客流方向比较复杂,其客运组织也比较复杂。侧式站台的车站相对于岛式站台的车站容易将不同方向的客流分开,但不利于乘客的换乘,售检票设置较分散,不利于车站管理。

城市轨道交通客运工作的特点决定客运组织应以保证客流运送的安全,保持客流运送过程的畅通,尽量减少乘客出行的时间,避免拥挤,便于大客流发生时的及时疏散为目的。为此,在进行客运组织时应特别考虑下面几个方面的原则:

(1)合理安排售检票位置、出入口、楼梯,行人流动线简单、明确,尽量减少客流交叉、对流。

(2)乘客换乘其他交通工具之间顺利连接。人流与车流的行驶路线严格分开,以保证行人的安全和车辆行驶不受干扰。

(3)完善诱导系统,快速分流,减少客流集聚和过分拥挤现象。

(4)满足换乘客流的方便性、安全性、舒适性等一些基本要求。如:适宜的换乘步行距离、恶劣天气下的保护、气候调节,对残疾人专门设计无障碍通道;又如照明、开阔的视野以及突发事件应急系统等。

这些客运设计的基本要求也是评价客流交通组织合理性的重要方面。

7.5.3 票务管理

城市轨道交通车站现金来源主要有两类,即备用金和票款。备用金指由上级部门配发给车站,专用于给乘客兑零、找零、自动售票机补币、与银行兑零等用途的周转资金。票款指车站通过自动售票机、半自动售票机或临时票务处人工向乘客发售车票及办理票卡充值、更新等售、补票业务过程中收取的现金。车站具体负责对备用金及票款的安全管理。

7.5.3.1 现金的管理流程

备用现金发配到车站后,主要供车站流通使用。自动售票机及票务处的票款经车站清点后,需及时存入企业在银行的专用账户。现金管理流程如图7-12所示。

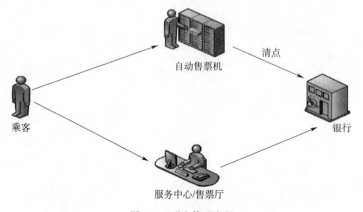

图7-12 现金管理流程

7.5.3.2 现金的安全管理规定

车站备用金及票款收入作为城市轨道交通企业现金收益的重要部分,其安全管理直接影响企业收益安全。以保证现金安全为目的,原则上车站现金只能存放于专门的安全管理区域,主要包括票务收益室、客服中心和自动售票机。

票务收益室、客服中心应设有防盗门,并随时保持锁闭状态,门钥匙由专人保管及使用。室内应配置监视设备,能对所有现金操作环节进行实时监视和实时录像,并留存一定时间段的录像可供回放查看。除车站当班票务工作人员及其他指定票务工作人员外,其他人员不得随意进入票务收益室、客服中心,确需进入时,必须得到当班值班站长或以上级别人员的许可,并由当班值班员陪同方可进入。车站需设立台账,记录批准人员和进入人员姓名、进入原因、进入时间以及离开时间等,当值班员离开点钞室或站务员离开票务处时,票务收益室、客服中心内所有人员必须同时离开,不得逗留。除现金交接、钱箱清点外,其他时间票务收益室内的所有现金只能保管在保险柜、补币箱、待清点钱箱或已锁闭的尾箱内,站务员在处理现金时,应将现金放在乘客接触不到的地方。

思考与练习

1. 简述乘客进、出城市轨道车站的基本流程。
2. 简述城市轨道车站客流空间分布特征。
3. 简述大客流组织的主要措施。
4. 按乘客换乘的客流组织不同,换乘方式可分为哪几类?
5. 换乘站的形式有哪几种?
6. 试述城市轨道交通车站与城市间铁路车站的区别及城市轨道交通车站分布的原则。
7. 城市轨道交通设计能力与可用能力的区别是什么?他们和哪些因素有关?应如何计算?

第8章 航空运输组织

8.1 航空运输组织导论

航空运输是将旅客、货物、行李和邮件从始发地运送到目的地而产生位移的过程。航空运输的组织涉及航空运输体系和服务对象的协调和规划。

8.1.1 航空运输体系

航空运输体系主要包括飞机、机场、空中交通管理系统和飞行航线四个部分。

飞机是航空运输的运载工具。飞机正常运行率的高低,将直接影响着航空运输的运营。

机场是提供飞机起飞、着陆、停驻、维护、补充给养及组织飞行保障活动的场所,也是旅客和货物的起点、终点或转折点。机场由供飞机使用的部分和供旅客接用货物使用的部分组成。其中,飞机使用部分包括飞机用于起飞降落的飞行区和用于地面服务的航站区。旅客接用货物使用部分包括办理手续和上下飞机的航站楼、机场的地面交通设施及各种附属设施。

空中交通管理系统是为了保证飞行安全、提高空域和机场飞行区的利用效率而设置的各种助航设备和空中交通管制机构及规则。助航设备包括用于航路、进近、机场的管制飞行的仪表助航设备(通信、导航、监视等装置)和用于引导飞机起降、滑行的目视助航设备(灯光、信号、标志等)。空中交通管制机构通常按区域、进近、塔台设置。空中交通管制机构及规则包括飞行层的配备、垂直间隔和水平间隔的控制等。

飞行航线是航空运输的线路,是由空管部门设定飞机从一个机场至另一个机场的通道,其基本要素包括起点、经停点、终点、航路、宽度、高度、班次和班期时刻等。航线不仅确定有航行的具体方向、起点、终点与经停地点,还根据空中交通管理的需要,规定了航路的宽度和飞行的高度层,以维护空中交通秩序,保证飞行安全。

除了上述四个基本组成部分外,航空运输体系还包括日常运行、机务维护、油料供应、地面辅助及保障系统等。

8.1.2 航空运输的服务对象

对于航空运输而言,其运输服务对象主要有旅客(PASSENGER,简写为P)、货物(CARGO,简写为C)、行李(BAGGAGE,简写为B)和邮件(MALL,简写为M)。因此,按照运输服务对象的不同,可以将航空运输分为航空旅客运输和航空货物运输两大类。其中,航空旅客运输的服务对象主要是旅客和行李,而航空货物运输的服务对象主要是货物和邮件。

8.1.3 航空运输组织

对于航空运输的服务对象来说,在运输过程中要经历始发地机场和目的地机场两个运输节点。无论在始发地机场还是目的地机场,旅客都要办理一些手续,如在始发地机场,旅客要办理值机手续、安全检查等,每项手续需要的时间、办理手续时各工序所需柜台的数量、柜台间的间距、候机厅的容量等都将直接影响整个航班的运营时间。要想缩短运营时间、提高运营效率,就要做好整个系统各工序的空间和时间的组织。

8.1.3.1 航空运输的空间组织

简单地说,航空运输空间组织就是针对整个航空运输过程中涉及的设施设备进行合理的空间布局,以便于航空运输工作展开。以机场为例,空间组织体现在对机场的各项服务设施和场地进行合理布置和设计,从而节省整个系统的工作时间,如将机场办理乘机手续的柜台进行合理的空间位置安排、科学配置柜台开放数量等。在进行空间布局时主要考虑的因素有:服务设施的数量要充足,应当满足运输的要求;服务设施的布置应满足生产过程的要求,以避免相互交叉和迂回运输,节省旅客或货物完成所有手续的时间;联系和协作关系密切的服务设施应相互靠近,以提高设备的利用率;服务设施要有扩建的余地,以满足航班班次增加和扩大生产的需要;不同的服务设施间的距离要合理,尽可能方便旅客和工作人员的操作。

8.1.3.2 航空运输的时间组织

航空运输时间组织是指合理安排整个系统中各工序的衔接,达到减少整个系统运输时间的目的。以旅客办理手续为例,时间组织体现在通过合理安排,使某一个航班的所有旅客在机场办理乘机手续、托运行李和安全检查的总时间最短,在时间上实现相互衔接和配置。

航空运输组织包括很多内容,从系统的角度看,在航班正常的情况下,主要包括以下3项工作内容:

(1)运输计划的制定。

航空运输一般以计划进行。航空运输生产的依据是生产计划。有了生产计划,运输就可以按照生产组织流程进行生产了。生产计划包括航班计划、飞行路线设计、机组排班、地面服务人员排班等。其中,最重要的生产计划是航班计划。

(2)飞机最大可用业载的计算。

飞机最大可用业载计算即在航班计划确定之后第一时间准确地计算出本次航班的最大业载量。在可用业载下进行航空运输,既能保证航班的飞行安全,避免超载飞行,又能最大限度地减少航班的空载,以提高航空运输的经济效益。

(3)服务对象手续办理。

不同于其他运输方式,航空运输的服务对象在完成运输的过程中涉及诸多程序和手续,比如旅客办理登机手续、货物或行李的收运手续等。由于该项工作直接与服务对象接触,其组织工作的好坏直接反映了所属场内航空运输服务质量的高低。因此,该项工作的组织要求流畅、合理,以减少服务对象办理乘机手续的时间,提高航空运输的效率。

8.2 航空运输生产组织优化

航空运输生产是从航空公司售卖机票开始,经过相关工作人员的操作,将旅客、货物、行李和邮件输入航空运输生产系统,最终将其送达目的地。航空运输生产与其他运输方式生产类似,即生产过程和消费过程合二为一,同时发生,同时结束。因此,航空运输生产组织是运用系统的方法和理论,将输入生产过程的人、财、物、信息等生产工具要素有效地结合起来,并实现在不同的条件下,人员、物资、资金等的有效配置,以取得最大经济效益。

8.2.1 航班计划及其组织

如前文所述,航班计划是航空运输生产计划的核心。航空公司航班计划有广义航班和狭义航班之分。广义航班计划是指和航空生产活动相关的一系列生产计划,包括航线安排、航班频率、航班时刻、机型指派、飞机路线和机组排班。狭义航班计划是指航班频率、班期、航班时刻等的决策问题。

8.2.1.1 确定航班频率

确定航班频率即确定每周班次。每周班次的确定应根据航空公司自身的运量、运力、机型和经济效益等因素来安排。在实际安排过程中,航空公司和服务对象对航班频率的要求往往不一致。从旅客和货主的要求来看,航班密度越大越好,这样可以随时满足其需要。但从航空公司的角度来看,航班密度过大,就会造成载运比下降,影响企业的经济效益,因此,往往在运量大、运力充足时增加航班密度;反之则减少航班密度。综上,航班频率的确定应以最大程度满足社会需要与尽可能提高企业经济效益相结合的原则,使计划的每周班次能够保证载运比达到或超过平衡载运率。

8.2.1.2 确定班期

确定班期即确定航班的飞行日期。班期的确定应当本着均匀分布的原则来安排,这样既方便了旅客和货主,也便于民航企业自身的客货组织工作。

8.2.1.3 确定航班时刻

确定航班时刻即确定航班的起飞时间。起飞时刻的确定应根据机场容量、管制要求、服务对象出行要求、内部结构调整、航班之间的衔接等因素来安排。

8.2.2 航班频率优化

8.2.2.1 单航线航班频率计算

假定某航空公司垄断航线的第 i 条航线,使用第 k 种机型,根据需求 D_i,可用下式计算航班频率:

$$N_i = \frac{D_i}{l_i s_k} \tag{8-1}$$

式中:l_i——客座率;

s_k——飞机 k 的提供座位数(即飞机容量)。

如果第 i 条航线不是垄断航线,有两家航空公司竞争,本公司的市场分担率为 MS_{1i},则:

$$\begin{cases} \mathrm{MS}_{1i} = \dfrac{N_{1i}s_{1k}}{N_{1i}s_{1k} + N_{2i}s_{2k}} \\ N_{1i}l_{1i}s_{1k} + N_{2i}l_{2i}s_{2k} = D_i \end{cases} \tag{8-2}$$

式中,N_{1i}、l_{1i} 和 N_{2i}、s_{2k}、l_{2i} 分别表示本公司和竞争对手公司的航班频率、机型座位数和航线客座率。解这两个方程可得：

$$\begin{cases} N_{1i} = \dfrac{D_i}{s_{2k}\left[l_{1i} + l_{2i}\dfrac{1}{\text{MS}_{1i} - 1}\right]} \\ N_{2i} = \dfrac{D_i}{s_{2k}\left[\dfrac{l_{1i}\text{MS}_{1i}}{1 - \text{MS}_{1i}} + l_{2i}\right]} \end{cases} \quad (8\text{-}3)$$

由式(8-2)和式(8-3)知，N_{1i}和N_{2i}是本公司市场分担率的函数。以横轴作为公司市场分担率，取不同数值计算出两家航空公司航班频率，可得航班频率随本公司市场分担率的变化曲线，如图8-1所示。

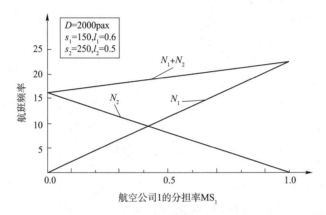

图8-1 航班频率随本公司市场分担率的变化曲线

D-两家航空公司需求；pax-人次；s_1-本公司机型的座位数；l_1-本公司航线的客座率；s_2-竞争对手公司机型的座位数；l_2-竞争对手公司航线的客座率

可见，本公司航班频率随市场分担率的增长呈线性增加，而竞争对手的航班频率则线性减少。同时考察两家航空公司的航班频率之和可知，航班频率之和不是常数，而是随着本公司市场分担率的增加而线性增加。

根据上述结果，可以计算航线的客座率：

$$l_i = \dfrac{D_i}{N_{1i}s_{1k} + N_{2i}s_{2k}} \quad (8\text{-}4)$$

如果本公司客座率$l_{1i} > l_i$，则公司的生产效率较高，表明该公司在竞争中处于优势。

对于单航线航班频率优化方法来说，有以下两种优化方法：

(1) 成本最小化法。

该方法以航线成本为目标函数对航班频率进行优化。其中，航线成本包括航班运行成本、旅客旅行时间成本。因此，有：

$$C = c_f N + D\left[\dfrac{c_{\text{sd}}T}{4N} + c_{\text{td}}\left(\dfrac{L}{v} + t_{\text{d}}\right) + a_0\right] \quad (8\text{-}5)$$

式中：c_f——单个航班运行成本；

N——航班频率；

D——旅客需求；

c_{sd}——旅客计划延误单位时间成本；

T——计划周期；

c_{td}——旅客单位旅途时间成本；

L/v——飞机实际飞行时间；

t_d——航班延误时间；

a_0——成本调整系数。

综上，式(8-5)中，第 1 大项是航班运行成本，第 2 大项是旅客旅行时间成本。括号中第 1 项是旅客计划延误时间，T 是计划周期，即在周期 T 内安排频率为 N 的航班；第 2 项是旅客旅途时间，包括飞行时间和实际延误时间。

将式(8-5)对航班频率求导，并令其等于零：

$$\frac{dc}{dN} = -\frac{DTc_{sd}}{N^2} + c_f = 0$$

解得最优的航班频率：

$$N^* = \frac{1}{2}\sqrt{\frac{DTc_{sd}}{c_f}} \tag{8-6}$$

最优的机型座位数：

$$S^* = \frac{2}{l}\sqrt{\frac{DTc_{sd}}{Tc_{sd}}} \tag{8-7}$$

可见，最优航班频率与旅客需求、计划周期和旅客计划延误单位时间成本成正比，与航班运行成本成反比。而最优机型座位数则与需求及航班运行成本成正比，与设计客座率、计划周期和旅客计划延误单位时间成本成反比。

(2) 利润最大化法。

该方法以航线运行中的利润为目标函数进行航班频率的优化。其中，航线利润等于航线收入减去运行成本，运行成本包括航路运行成本加上起降费和旅客成本。因此，航线利润等于：

$$R = (p - C_p)D - (C_r + C_l)N \tag{8-8}$$

式中： p——平均票价；

C_p——旅客成本；

C_r、C_l——航路运行成本和起降费；

旅客需求 D——航班频率 N 的函数。

将式(8-8)对航班频率求导，令导数等于零得：

$$\frac{dR}{dN} = (p - C_p)\frac{dD}{dN} - (C_r + C_l) = 0 \tag{8-9}$$

引进需求对航班频率的弹性概念：

$$e = \frac{\dfrac{dD}{dN}}{\dfrac{D}{N}}$$

因此，有：

$$\frac{\mathrm{d}D}{\mathrm{d}N} = \frac{eD}{N}$$

代入式(8-9)中,解出最优航班频率:

$$N^* = \frac{(p - C_\mathrm{p})eD}{C_\mathrm{r} + C_\mathrm{l}} \tag{8-10}$$

其中,C_p 相比 p 较小,常可忽略不计。此时,最优航班频率与航线旅客需求和机票价格成正比,与航班成本成反比。对比式(8-6)和式(8-10)可见,两种方法求出的最优频率有较大的不同。

8.2.2.2 多条航线航班频率优化

本小节讨论多条航线、一种机型条件下,以旅客计划总延误时间最小为目标函数的航班频率优化问题。假设航空公司只有一种机型,座位数为 s,在计划周期 T 中可提供 S_p 个座位小时的生产能力,经营 m 条航线,第 i 条航线飞行时间为 t_i 时,需求为 D_i,航班频率为 N_i,因此,旅客计划总延误最小的目标函数为:

$$\min \mathrm{SD} = \frac{T}{4} \sum_{i=1}^{m} \frac{D_i}{N_i} \tag{8-11}$$

同时受到总座位小时数的约束:

$$\sum_{i=1}^{m} N_i t_i s = S_\mathrm{p} \tag{8-12}$$

用 Lagrangian 乘子将上述约束条件并入目标函数式(8-11),得:

$$\overline{\mathrm{SD}} = \frac{T}{4} \sum_{i=1}^{m} \frac{D_i}{N_i} + \lambda \left(\sum_{i=1}^{m} N_i t_i s - S_\mathrm{p} \right)$$

应用条件极值法则,得:

$$\frac{\partial(\overline{\mathrm{SD}})}{\partial N_i} = -\frac{T}{4} \cdot \frac{D_i}{N_i^2} + \lambda t_i s = 0$$

$$\frac{\partial(\overline{\mathrm{SD}})}{\partial \lambda} = \sum_{i=1}^{m} N_i t_i s - S_\mathrm{p} = 0$$

由此解得:

$$\lambda = \frac{T}{4s} \cdot \frac{D_1}{N_1^2 t_1} = \frac{T}{4s} \cdot \frac{D_2}{N_2^2 t_2} = \cdots \frac{T}{4s} \cdot \frac{D_m}{N_m^2 t_m}$$

因此,有:

$$N_i = \sqrt{\frac{\dfrac{D_i}{t_i}}{\dfrac{D_1}{t_1}}} N_1$$

代入约束条件,得:

$$\sum_{i=1}^{m} N_i t_i s = s N_1 \frac{\sum_{i=1}^{m} \sqrt{D_i t_i}}{\sqrt{\dfrac{D_1}{t_1}}} = S_\mathrm{p}$$

解得:

$$N_1^* = \frac{S_p \sqrt{\dfrac{D_1}{t_1}}}{s\sum_{i=1}^{m}\sqrt{D_i t_i}} = \frac{S_p}{st_1} \frac{\sqrt{D_1 t_1}}{\sum_{i=1}^{m}\sqrt{D_i t_i}} = \frac{T_p}{t_1}\frac{\sqrt{D_1 t_1}}{\sum_{i=1}^{m}\sqrt{D_i t_i}}$$

进一步可得到其他航线的最优航班频率。一般地,有:

$$N_l^* = \frac{S_p}{st_l}\frac{\sqrt{D_l t_l}}{\sum_{i=1}^{m}\sqrt{D_i t_i}} = \frac{T_p}{t_l}\frac{\sqrt{D_l t_l}}{\sum_{i=1}^{m}\sqrt{D_i t_i}} \quad (l=1,2,\cdots,m) \tag{8-13}$$

其中,$T_p = S_p/s$ 是机型的总利用率,因子 $n_p = T_p/t_l$ 是机型总利用率期间飞机可执行的理论航班频率。如果将 $D_l t_l$ 看作是航线 l 的旅客运输量,那 $w_l = \sqrt{D_l t_l}\Big/\sum_{i=1}^{m}\sqrt{D_i t_i}$ 即是航线 l 旅客运输量的平方根比例,叫作旅客运输量权重。可见,多航线最优航班频率等于理论航班频率乘以旅客运输量权重,这表明用服务质量(旅客计划延误时间)来规划航班频率时,各航线航班频率按照 $\sqrt{D_i t_i}$ 的比例分配飞机总利用率。

8.2.3 航班时刻优化

航班时刻通常指起飞时刻,它在航空公司客运竞争中起到相当重要的作用。同等条件下,较好的时刻能够吸引更多的旅客。

一个合理的航班时刻,应满足大部分旅客的出行愿望。航班时刻的影响因素可以分为:

(1)外部因素。

①机场容量限制。

②航空管制限制。

③旅客出行时刻要求。

(2)内部因素。

①航班结构调整。

航空旅客存在明显的时空特性,即航空旅客的流量、流向会随时间动态地变化,这意味着航空公司会根据市场的变化情况调整航班结构,包括航班密度、时刻等的调整。

②航班衔接的影响。

航班衔接指航段之间在时空关系上的链接。例如一架飞机执行重庆至北京的航班,假设该飞机12时到达北京,经过必要的过站准备时间(假设最小过站时间为30min),应该安排一个约12时30分从北京出发的航班。

8.2.4 航班业载量的确定

无论任何一种运输工具,由于自身结构强度、客货舱容积、运行条件及环境等因素,都必须有最大装载量的限制。飞机是空中飞行的运输工具,要求具有更高的可靠性和安全性以及更好的平衡状态。因此,严格限制飞机的最大装载量具有重要的意义。

(1)可以确保飞行安全,杜绝超载飞行。超载飞行会造成极严重的后果。因此,实际的业载绝对不能超过本次航班的最大允许业载。

(2)可以充分利用飞机的装载能力,尽量减少空载。计算出飞机的最大允许业载和实际业载之后,就可知道航班的剩余业载。此时,如果还有旅客要求乘坐本次航班或者还有本次航班运出的货物需求,则可适量接收旅客和货物,最大限度减少航班空载,提高航班的利用率和载运率。

8.2.4.1 航空油量的确定

航段耗油量(TFW)是指飞机由出发站到目的站航段需要消耗的燃油量。航段耗油量是根据航段距离和飞机的平均时速以及飞机的平均耗油量确定,计算公式见式(8-14):

$$航段耗油量 = \frac{航段距离}{飞机平均时速} \times 平均小时耗时量 \tag{8-14}$$

在实际飞行过程中,航段耗油量受天气、风向、风速、高度等因素影响,因而是变值。

备用油量(RFW)是指飞机由目的站到其备降机场并在备降机场上空还可以飞行45min所需耗用的油量。有时由于目的站因为某种原因不能让飞机降落,需要让飞机在其备降机场降落,因此,执行航班任务的飞机都应携带备用油量。

备用油量的计算公式见式(8-15):

$$备用油量 = \left(\frac{目的站与其备降机场距离}{飞机的平均地速} + \frac{45}{60}\right) \times 平均小时耗油量 \tag{8-15}$$

因此,飞机在起飞时应拥有的燃油量按式(8-16)计算。

$$起飞油量 = 航段耗油量 + 备用油量 \tag{8-16}$$

8.2.4.2 最大业载量的计算

飞机最大业载量是飞机出厂时最大允许的商务装载质量。航班最大允许业载是指执行航班任务的飞机允许装载的旅客、行李、货物、邮件的最大质量,主要受飞机最大起飞质量、最大着陆质量、最大无油质量、航段耗油量、备用油量等影响。航班最大业载量的求算,应保证飞机在起飞着陆和无油时都不超过其限制质量,并取其中最小值作为飞行的最大业载量。

主要根据飞机的起飞质量、落地质量和实际无油质量的实际值不应超过各自的最大值。

修正后的基本质量 + 起飞油量 + 实际业载质量 ≤ 最大起飞质量;

修正后的基本质量 + 备用油量 + 实际业载质量 ≤ 最大落地质量;

修正后的基本质量 + 实际业载质量 ≤ 最大无油质量。

由上述三个不等式,可以计算出三个最大业载量如下:

最大业载量① = 最大起飞质量 - 修正后基本质量 - 起飞油量;

最大业载量② = 最大落地质量 - 修正后基本质量 - 备用油量;

最大业载量③ = 最大无油质量 - 修正后基本质量。

例题 8-1

飞机实际可用的最大允许业载量应为此三个最大业载量的最小者,并且不应超过飞机的最大业载限额。因此,应有:

允许的最大业载量 = min(最大业载量①、最大业载量②、最大业载量③、最大业载限额)

例题 8-2

8.3 航空旅客运输组织

旅客运输是民航运输中最重要的部分。旅客运输工作的好坏,直接反映了民航服务的质量,也直接影响旅客的旅行生活、工作以及航空公司的信誉和经济效益。对于航空客运来说,在具体运作中会涉及承运人、销售代理人、地面服务代理人等多个主体;运输方式则涉及国内航空运输、国际航空运输;运输对象除了旅客以外,还包括旅客行李。由此可见,旅客运输的全过程涉及很多部分,这些部门的工作都与旅客运输工作的质量有着密切的关系,因此,各部门要各司其职,同时又要相互配合,顾全大局,保证整个旅客运输组织工作的完成。

8.3.1 旅客及行李组织流程

8.3.1.1 旅客的进、离港流程

旅客进、离港流程如图8-2所示。可以看出,旅客进离港路线比较复杂,包含了国内出发、国际出发、国际到达、国内到达、过境和中转等多个流程。在流程中通常包括值机、检查、候机和登机、行李认领等程序。

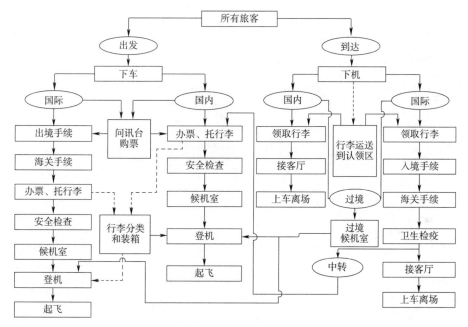

图 8-2 旅客进、离港流程

(1)值机。

所谓值机,是指为旅客办理乘机手续,包括换登机牌、收运旅客的托运行李、安排旅客的座位等。值机的过程涉及以下内容:柜台的分配方式;旅客队列形状;航班值机开放时间和关闭时间。

值机柜台的分配有两种方式:专用式和公用式。专用柜台由某航空公司单独使用,各柜台只办理指定航班的旅客值机手续;公用柜台不专门租给某个航空公司,各柜台可同时办理各航空公司航班的旅客值机手续。采用哪种方式取决于机场管理当局的资源分配政策和离港系统是否统一。一般来说,公用柜台方式使用效率高于专用方式。

柜台采用专用方式时,值机一般采用一个柜台一个队列的排队形式,形成一个个单服务台单队列排队系统;采用公用方式时,旅客值机队列有两种形式:

①一个柜台一个队列。

②多个柜台一个队列。

第二种队形比第一种队形更有效率。但在值机刚开放时,往往由于等候的旅客较多,第二种队形会给旅客一种错觉,好像队列很长,排队时间一定也很长,因而引起旅客不满。实际上这种队列看上去长,旅客的平均排队时间比单队列要短许多。

不同的机场、不同的航空公司甚至不同的航班,对值机开放时间有着不同的规定。开放时间直接影响以下三个因素:

①行李分拣厅的人力安排。

②候机厅座位的紧缺程度。

③对登机门和停机位指派要求大小。

(2) 检查。

在航空旅客运输中,检查分为安全检查、海关和检验检疫检查、边防检查三种形式。

①安全检查。

安全检查是出入机人员必须履行的检查手续,是保障旅客人身安全的重要预防措施。安全检查的流程如图 8-3 所示。

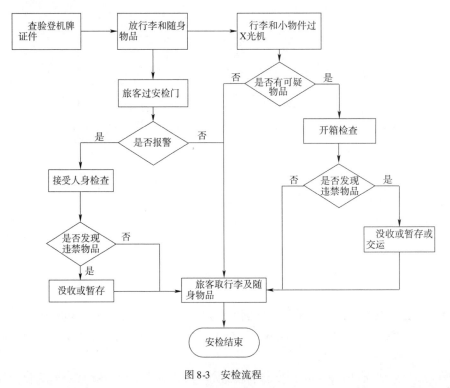

图 8-3 安检流程

②海关、检验检疫检查。

国际航班的旅客必须出示登机牌、护照和机票给保安人员检查,然后接受海关检查,旅客将已填好的申报单交给海关检查员即可,海关只抽样检查个别旅客,被抽查的旅客随身携带行李,应放在 X 光机上进行扫描。海关申报完后,进入隔离区。

正常情况下,对出入境旅客不进行检验检疫检查。但发生国际性流行病时,则必须接受规定的检查。

③边防检查。国际航班旅客必须接受边防检查。到达边检柜台时,提交护照查验,并提交入境申请单即可。

(3)候机和登机。

检查结束后,旅客就可以进入候机大厅候机,等待航班登机通知。

(4)行李认领。

国内航班到港旅客根据机场行李认领大厅内的电子信息屏提供的行李转盘号,找到和确认自己的行李后取下,通过地面服务人员确认无误后离开。国际航班旅客则首先通过边防检查,然后才认领行李。领取行李再通过海关和检验检疫检查后,即可离开。

8.3.1.2 中转旅客流程

中转是指从始发地到目的地,经过一个或多个地点利用飞机运输到目的地的过程。中转旅客由于在到达目的地过程中要经过多个运输地,其运送流程与直达旅客有不同之处。航空运输中转旅客流程如图8-4所示。

8.3.1.3 中转行李流程

由于一架到港的飞机上载有中转到多个航班上的旅客,同时又将载着来自多个航班的中转旅客出港,而行李必须随着旅客一起飞行,人与行李不能分离。因此,一个航班到达后,必须根据中转的下一个航班对行李进行有效分拣。对于到达的航班,将行李按照到达和中转分别进行分拣,再将中转行李运送到将要出发的航班上;对于将要出发的航班,应当结集来自各到达航班的行李。这个流程需要仔细设计,以防止行李的错送、漏送和破损。

中转行李的流程如图8-5所示。

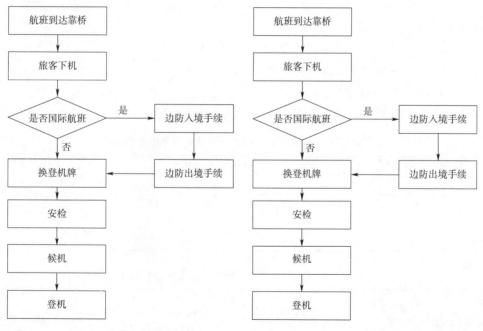

图8-4 中转旅客流程　　图8-5 中转行李流程

如果采用了行李自动分拣系统,行李卸机后用行李拖车运送至行李分拣厅,卸放在行李分拣系统的传送带上,自动分拣系统通过采集和分析行李上的RFID芯片/条纹码的信息进行自动分拣,并将到达行李送至到达行李转盘上,中转行李分送至各出发航班行李拖车上。自动分拣系统能自动分析各出发航班行李是否已结集齐了,若已完成结集,拖车将中转行李拖运至出发航班停机坪,然后装机。

8.3.2 旅客运输组织设计

8.3.2.1 旅客组织设计

为统一处理旅客流程,可以将旅客流程划分为服务部分、等待部分和连接部分三种类型。其中,服务部分是为旅客办理登机手续的场所,如值机柜台、安检通道等;等待部分是旅客排队和等待休息的场所,如值机大厅、安检前的安检排队场所、候机厅和行李认领厅等;连接部分是连接服务部分供旅客行走的通道。旅客流程中各环节都设计有服务部分和等待部分,各环节之间都有连接部分。旅客流程的组织,可以针对这三种类型实施分别进行。

(1)服务部分组织设计。

①值机组织设计。

值机组织设计包含以下内容:值机柜台数的确定;值机柜台的分配;旅客队列结构优化。下面主要探讨值机柜台数的确定和值机柜台的分配问题。

a.值机柜台数的确定。

确定值机柜台的数量是值机组织设计中的重要内容,这里给出两种值机柜台数量的计算方法。

(a)方法一。

第一步,计算高峰半小时内需要提供值机服务的旅客需求(X)。当航班计划时刻表和值机柜台旅客到达分布不可获得时,令:

$$X = P_{HP} \times F_1 \times F_2 \tag{8-17}$$

式中:P_{HP}——高峰小时经济舱出发旅客数;

F_1——高峰半小时旅客数占高峰小时旅客总数比例,可通过表8-1查得;

F_2——高峰小时前后的出发航班所产生的额外值机需求,可通过表8-2查得。

高峰半小时旅客数占高峰小时总旅客数比例参照表　　　表8-1

高峰小时航班数	国内旅客占短途国际旅客比例(%)	国际长途旅客占比(%)
1	39	29
2	36	28
3	33	26
≥4	30	25

高峰小时前后的出发航班所产生的额外值机需求　　　表8-2

高峰小时前后一小时旅客量占高峰小时总人数比例的平均值(%)	国内	申根(Schengen)/短途国际旅客	长途国际旅客
90	1.37	1.43	1.62
80	1.31	1.40	1.54

续上表

高峰小时前后一小时旅客量占高峰小时总人数比例的平均值(%)	国内	申根(Schengen)/短途国际旅客	长途国际旅客
70	1.26	1.35	1.47
60	1.22	1.30	1.40
50	1.18	1.25	1.33
40	1.14	1.20	1.26
30	1.11	1.15	1.19
20	1.07	1.10	1.12
10	1.03	1.06	1.06

第二步,根据 X 和允许最长排队时间(MQT),查图 8-6,得标准曲线下 X 对应的值机柜台数的参考值(S)。

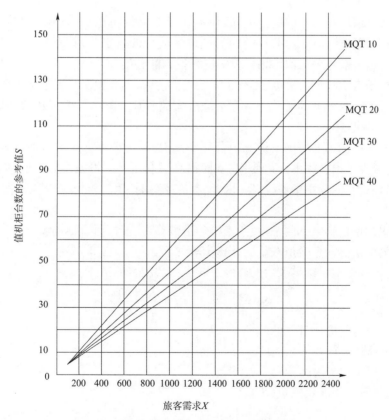

图 8-6 不同最长排队时间下的 X 与 S 的标准参考曲线

第三步,计算经济舱的开放式值机柜台数量(C_{1Y})。

$$C_{1Y} = \frac{S \times T_p}{120} \quad (8\text{-}18)$$

式中：T_P——平均值机服务时间(s)。

第四步，计算值机柜台总数（包括商务舱服务柜台）(C_1)。

$$C_1 = C_{1Y} + C_{1J} \tag{8-19}$$

式中：C_{1J}——公务舱旅客需要的值机柜台数，$C_{1J} = 0.2 \times C_{1Y}$。考虑公务舱需要的值机柜台数不超过经济舱的20%，这里采用最大可能值进行计算。

(b) 方法二。

第一步，获得高峰半小时内需要提供值机服务的经济舱旅客数(X)。

第二步，计算开放式的经济舱值机柜台数量(C_{1Y})。

$$C_{1Y} = \frac{X T_P (T_{MQ} + T_P)}{30 T_{MQ}} \tag{8-20}$$

式中：T_{MQ}——最长排队时间(min)，该式中 T_P 的单位也是 min。

第三步，计算总体的值机柜台数量(C_1)。

$$C_1 = C_{1Y} + C_{1J} \tag{8-21}$$

b. 值机柜台的分配。

对于每天航班量比较多的航空公司，机场通常会将值机柜台租用给航空公司，这部分采用航空公司专用方式；而对航班量较少的航空公司，则采用公用方式。可根据各航空公司的市场分担率进行柜台的分配。

例题8-3

如果某机场有100个值机柜台，有3家航空公司，市场分担率分别是0.4、0.3、0.2，其他所有航空公司占有0.1，这样原则上3家航空公司应分别分配40、30和20个值机柜台，剩余10个柜台为公用柜台。

从提高设备利用率的角度来优化柜台分配，应当采用公用方式。公用方式提高了柜台的共享程度，减少了设备的不平衡使用，从而提高了利用率。根据排队论的结论可知，设施的共享程度越高，它的利用率就越高。因此，在有条件时，值机柜台应当尽量采取公用方式。

② 安检组织设计。

安检组织设计包括以下两个内容：安检通道数确定、安检通道结构设计。下面主要讨论安检通道数的确定。安检通道数量的计算步骤如下：

第一步，计算值机手续结束后的高峰10min内的旅客流量(S_M)。

$$S_M = C_{1Y} \times (1 + J\%) \times \frac{600}{T_P} \tag{8-22}$$

式中：C_{1Y}——经济舱机柜台数量；
J——商务舱旅客的比例；
T_P——值机服务时间(s)。

第二步，计算安检通道数量(S_c)。

$$S_c = S_M \times \frac{T_{PS}}{600} = C_{1Y} \times (1 + J\%) \times T_{PS} \tag{8-23}$$

式中：T_{PS}——平均安检时间(s)。

第三步，计算最大队列长度。

$$M_{QI} = M_{QT} \times S_c \times \frac{60}{T_{PS}} \tag{8-24}$$

式中：M_{QT}——标准规定最大排队时间(min)。

(2)等待部分组织设计。

由前述定义,等待部分包括候机厅、行李认领大厅、到达大厅。等待部分组织设计主要内容包括候机厅、行李认领厅、到达大厅的容量设计。

①候机厅的容量设计。

候机厅的容量主要是指可供有座位旅客人数和无座位旅客人数的面积之和,与航班的客座率有较大关系。候机厅的面积计算公式为：$GHS(m^2) = 80\%$飞机容量×有座位旅客比例$(\%) \times 1.7 + 80\%$飞机容量×无座位旅客比例$(\%) \times 1.2$。

②行李认领大厅的容量设计。

行李提取处占用面积计算公式如下：

$B_A = $高峰小时进港旅客人数×每位旅客平均逗留时间(min) ×

$$\frac{每位旅客所需要面积(C级标准为1.2m^2)}{60} \tag{8-25}$$

③到达大厅的容量设计。

到达大厅的面积计算公式为：

$$A_A = S_{PP} \times \left(A_{OP} \times \frac{P_{HP}}{60} \right) + S_{PP} \times \left(A_{OV} \times P_{HP} \times \frac{V_{PP}}{60} \right) \tag{8-26}$$

式中：S_{PP}——每位旅客所需要面积(按C级服务标准或$2.0m^2$)；

A_{OP}——每位到港旅客的到达厅内的逗留时间(min)或设为5min；

P_{HP}——高峰小时到港旅客数；

A_{OV}——每位迎客者在候机厅内的逗留时间(min)或设为30min；

V_{PP}——每位旅客的迎客者人数。

(3)连接部分组织设计。

连接部分即连接两个服务部分的过道,主要是该部分的容量设计问题。其容量C_L取决于宽度B。

$$C_L = B \times v_P$$

例题8-4

式中：v_P——旅客行走的平均速度,通常成年人的步速约为1m/s。

连接部分的宽度由高峰小时旅客流量X计算。

$$B = \frac{1.2X}{3600 v_P} B_P \tag{8-27}$$

式中：B_P——旅客平均肩宽(m)加上提行李所需宽度,成年人肩宽一般为0.45~0.55m,提行李宽度一般为0.7m。

(4)中转旅客组织设计。

中转旅客组织设计与旅客最短衔接时间(航空公司进行航班波设计时应保证出发波的第一个航班与到达波的最后一个航班之间的间隔不小于最短衔接时间)、旅客中转的效率等都有密切关系。中转旅客组织设计的基本要求是：中转手续尽可能简捷；旅客中转行走距离尽可能短。为实现这些要求,中转旅客流程组织应遵守以下原则：

例题8-5

①中转流程与到达流程、出发流程分开。例如,设置专门的中转航站楼或专门的中转楼层,旅客可以在同一层楼中办完中转手续,并且与其他流程不相互干扰。

②中转流程都设在隔离区内,减少流程长度。

③国际中转旅客免除过境签证,不用重新经过边防检查。

④中转值机柜台设在旅客最为方便的候机厅两侧,以方便旅客办理中转手续。

⑤如果旅客在起点站即已办好中转登机手续,应设有地面引导人员引导旅客登机。

⑥中转标志设置应当醒目清晰,避免旅客因信息不清而耽误乘机。

8.3.2.2 行李组织设计

(1)旅客等待时间和密度的关系。

国内航班旅客由于下机后直接前往行李认领大厅,因此,往往先于行李到达认领大厅,在行李到达前,旅客已在转盘旁等待行李。设 $A(t)$ 是旅客到达累计比例分布,$B(t)$ 是出现在行李转盘上的行李占行李总量的累计比例分布,$C(t)$ 是旅客到达并且发现自己行李的累计比例分布。假设旅客到达和行李到达是相互独立的事件,并且属于同一位旅客的多件行李同时到达,则有:

$$C(t) = A(t) \times B(t) \qquad (8\text{-}28)$$

注:由于国内航班旅客大多数交运一件行李,国际旅客可能交运 1~3 件行李,但一件行李的旅客也超过一半,因此,尽管对于交运多件行李的旅客不能保证同时看到所有的行李,式(8-26)可看作近似情况。

一般情况下,旅客看到行李不一定正好在自己面前,需要一定时间行李才能转到身边,也就是旅客从看到行李到取到行李有一个时间差。这个时间差可近似等于:

$$t_0 = \frac{L}{2v} \qquad (8\text{-}29)$$

式中:L——面向旅客的转度;

v——转盘运转速度。

图 8-7 中的曲线 $C'(t)$ 表示拿到行李并且已经离开的旅客所占的比例,可以用式(8-28)计算得到:

$$C'(t) = C(t - t_0) \qquad (8\text{-}30)$$

也即

$$C'(t) = C\left(t - \frac{L}{2v}\right) \qquad (8\text{-}31)$$

式(8-29)适用于不拥挤的情况。如果发生旅客拥挤,则即使行李已转至旅客跟前,也由于旅客不能靠近行李转盘而不能取走行李,此时 $C(t)$ 只是旅客看到行李转到自己跟前的累计分布,而不是旅客离开的累计分布。如图 8-7 所示,旅客从行李到自己面前到挤到转盘旁并领到行李又需要花费一段时间。

如果一个转盘只服务一个航班的行李,那么在行李大厅等待行李的旅客累计比例为 $A(t) - D(t)$,在没有拥挤现象时,等于 $A(t) - C(t)$。将这一个累计比例统一表示成 $A(t) - D(t)$,当不拥挤时,$D(t) = C(t)$。该航班共有旅客 P 人,则在转盘旁有旅客:

$$P_q(t) = [A(t) - D(t)]P$$

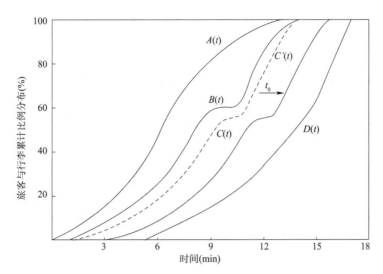

图 8-7 行李转盘周围旅客与行李累计分布

因此,转盘旁旅客密度:

$$\delta(t) = \frac{P_q(t)}{L} = \frac{[A(t) - D(t)]P}{L} \quad (8\text{-}32)$$

上述公式中的累积分布曲线 $A(t)$、$B(t)$、$D(t)$ 等可以通过现场调查获得有关数据,然后通过统计处理获得,也可以通过计算机仿真结果获得。

旅客在行李大厅的等待时间 $t(\min)$ 和转盘旁的旅客密度存在如下一般关系:

$$t = \begin{cases} 0.54 + 3.9(\delta - 0.4) & (\delta > 0.4) \\ 0.54 & (0 \leqslant \delta \leqslant 0.4) \end{cases} \quad (8\text{-}33)$$

也就是说,当旅客密度在一定范围内,旅客等待行李的时间基本不变,但超过某一临界值后将随密度呈线性增加。

(2)中转行李组织设计。

由 8.3.1.3 中内容可知,如果采用了行李自动分拣系统,中转行李的分拣流程是自动完成的。但在非自动分拣系统中,行李分拣主要靠人工完成。为防止出错和有秩序地开展中转行李分拣工作,在行李分拣厅应当设置中转行李分拣区,目的是设置分拣转盘专门用于分拣中转行李。航班到达后,从飞机腹舱卸行李时,装卸工根据行李上的标签识别是否中转行李,将到达行李独装一节车厢,与中转行李分开。行李装运至行李分拣厅后,到达行李运送至到达行李转盘,中转行李运送至中转行李分拣区的指定分拣转盘上进行分拣,由人工分拣后运送至出发航班停机坪装机。

因为中转航班量较大,出发航班的行李来自许多其他航班(包括始发旅客的行李),如果只有一个分拣转盘,一是容量可能不足,二是转盘周围不能同时容纳几个航班的行李拖车;如果使用几个分拣转盘,同一个出发航班的行李拖车需要从多个分拣转盘上取来行李,这将影响分拣效率。因此,应该如何设计行李分拣流程是个重要问题。可以根据物流运输装配原理,将一辆行李拖车的车厢分开,每个车厢停放在一个转盘旁,再设置多个分拣转盘,例如4个,每个转盘周围可停放20个左右航班的行李车厢,分拣完后,将同一个航班的行李车厢连接起来拖送至停机坪。这样可以充分利用分拣厅空间,也可防止分拣工来回走动影响工作效率。但必须防止将两个不同航班的行李车厢拼接成了一个行李拖车,这样张冠李戴将铸成大错。为此,一个航班的行李车只能由一名分拣工负责拼接,行李车厢上必须贴上航班标签,拼接时认真核对,准确无误时才拼接成一辆拖车。同时,要做好分拣和拼接的所有记录,以便查验。

8.4 航空货运组织

自飞机诞生以后,航空货运以其特有的优势飞速发展,同其他运输相比,具有速度快、破损率低、安全性好、空间跨度大等优势,可以满足一些客户的特殊要求。采用航空货运形式的货物,要经过机场货站、运输等过程,其组织方式具有一定的特殊性。

8.4.1 机场货站功能与作业流程

8.4.1.1 机场货站系统与设备

机场货站是航空货物的重要集散地,是国家海关监控货物进出口的重要站点。机场货站为航空公司、货代公司和货主提供了进港、出港、转运货物和邮件的理货、分拣等实物操作服务,具有货物集散、运输调度与管理等功能,同时也提供货物运输类文件、报关文件、货物跟踪查询等信息服务,其工作效率直接影响货物进出的速度和质量。

硬件设备是影响货站操作效率的重要因素。目前,国内外机场货站通常采用自动化立体仓库技术。自动化立体仓库技术是由一套完全由计算机控制的高度精密的货物操作系统,通过集装货物处理系统、散货处理系统、控制系统和其他辅助设备来组板或者分解货物。

(1) 集装货物处理系统。

集装货物处理系统完成集装货物的分解、组合、装运等作业。根据航空货物的运输特点,可将集装货物处理系统分为进出港货物分解组合子系统、国际邮件处理子系统、国际出港组合系统、国际进港分解系统。集装货物处理系统的机械设备包括同一轨道运行的自动垂直升降转运车(Elevating Transfer Vehicle,ETV)、有轨堆垛起重机、存储货架、水平转运车(Transfer Vehicle,TV)转运台、动力辊台、无动力轨道台、旋转直角转向台、轮式工作站、进出输送轨道。

(2) 散货处理系统。

散货处理系统完成散货的自动化存储和控制作业。散货处理系统的机械设备包括散货立体货架、有轨堆垛起重机、有轨堆垛起重机地面控制台、有轨堆垛起重机手动控制台。散货处理的控制方式分为计算机在线自动控制方式、单机自动控制和手动三种。

(3) 控制系统。

集装货物系统的控制分为堆垛机上的程序控制和货库各出口处的操作程序控制,各程序控制与计算机服务器通过网络连接在一起。集装货物系统的监控调度由计算机负责,并通过通信接口与各设备控制系统中的程序控制进行通信。在每个货物进出口处设有终端操作台,用于输入进出货箱/货板的数据和操作指令。这些数据由主机汇集处理,并与集装货系统的监控计算机交换数据。

8.4.1.2 机场货站作业流程

航空货物运输的业务流程是为了满足货物运输消费者的需求而进行的从托运人发货

到收件人收货的物流、信息流的实现和控制管理的过程。航空货物运输业务流程包括货站进港和出港两大部分。货站进港业务流程分为国内货物进港和国际货物进港两种业务流程。在航空货物运输发展的不同阶段,货运流程呈现不同的特征,在我国目前的航空货运实践中,各地区航空货物发展水平差别较大,流程也不尽相同。机场货站主要承担货物组合、分解等作业。一般情况下,机场货站将国内货物和国际货物的区域分开处理,再将出港和进港货物分开处理,以避免混乱。出港货物经过理货后有一部分转入集装货组合区处理,另一部分货物则直接进入待装区。集装货到达后,一部分在分解后直接由客户取走,另外一部分分驳到货运代理库区。图 8-8 和图 8-9 分别为机场货站出港和进港货物处理流程。

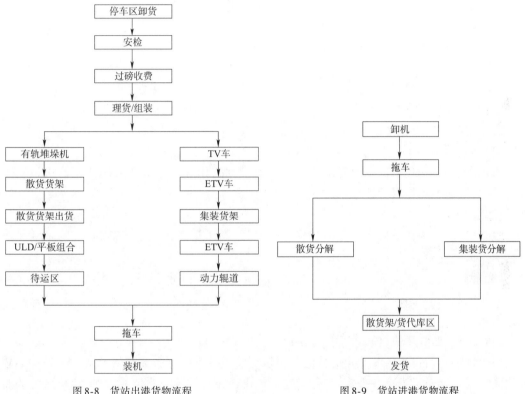

图 8-8 货站出港货物流程　　　　　图 8-9 货站进港货物流程

其中,集装货的组合和分解由人工完成,集装器(United Load Device,ULD,包括集装箱和集装板)进库由 TV 车接驳,由操作员控制货架内堆垛机以自动寻址完成存货或者取货作业。集装货处理流程如图 8-10 所示。散货系统的装箱工作由人工完成,采用中央控制系统控制散货架内高架堆垛机的取/存货和寻址及监控货位管理。散货处理流程如图 8-11 所示。

8.4.2　航空货物运输的生产组织方式

8.4.2.1　班机运输(Scheduled Airline)

按业务对象不同,班机运输分为客运航班和货运航班。客运航班一般使用客货混合型飞机,同时搭载旅客和货物,但受飞机最大业载量的限制,只运送少量货物。货运航班只承揽货物运输,使用全货机,载货量相对较大。

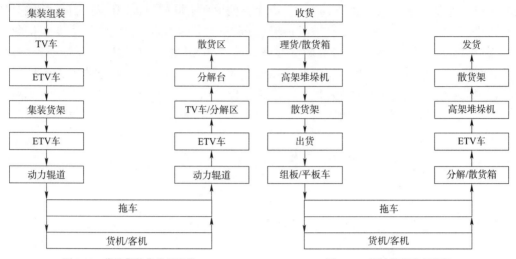

图 8-10　货站集装货处理流程　　　　图 8-11　货站散货处理流程

班机运输的特点包括以下几点:

(1)迅速准确。

班机由于固定航线、固定停靠港和定期开航,因此,国际航空货物大多使用班机运输方式,能安全迅速地到达目的地。

(2)方便货主。

收、发货人可确切掌握货物起运和到达的时间,易于运送市场上急需的商品、鲜活易腐货物以及贵重商品。

(3)舱位有限。

班机运输一般是客货混载,因此,舱位有限,不能使大批量的货物及时出运,往往需要分期分批运输。

8.4.2.2　包机运输(Chartered Carrier)

包机运输是指包机人为一定的目的包用航空公司的飞机运载货物的形式。当班机运输无法满足需要或发货人有特殊需要时,可选择包机运输。按租用舱位的大小,包机可分为整机包机和部分包机两类。包机运输具有以下优点:

(1)解决班机舱位不足的矛盾。

(2)货物全部由包机运出,节省时间和多次发货的手续。

(3)弥补没有直达航班的不足,且不用中转。

(4)减少货损、货差或丢失的现象。

(5)易于解决海鲜、活动物的运输。

8.4.3　航空货物运输组织方法

8.4.3.1　集中托运

集中托运(Consolidation)是指航空货运代理人(也称集中托运人)将若干批单独发往同

一方向的货物,组成一整批,填写一份主运单,发到同一目的站,并由集中托运人在目的站的指定代理人(也称分拨代理人)收货、报关,再根据集中托运人签发的航空分运单将货物分拨给各实际收货的航空货运组织方法。

(1)集中托运的具体做法。

①将每一票货物分别制定航空运输分运单,即出具货运代理的运单(HAWB)。

②将所有货物区分方向,按照其目的地相同的同一国家、同一城市来集中,向航空公司托运,与航空公司签订总运单(MAWB)。总运单的发货人和收货人均为航空货运代理公司。

③把该总运单和货运清单作为一整票货物交给航空公司。一个总运单可视货物具体情况随附分运单(也可以是一个分运单,也可以是多个分运单)。如一个总运单内有5个分运单,说明此总运单内有5票货,应发给5个不同的收货人。

④货物到达目的地站机场后,当地的货运代理公司作为总运单的收货人负责接货、分拨,按不同的分运单制定各自的报关单据并代为报关,为实际收货人办理有关接货交货事宜。

⑤实际收货人在分运单上签收以后,目的站货运代理公司以此向发货的货运代理公司反馈到货信息。

(2)集中托运的限制。

①集中托运只适合办理普通货物,对于等级运价的货物,如贵重物品、危险品以及文物等不能办理集中托运。

②目的地相同或邻近的可以办理,如某一国家或地区,其他则不宜办理,例如不能把去美国的货发到欧洲。

(3)集中托运的特点。

①节省运费。航空货运公司的集中托运运价,一般都低于航空协会的平均运价,发货人可得到低于航空公司运价,从而节省费用。

②提供方便。将货物集中托运,可使货物到达航空公司目的地点以外的地方,延伸了航空公司的服务,方便了货主。

③提早结汇。发货人将货物交予航空货运代理后,即可取得货物分运单,可持分运单到银行尽早办理结汇。

8.4.3.2 航空快递

航空快递(Air Express)又称快件、快运或速递,是指具有独立法人资格的企业将进出境的货物从发货人所在地通过自身的网络运达收货人的一种快速运输方式,它是目前国际航空货运中最快捷的运输方式。

(1)航空快递的特点。

①航空快递业务以商务文件、资料、小件样品和小件货物为主。

②中间环节少,速度快于普通的航空货运。

③航空快递中使用一种比普通空运分运单应用更为广泛的交付凭证——POD。

④办理快递业务的大都是国际性的跨国公司,如 DHL、UPS、EMS 等。

(2)航空快递业务的主要形式。

①场到场的快递服务。采取这种方式的一般是海关当局有特殊规定的货物。
②门到门(也称桌到桌)的快递服务。
③快递公司派人随机送货。这种形式由专门经营该项业务的航空货运公司与航空公司合作,派专人用最快的速度,在货主、机场、用户之间传送急件的运输服务业务。

8.4.4 货物进出港生产组织与管理

从航空公司角度出发,航空货物运输在运作流程上基本的处理程序为:出发货,收货→仓储→吨位控制→出港;到达货,进港→仓储→发货(交付)。按照运送目的地分类,航空货物运输分为国内货物运输和国际货物运输。

8.4.4.1 国内货物运输

国内货物运输的流程相对来说比较简单,主要包括货物收运、货物运送、货物到达与交付。

8.4.4.2 国际货物运输

国际航空货物运输进出港生产组织与管理工作,主要包含两大环节:国际航空货物运输的出口和国际航空货物运输的进口的组织与管理。

国际货物运输的进港环节主要包括航空货物进口运输代理业务程序和航空公司的进港货物的操作程序,其流程如图8-12所示。国际货邮航空进口运输的业务主要环节有以下几个。

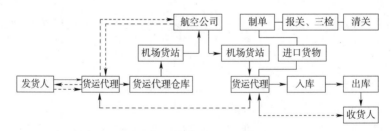

图8-12 国际货邮进港业务流程

(1)代理预报。

在国外发货前,由国外代理公司将运单、航班、件数、质量、品名、实际收货人及其他地址、联系电话等内容发给目的地代理公司。

(2)交接单、货。

由航空公司承运发货人的货物,到航空货物入境时,与货物相关的单据也随机到达,运输工具及货物处于海关监管之下。货物卸下后,存入航空公司或机场的监管仓库,进行进口货物舱单录入,将舱单上总运单号、收货人、始发站、目的站、件数、质量、货物品名、航班号等信息通过计算机传输给海关留存,供报关用。同时根据运单上的收货人地址寄发取单、提货通知。

(3)理货与仓储。

机场货站对进港货物进行理货,并提供基本的仓储与保管服务功能。理货可按大货、小货、重货、轻货、单票货、混载货、危险品、贵重品、冷冻品、冷藏品等标准进行操作。当进港货物进入货运代理公司仓库,货运代理公司也需要对货物进行理货与仓储操作。

(4)理单与到货通知。

货运代理公司整理运单,给收货人发出到货通知。

(5)制单、报关。

制单、报关、地面运输有多种形式:货运代理公司代办制单、报关和运输;货主自行办理制单、报关和地面运输;货运代理公司代办制单、报关,货主自办地面运输;货主自行办理制单、报关后,委托货运代理公司进行地面运输;货主自办制单,委托货运代理公司报关和办理运输。

(6)收费、发货。

发货:办完报关、报检等手续后,货主须凭盖有海关放行章、动植物报验章、卫生检疫报验章的进口提货单到货运代理所属监管仓库付费提货。

(7)送货与转运。

货运代理公司可以提供送货上门与转运服务。

8.4.5 危险货物航空运输

航空运输所管控的危险品是指能对人体健康、飞行安全、财产或者环境构成危害,且在国际民航组织(ICAO)所颁布的《危险物品安全航空运输技术细则》(*Technical Instructions for the Safe Transport of Dangerous Goods by Air*,简称《技术细则》或 TI)危险品品名表中列明,或者根据该细则分类的物质或者物品。这些危险品中既有危险性显而易见的各类化工产品,也有日常生活中可见的公众容易忽视其危险性的物品。随着社会的不断发展,危险品的种类还在不断增加。根据危险品的危险程度不同,危险品又可以分为客货机均可载运的危险品、仅限货机运输的危险品、正常情况下禁止运输但经国家批准或豁免可以载运的危险品,以及在任何情况下都禁止运输的危险品。

2015 年 3 月,中国民航局依据国际民航组织相关文件,制定并公布了《航空运输危险品目录(2015 版)》(以下简称《目录》),航空运输中常见的 3436 种危险品"榜上有名"。凡是《目录》中列出的危险品,旅客在携带乘机或者作为货物托运时,都应当满足民航法规的相关要求。该《目录》自 2015 年 4 月 1 日起施行。

《目录》列出的航空运输中常见的 3436 种危险品中,包括爆炸品、易燃品、氧化性物质、放射性物质、毒性物质和感染性物质等。根据航空运输的不同要求,《目录》所列危险品分为三类:一是在符合相关规定的情况下,可以进行航空运输的危险品,共 3153 种;二是在正常情况下禁止航空运输,但满足相关要求后,航空运输时不受限制的危险品,共两种;三是在任何情况下均禁止航空运输的危险品,共 281 种。

8.4.5.1 民航危险货物运输法律法规

中国民航危险品运输管理的法律法规体系包括三个层次:

第一层次是遵守现行有效的危险品运输国际公约和国际标准,包括联合国的《关于危险货物运输的建议书》(*UN Recommendation*)、国际原子能机构(IAEA)的《放射性物质安全运输规则》、国际民航组织的《芝加哥公约》附件 18《危险品的安全航空运输》及其《危险物品安全航空运输技术细则》。《危险物品安全航空运输技术细则》是法律性文件,必须强制执行,每两年更新发行一次。国际航空协会的《危险品规则》(*Dangerous Goods Regulations*,DGR)也是国际危险品航空运输业通行的技术标准,其基本内容与国际民航组织的《危险物品安全航空运输技术细则》保持一致,又考虑了国际上各种新型化工产品和最新高科技产品的运输安全标准,在我国及全球危险品运输操作部门广泛使用,它每年更新发行一次,新版本于每年1月1日生效。

第二层次是遵守国家制定和颁布的一系列与危险品运输相关的国家法律和法规,如《中华人民共和国民用航空法》《中华人民共和国安全生产法》《放射性污染防治法》《危险化学品安全管理条例》《民用航空危险品运输管理规定》《放射性物质安全运输管理条例》《民用爆炸物品安全管理条例》等。

第三层次是中国民航局制定的危险品规章,现行有效的是2014年3月1日起正式施行的《中国民用航空危险品运输管理规定》(民航局2013年第216号,CCAR-276-R1,以下简称《规定》),是2004年版本的修订版。本次修订以《国际民用航空公约》附件18(2011年7月第4版)和国际民航组织《技术细则(2011—2012年版)》(Doc9284号文件)为主要依据,全面贯彻持续安全理念,健全危险品经营人、托运人、代理人管理制度,严格落实危险品运输主体责任;创新危险品运输管理模式,突出持续监督检查,保证危险品航空运输安全。修订后的《规定》适用于国内公共航空运输经营人、在外国和中国地点间进行定期航线经营或者不定期飞行的外国公共航空运输经营人以及与危险品航空运输活动有关的任何单位和个人。

修订后,《规定》重点调整了危险品航空运输的许可模式,突出了对从事危险品航空运输活动的代理人的管理,加强了对危险品培训大纲的管理,增加了对培训机构及教员管理的相关要求,丰富了向航空运输旅客提供危险品运输信息的相关内容,明确了国内经营人的运行规范应当包括危险品航空运输许可信息,增加了机场管理机构有关危险品航空运输地面应急救援的相关要求,新增危险品航空运输监督管理内容,完善了法律责任的内容,增加了港澳台地区经营人申请运输危险品的规定。

为确保上述各层次法律法规和规章的贯彻执行,中国民航局还制定了《危险品监察员手册》,这本手册是危险品监察员开展工作的具体程序和方法指导。此外,《危险品手册样本》和《危险品训练大纲样本》等为航空运营人申请危险品运输许可和开展危险品运营提供指导。这些手册和样本等材料的编写,既借鉴了国际上先进的管理手段,也充分考虑了我国国情和已有的实际工作经验,具有先进性和实用性的特点。

8.4.5.2 危险品航空运输流程

通常而言,航空运输可以分为航空旅客运输、航空旅客行李运输和航空货物运输三大类。其中,航空旅客行李运输既可视为独立的运输过程,也可附属于航空旅客运输中。因此,也可以说,航空运输分为航空旅客运输和航空货物运输两大类。而危险品则完全有可能通过以上两类运输方式被带入航空器。据此,可从航空客运和航空货物两个方面来探讨危险品航空运输流程。

(1)航空客运中的危险品运输流程。

在航空旅客运输中,部分危险品有可能通过旅客、机组人员手提、随身携带的行李或交运的行李被带入航空器。因而,航空客运中的危险品运输流程如图8-13所示。

如图8-13所示,在旅客出港阶段,因其手提、随身携带的行李或交运的行李中可能含有危险品,所以需要分别进行旅客安检和行李安检。其中,旅客被允许手提或随身携带进入航空器客舱的物品限制,详见本书第9章危险品运输限制的有关内容。在空中运输阶段,旅客若随身携带有锂电池或含有锂电池的电子设备等危险物品,一定要听从客舱机组人员安排和指导,以确保其在空中运输阶段的安全性。

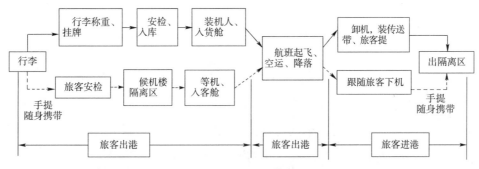

图8-13　航空客运中的危险品运输流程

(2)航空货运中的危险品运输流程。

危险品航空运输是一项高利润的运输活动,但同时高风险也与之相伴。因此,全面了解危险品航空运输的流程及其具体要求尤为重要。

从航空货运的角度来看,危险品运输大致可经过出港、空中运输和进港三个阶段,见表8-3。其中,出港阶段分别需要经由托运人对危险品进行识别、包装、标记、粘贴标签、填写各运输文件,经由货运销售代理人对危险品进行检查、收货和订舱,经由地面服务代理人对危险品进行安检、储存和装载;空中运输阶段主要是由经营人对危险品进行空中运输;进港阶段主要是经由机场对危险品进行卸载、存储,经由收货人进行收货。

危险品航空运输过程简表　　　　表8-3

出港阶段			空中运输阶段	进港阶段	
托运人	货运销售代理人	地面服务代理人	经营人	机场	收货人
识别/包装/标签/运输文件	检查/收货/订舱	安检/储存/装载	空中运输	卸载/存储	收货

这里对危险品航空运输过程中涉及的有关主体进行简单介绍。"托运人"是指为货物运输与承运人订立合同,并在航空货运单或者货物记录上署名的人。"货运销售代理人"是指经经营人授权,代表经营人从事货物航空运输销售活动的企业。"地面服务代理人"是指经经营人授权,代表经营人从事各项航空运输地面服务的企业。"经营人"是指以营利为目的使用民用航空器从事旅客、行李、货物、邮件运输的公共航空运输企业,包括国内经营人和外国经营人。"托运物"是经营人一次在一个地址,从一个托运人处接收的,按一批和一个目的地地址的一个收货人出具收据的一个或者多个危险品包装件。"包装件"是指包装作业的完整产品,包括包装物和准备运输的内装物。

危险品航空运输的具体流程如图 8-14 所示。在货物出港阶段，托运人需要对危险品进行识别，确定其是否为危险品。若有必要，还应出具由鉴定机构开具的危险品鉴定报告。如果确定为危险品，首先，托运人或其代理人应该根据相关法规填写危险品申报单等运输文件，并对其进行正确的包装、标记和粘贴标签。其次，货运销售代理人对危险品进行包装件的检查、接受并填写检查单等货运文件。最后，地面代理人或机场对危险品包装件进行计重、安检、入库、拼装、装机、填写货运单、预订舱位等。在货物进港阶段，主要由地面代理人或机场对危险品包装件进行卸机、核对货物、入库等，最后货物交付，由收货人提取货物。

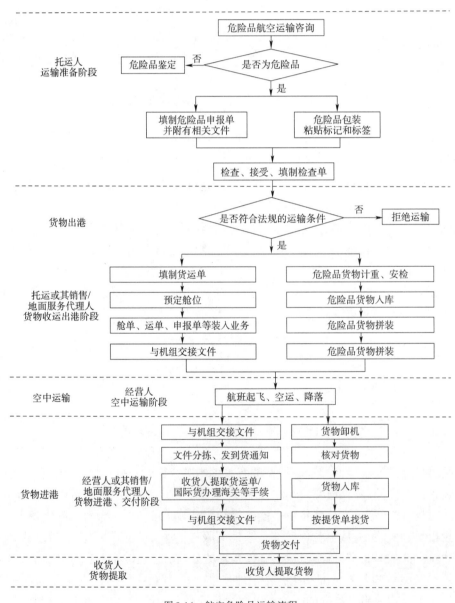

图 8-14 航空危险品运输流程

8.5 机组资源组织

8.5.1 概述

8.5.1.1 机组资源组织相关问题

机组资源是航空公司最重要的人力资源之一。航班运行过程中,飞机就如同一个投资数亿并关系到数十到数百人性命的大中型企业,机长就是这个企业的"CEO",掌管着这个"企业"的运行安全和效率。

通常所说的机组一般包括飞行员、空乘人员和安保人员,机组资源组织包括机组资源规划和机组排班。机组资源规划又包括飞行员队伍发展计划、飞行员引进和晋升计划,以保证机组资源满足企业发展的需要。机组排班是安排机组的飞行任务,形成各机组的航班执行计划。空乘人员和安保人员组织的相关问题与飞行员组织十分相似,而且相对简单些,掌握了飞行员的组织方法,不难推广到机组其他人员,因此,本节以下的机组仅限于飞行员。

机组资源发展计划是指各机型不同资质等级的飞行员人数在计划期内时间上的分布。制定机组资源发展计划应当在机队规划的基础上进行,机队规划已经给出了规划期内机队的发展计划,包括机队结构的变化和各机型规模的增长。机组的驾驶证件必须与机型相对应,有了各机型的飞机架数,如果已知各机型每架飞机需要的不同资质等级的飞行员数,就可以计算出该机型的各类飞行员人数,因此,可制定出各机型机组资源发展计划。

飞行员引进和晋升计划在机组资源发展计划基础上安排。机组资源发展计划已经给出了各机型飞行员的需求计划,管理人员根据该需求计划、飞行员培养过程和晋升周期,可以反推出飞行员招聘的时间和数量,然后根据国家法律和行业管理规定组织培训、考试和资质晋级,确保机组资源的供给。

机组排班必须在遵守各项法规的前提下,充分考虑排班的合理性、公平性和效率。如果机组资源准备是飞行管理部的一项日常性工作,那么机组排班则是飞行部一项比较复杂的技术工作。下文 8.5.3~8.5.5 节主要介绍机组排班问题及其解决的方法。

8.5.1.2 本节相关专业术语

为了便于本节的讨论,现将有关专业术语进行定义。

(1) 机组衔接时间:机组执行前后两个航班之间的过站准备时间(sit connection),不能短于机组最短衔接时间(MCT)。

(2) 机组飞行时间(flight time,FT):航节飞行时间指机组人员从航班出发前上飞机到航班到达后下飞机的时间。机组飞行时间是指执行一个机组任务,各航节飞行时间之和。

(3) 机组执勤时间(elapse time,ET):包括执行飞行任务前的准备时间(brief)、航节间衔接时间,飞行时间和飞行任务结束后的汇报总结时间(debrief)。

(4) 机组航班串:由一个机组执行的多个在空间和时间上衔接的按顺序组合在一起的一组航班。在空间上衔接是指后一个航班的出发机场与前一个航班的到达机场相同,在时间上衔接是指前后两航班的转接时间满足机组最短衔接时间限制,即后一航班的出发时刻在前一航班的到达时刻之后,并且时间差不短于最短机组衔接时间(机组 MCT,如 60min)。在后面的内容中,航班串特指一个机组在一天中完成的航班序列。

(5)机组航班环:由一个机组完成的若干天内满足机组排班有关法规的航班组合成的航班串,该航班串的起点和终点是同一城市(一般指基地)。一般地,航班环的执行周期是3天,则下面的航班环将特指由 1~3 个航班串构成的航班环。

(6)机组任务(执勤,duty):机组人员一天执行的航班串飞行任务。下面将不区分机组任务和机组航班串,机组任务和机组航班串是同一个意思。

(7)机组任务配对(pairing):机组人员执行一个航班环所要依次执行的机组任务,可以包括若干天的机组任务。本章中,将不再区分机组任务配对与机组航班环,它们的意义相同。

(8)周/月活动串:在一周/月内,由几个航班环和其他机组活动组成的活动序列。这里的其他活动指前后两航班环之间的休息、培训、训练、体检甚至休假等组织安排的活动。

(9)加机组:机组人员为了到另一个机场去执行飞行任务而乘坐某航班,使该航班存在两个机组,其中一个是执行机组,另一个就是加机组。加机组不执行航班飞行任务,但会增加航空公司成本,如座位成本和机组人员执勤成本。

(10)外场过夜:机组人员执行多天航班环,其间完成一天飞行任务后在非基地机场(称为外场)过夜休息(rest connection)称为外场过夜。

(11)跟班学员:刚从大学毕业并获得驾驶证件的飞行员,必须在资历老的教员的指导下首先跟班学习飞行,称为跟班学员。满足一定飞行小时后,经检察和考试合格后可升为二类副驾驶。

(12)二类副驾驶:飞行资质高于跟班学员,必须由资历老的教员或检察员带飞,不能独立飞行。通过检察和考试合格后可以升为一类副驾驶。

(13)一类副驾驶:飞行资质高于二类副驾驶,需要资历老的教员带飞,不能独立飞行,可以与机长搭配执行航班飞行任务。通过检察和考试合格后可升为建立左座经历飞行人员。

(14)建立左座经历飞行人员:简称左座人员,飞行资质高于一类副驾驶,有资历老的教员或检察员搭配时,可在左座操纵飞机,可以与机长搭配执行航班飞行任务。通过检察和考试合格后可升为机长。

(15)机长:具有独立放飞资质的飞行员,并负责飞机飞行过程的安全。

(16)新放机长:独立飞行时间不到 300h 的机长。一般不能指导建立左座经历飞行人员。

(17)教员:具有指导、培训新飞行员资质的机长。

(18)检察员:具有指导、培训飞行员,并能考核飞行员和判定是否可晋级的教员。

(19)两人制机组:机组成员的最低搭配是机长与一类副驾驶。如果有三名机组但第三名机组人员为二类副驾驶,则也属于两人制机组。

(20)双机长机组:国际航线的航班飞行时间较长,一般安排两位机长轮流值班,称为双机长。如果有一位新放机长飞行不满 100h,也实行双机长飞行。

(21)三人制机组:安排双机长的航班,还配有右座副驾驶,称为三人制机组。

8.5.2 机组资源发展规划

为了与机队规划相匹配,航空公司应当编制飞行员队伍发展计划,明确规划期内需要具有各种资质的飞行员队伍的规模,包括机型资质和岗位级别资质。

制定飞行员队伍发展计划的依据主要有三个:第一个是机队规划方案;第二个是航线网络规划方案;第三个是中国民用航空局关于机组的适航规定。

机队规划方案中有两组信息是进行机组资源规划的依据,第一组是机队结构;第二组是机队规模。机队结构给出了航空公司拥有的各种机型及其飞机架数所占比例,拥有各机型驾驶资质人员的结构应当与机队结构相匹配;机队规模规定了飞机总架数,飞行员队伍规模应当在符合有关人机比规定的条件下与机队规模相一致。

航线网络规划方案影响着飞机的日利用率。一般地,飞支线的和参与枢纽运行的飞机的日利用率较低,点对点直飞的飞机的日利用率要高些;飞国内航线的飞机日利用率低些,飞长途国际航线的飞机日利用率要高些。日利用率越高的机型,在同样机队规模的情况下需要的飞行员越多。根据飞机的平均日利用率可以计算出各型飞机的月、三个月和年总飞行小时数,机组中持有各型飞机驾驶执照的人员按照适航规定所拥有的飞行小时数应当与机队各型飞机利用率相符合。

设某航空公司有 K 种机型,机型 $i(i=1,2,\cdots,K)$ 规划有 n_i 架飞机,平均每架日利用率为 T_i,因此,该机型每架飞机的月利用率(假设为 30 天),3 个月利用率(假设为 90 天)和年利用率(假设为 365 天)分别为 $30T_i$、$90T_i$、$365T_i$。该机型这三个时间段总的飞行小时预计为 $30T_i n_i$、$90T_i n_i$、$365T_i n_i$。

如果根据《大型飞机公共航空运输承运人运行合格审定规则》(简称 CCAR121)(参见 7.5.3.3 节),每位飞行员每月、每三个月和每年的飞行小时分别为 $t_m = 100h$、$t_{3m} = 270h$、$t_y = 1000h$,那么机型 i 需要的机长人数 P_i 应当满足:

$$(t_m, t_{3m}, t_y) P_i \geq (30, 90, 365) T_i n_i$$

因此,有:

$$P_i \geq \max\left\{\frac{30}{t_m}, \frac{90}{t_{3m}}, \frac{365}{t_y}\right\} T_i n_i \geq 0.365 T_i n_i \tag{8-34}$$

可见,以一年为计算周期得到的飞行员人数最多,也就是说,以年为计算周期核算出的飞行员人数,一定同时保证了一个月和三个月对飞行员的需求。

式(8-33)是规划期内各种机型机长人数的计算公式,计算依据是机队规划的各机型飞机的架数和预期日利用率,计算结果给出了各机型应当拥有的最少机长人数。如果机型 i 平均每航班的副驾驶与机长人数的比例为 r_i,副驾驶的人数 m_i 应当为:

$$m_i = r_i P_i \tag{8-35}$$

对于由一名机长和一名副驾驶组成的两人机组,副驾驶员数等于机长人数。

8.5.3 机组排班问题

8.5.3.1 机组排班的目的和意义

例题 8-6

落实好机组资源规划就能确保机组资源的需求,接下来就是如何用好机组资源的问题。

机组排班就是为了解决机组资源使用的问题,这是一项技术性很强的工作,在航空公司运营管理中具有重要作用。在航空公司生产计划的制定流程中,机组排班在机型指派之后,与飞机排班问题并行协调解决,如图 8-15 所示。

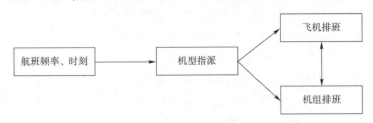

图 8-15　机组排班问题所处环节

机组排班的目的是:遵守管理当局的机组适航条例和考虑机组的意愿,通过科学合理地排班,保证航班计划飞行任务的正常完成,并要求尽可能降低机组人力资源成本。完成航班飞行任务是排班的基本要求,遵守适航规定是飞行安全的基本保证,考虑机组意愿是提高机组满意度、实行人性化管理的基本途径,降低成本是航空公司营运追求的目标。这些因素都是机组排班时必须认真考虑的。

航空公司机组资源成本占了航空公司人力资源总成本的很大比例,是航空公司仅次于燃油的第二大运行成本。表 8-4 是美国几个主要航空公司的飞行员成本,从中可以看出,每年人均成本少则 20 万美元,多则近 400 万美元。我国航空公司的机组成本比美国的要低一些,但在航空公司的运行成本中也占有相当大的比例。

美国几个主要航空公司的飞行员成本　　　　表 8-4

承运人	飞行员数	年人均工资（美元）	年人均花费（美元）	年人均花费/年人均工资(%)
Alaska	1329	259953	103736	39.91
America West	1675	215470	48722	22.61
ATA	783	130209	51223	39.34
America	12297	2458453	1484596	60.39
Continental	4209	866526	493458	56.95
Delta	8074	2084427	1039582	49.87
Southwest	3966	664415	320153	48.19
United	7992	2300091	1423988	61.91

注:数据来自文献(Bazargan,2010)。

科学合理地进行机组排班可以优化配置机组资源,降低航空公司的机组成本,既可以保证航班飞行的正常执行,又可以减少人力使用,这对航空公司提高经营效益来说非常重要。研究学习机组排班的方法和技术,对于实现计算机辅助排班,降低航空公司成本,提高机组管理信息化水平,具有十分重要的意义。

8.5.3.2　机组排班的影响因素

影响机组排班的主要因素如下。

(1) 机队结构。从第 4 章中已知机队结构是指不同机型的飞机在机队中所占的比例。飞行员只能驾驶证件所规定的机型,如果某机型的飞行员不够用,即使其他机型的飞行员有剩余,也不能执行该机型的航班。因此,飞行员资质的机型结构应当与飞机机型结构保持一致。在图 8-15 所示的航空公司生产计划编制流程中,机组排班是在航班计划的机型指派完成后才进行的,这样才能保证飞行员驾驶资质与航班机型一致。

(2) 机组资源结构。机组资源结构包括各机型资质飞行员的比例、机长与副驾驶的比例和机组人员在各基地的配置比例等。机组资源结构应当与机队结构匹配,机长与副驾驶的比例应当符合机组适航的搭配要求。公司规定,机组人员在各基地的配置一般应和该基地机队的配置相匹配,但可在全公司调配。各基地的机组配置将影响机组调度的效率。

(3) 航线结构。航线结构决定了航班飞行的小时数,影响航班之间的机组可衔接性。

(4) 航班计划。航班计划包括航班频率、航班时刻和机型指派,这些都对构建航班环(机组任务配对)有直接影响。

(5) 适航规定。关于机组的适航条例对机组的飞行时间、休息时间、机组搭配、培训内容、体检和休假都有明确的规定,不得违反,详见 8.5.3.3 节。

(6) 公司的有关规定。航空公司关于加机组、机组过夜津贴和交通住宿标准的规定,以及关于机长排班的资历优先权的规定和关于双机长飞行的规定,都将影响机组排班的成本,并影响机组排班的结果。

(7) 航班延误或航班计划调整。当航班计划不能正常执行时,机组排班也会受到干扰,需要进行必要的调整来恢复排班计划。因此,机组排班计划应尽可能设法减少航班不正常带来的影响。

上述第 5 个因素的具体规定对机组排班的影响最大,将在 8.5.3.3 节详细介绍。

8.5.3.3 CCAR61 部和 121 部的有关规定

中国民用航空局的适航条例 CCAR61 部和 121 部对机组人员的执勤和排班进行了严格的规定,这些规定在进行机组排班时都必须贯彻执行。为讨论方便起见,现将有关关键规定按照飞行时间、执勤期、机组成员搭配等几个方面进行分类简介。

(1) 飞行时间限制。

①1 个日历日飞行时间一般不超过 8h,7 个连续日历日内飞行时间不超过 35h。

②任一日历月内飞行时间不能超过 100h,任何连续三个月不能超过 270h。

③任一日历年飞行时间不能超过 1000h。

(2) 值勤期时间限制。

①二人制机组。值勤期上限是 14h,飞行时间上限是 8h。这就是 8-in-24h 规则。

②三名机组人员(双机长)。值勤期上限是 16h,飞行时间上限是 10h。但对于中间没有经停的飞行,飞行时间可延长至 12h。值勤后,必须安排至少 14h 的连续休息期。

③三名机组人员(双机长,并为飞行机组提供了经民航管理当局批准的睡眠区)。值勤期的上限是 18h,飞行时间的上限是 14h。但每位驾驶员在飞行过程中必须有机会在经民航管理当局批准的睡眠区得到休息。值勤期后,至少安排连续 18h 的休息期。

④四名机组人员。值勤期上限是 20h,飞行时间上限是 17h,但每位驾驶员在飞行中必

须有机会在经民航管理当局批准的睡眠区得到休息。值勤期后,至少安排连续 22h 的休息期。

(3) 机组成员搭配飞行原则。

① 具有飞行检察员或飞行教员资格的机长,可以同任何等级的飞行员搭配飞行。

② 二类副驾驶只能与飞行教员搭配飞行,并限在右座配合飞行。

③ 一类副驾驶可以与机长搭配飞行,并限在右座配合飞行。

④ 新放机长必须双机长搭配飞行,并且两名机长必须同时在座。

⑤ 新教员与具有一类副驾驶以上资格飞行员搭配时,可实施教学飞行;与二类副驾驶搭配时,二类副驾驶只能配合飞行。

⑥ 两人机组的最低搭配为机长与一类副驾驶。

上述前两组称为水平规则,第三组称为垂直规则。垂直规则"机组成员搭配飞行原则"用于机组人员之间的搭配。在水平规则中,第二组"执勤期时间限制"用于构建航班环;第一组"飞行时间限制"规则用于构造周或月活动串。

8.5.3.4 机组排班实践

欧美国家的航空公司大多拥有计算机机组排班系统,一般每月排班一次,通过以下步骤完成。

步骤 1:将每天的航班连接生成机组任务(duty),机组任务是一天的航班串,不一定要求回到基地。

步骤 2:将若干个机组任务再连接起来生成机组航班环(pairing)(一般 2~3 天),即机组航班环是机组任务的串,保证最后一个机组任务能回到基地。

步骤 3:将若干个机组航班环与休息期、休假、体检、培训(训练)等活动连接起来,生成活动串(rostering)。

步骤 4:选择最好的活动串,并且活动串数不大于可执勤的机组数。

步骤 5:根据适航关于飞行员搭配的规定、公司有关规定,考虑飞行员个人意愿,将飞行员进行组合搭配,产生机组集合,机组数不少于活动串数。

步骤 6:将每个月活动串指派给适合的机组。

在我国,目前多数航班是点对点的,除少数在外场过夜的飞机外,大多数飞机当天都回到基地机场过夜,因此,机组人员并不经常外场过夜。这与欧美国家的航空公司有很大不同。但上述机组排班步骤对我国基本上是适用的,只是上述步骤 1 生成的机组任务(航班串)多数两头都在基地机场,这样的航班串就是航班环,即一天的航班环,也就是一个机组任务配对只含有一个机组任务。

另外,我国航空公司机组排班工作由飞行部机组管理室负责完成,多数还不拥有机组排班系统,主要依靠手工加计算机辅助方式完成。因此,机组排班周期较短,通常是一周,难以做到一个月的排班。做法是:先根据每天航班计划,在满足民航法规的前提下,将一天中同一机组执行的航班组成航班串(机组任务),再考虑培训、休假、备份等的安排,然后根据任务基本稳定的要求指派给相应的机组人员。手工构建航班串依靠经验,成本难以详细计算。因此,排班人员一般根据以下原则进行机组排班:

(1) 遵守法规原则:机组航班环的航班衔接时间、总飞行时间、总执勤时间和总航节数不能超过法规规定。

(2) 启发原则:由于每天航班数量大,可行的航班串数巨大,为了选择比较理想的航班串,遵循以下四点要求。首先,参考相关历史数据,因为每天的航班变化不大,所以可以期望航班串相对固定,变化不大;其次,优先选择起点和终点城市都是基地的航班串,起点和终点城市相同更好,这样可直接产生航班环,减少外站过夜;接着,选择飞行时间相差不大的航班串;最后,参考飞机路线,同一航班号的航节优先组合在一起,同一机尾号飞机执行的航班串优先考虑采用。

(3) 外场过夜控制原则:当航班串的起点或者终点不是基地机场时,机组人员必须在外场交接任务,此时机组人员被安排在外场过夜,并于次日执行其他机组任务或加机组返回。这样会增加机组人员成本,因此,在排班阶段应尽量减少外场过夜。

(4) 加机组控制原则:机组人员完成飞行任务回基地或者为了执行异地(一般都是非基地)的飞行任务,需要加机组。加机组会增加航空公司两个方面的成本:一是机组占座成本;二是机组执勤成本。因此,要控制加机组的数量。

(5) 公平性原则:在机组排班中,公平性是机组排班人员相当注重的原则。由于飞行工作关系到飞行安全,必须保证每个飞行员都能得到足够的休息和拥有平和的心态,公平性显得十分重要。在周工作量、休假时间的安排、外站工作时间等方面应力求均衡。

(6) 适时调整原则:每逢重大节日,航空公司的航线航班将会增加,必须对已有的机组排班计划进行调整。除此之外,由于航班不正常、机组人员资质的变更、飞行员病假或临时执行公务,机组排班的计划也要相应进行调整。

国外一些商业软件公司开发了机组排班系统,如欧洲的 Carmen 系统。有些机组排班系统还与运行控制系统集成,例如,美国 SABER 公司开发了世界上最为复杂的航空公司运行控制系统,其中包含机组排班模块,该模块使用了优化技术,购买时是可选择的。

我国目前已经出现了几家从事航空公司管理信息系统开发的软件公司,他们也开发机组排班系统。部分国内航空公司开始采用他们的产品,国内开发的民航管理信息系统通常结合国内实情,进行技术创新,产品可能更符合我国航空公司的实际需要。

8.5.3.5 机组排班优化问题

如前文所述,中国民用航空局制定的各项法规对飞行员飞行小时、机组搭配有着严格的限制,加上机组休假、体检、培训等方面的强制性限制,机组排班问题变得非常复杂。目前我国多数航空公司的机组排班主要通过手工完成,手工排班主要依靠经验,可能浪费机组资源,效率低下,不能适应大型航空公司的机组排班的需要。因此,迫切需要建立高效、快速反应的排班方法、技术和工具。

一般把机组排班问题(crew scheduling problem)分为两个子问题:机组任务配对问题(crew pairing problem)和机组人员指派问题(crew assignment or crew rostering problem)。第一个子问题主要是构造任务配对,要求将航班分割成若干子集,每个航班子集应能前后衔接成一个符合适航规定和最小机组衔接时间规定的航班环(称为机组任务配对),并能覆盖所有的航班,使运营成本最低。第二个子问题是任务配对的分配,即将已选择好的航班环指派给各机组人员执行。为解决这个问题,又将其分成两个子问题:机组活动串构建问题和活动串指派问题(排班问题)。将机组任务配对和其他机组活动进行组合,构建活动串,然后将活动串分配给机组执行(给机组排班)。

在计算机排班系统中,为实现机组人员成本的最小化,应当使用优化方法和技术。因此,必须首先建立优化模型,然后设计有效算法才能解决问题。有效算法应满足两个条件:①能求得最优解或近似最优解;②求解时间较短,可实现实时排班。通过近几十年的研究,人们已经提出了多种优化模型和求解算法,8.5.4 节将介绍比较常用的优化模型,并适当讨论有关算法。

8.5.4 机组航班环生成和优化

8.5.4.1 航班串的基本生成方法

从 8.5.3.4 节可知,对于机组排班,核心问题是生成符合适航要求的机组航班环。一条航班环可能由一条到多条航班串组成,一个航班串是若干个航班根据时间和空间的先后顺序连接而成的。如果一条航班串的起点和终点都是基地,生成的航班串即航班环,此时的航班环只有一条航班串。如果一条航班串的最后一个航班未能回到基地,那么机组将在外场过夜,执行第二个航班串。如果第二个航班串的最后一个航班回到基地,那么一条航班环有两条航班串;如果第二天还不能回到基地过夜,则机组将在外场二次过夜,第三天执行第三条航班串。如果第三条航班串的最后一个航班回到基地,则一条航班环有三条航班串等。一般地,很少采用三条以上航班串构成的航班环。因为这样的航班环不仅质量不高,而且成本较高;机组在外场过夜次数多,将影响机组的执行意愿。

下面首先讨论生成航班串的方法。为生成航班串,可采用时空网络或航班连接网络。图 8-16 是某航班计划构成的时空网络,有四个机场(A、B、C、D)和 15 个航班,C 是基地机场。其中,f_1 表示在此时间段上最早的一个航班,从 C(基地)出发,到达机场 A。f_8 的出发机场与 f_1 的到达机场相同,同时满足时间上衔接的要求,因此,f_1 与 f_8 可连接成一个可行的机组任务(即航班串)。另外,f_2、f_7、f_{13} 可连接成另一个可行机组任务等,以此方式将所有航班连接成若干个可行机组航班串。航班串 S_1、S_2、S_3、S_4、S_5 涵盖所有 15 个航班,是一组可行的机组任务,可表示成图 8-17 所示的形式,也可表示成表 8-5 的形式。这些航班串的最后一个航班都回到了基地,因此,都是一条航班串的航班环。

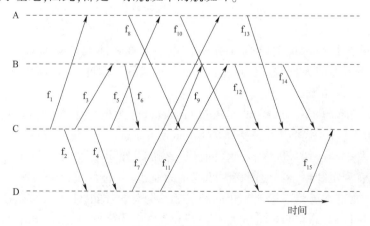

图 8-16 航班时空网络

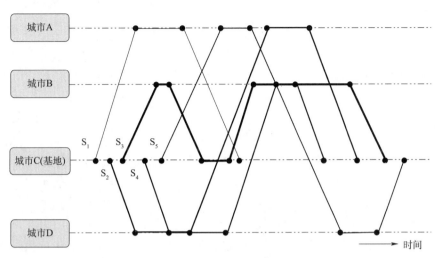

图 8-17 机组任务图

可行机组任务表示　　　　　　　　　　　　　　　　　　表 8-5

机组任务	覆盖航班情况 A B C D
S_1	f_1, f_8
S_2	f_7, f_2; f_{13}
S_3	f_3, f_6, f_9, f_{14}
S_4	f_4, f_{11}, f_{12}
S_5	f_5, f_{10}, f_{15}

在航空公司,航班环简单地用城市简称序列表示,如宁—深—琼—深—宁,也可用机场三字代码表示,如 NKG-SZX-HAK-SZX-NKG。

另外一种生成航班串的方法是采用航班连接网络。航班连接网络是一种有向网络,其中节点表示航班,有向边表示前后两个航班的衔接。如果两个航班满足以下条件:①前一航班的到达城市是后一航班的出发城市;②两个航班的衔接时间不短于最小衔接时间,那么这两航班节点用有向边连接,方向从前一个航班节点指向后一个航班节点。

航班连接网络以基地机场为发点和收点(或称源和汇)。如果航空公司只有一个基地机场,它将是单发点单收点的网络图。对于多基地航空公司,它是一个多发点多收点的网络图。此时,可以将各基地机场分开,用它们的始发航班单独构造航班连接网络,构成多个单发节点单收节点网络图。

找航班串就是在航班连接网络中搜索从发点到收点的一条路径。这条路径总飞行时间不超过适航条例规定的一个值勤期中的飞行小时数,总出勤时间不超过适航条例要求的一个值勤期的执勤小时数。

8.5.4.2 机组航班环的计算机辅助生成步骤

8.5.4.1 节中已经介绍了航班串的两种基本生成方法,即时空网络法和航班连接网络法,这两种方法对手工编制航班串都很有效,只要航班量不是太大,都可以获得必需的航班串。在手工编制时,一般并不找出所有可行的航班串,而是根据经验找到能覆盖所有航班的若干航班串即可。这样得到的航班串一般不能保证最优,如果想获得最优的航班串,应当给出所有可行的航班串,然后建立数学模型并设计有效算法,通过优化计算,从中找出最优的一组。

航班环是由一条或多条航班串连接而成的,所以生成航班环首先要生成航班串。对于大规模航班问题,要得到所有的航班环,必须采用计算机辅助生成系统。

下面讨论计算机辅助生成航班环的方法。

计算机辅助生成航班环需给定以下数据:①航班计划;②基地机场;③过夜机场和过夜飞机。

在生成航班串的同时必须考虑如下限制条件。

(1)适航规定:最小衔接时间、执勤小时和飞行小时限制。

(2)公司规定:一个值勤期的最大、最小航班数等。

为便于算法设计,采用航班连接网络,则航班环按以下步骤生成。

(1)对每种机型执行的航班子集,按航班出发机场,再分成出发航班子集。

(2)构造各机场出发航班树,即以各出发机场为根节点,用衔接边连接从它出发的各航班节点,分裂各航班节点成出发和到达两个机场节点,之间用航班边连接,形成航班节线。

(3)从基地机场出发航班树开始,将各航班节线的到达机场节点与从该机场出发的航班树的根节点合并,删除衔接时间短于最小衔接时间的衔接边和航班节线。

(4)重复上述步骤直到各航班节线无可衔接的航班,得到以各基地机场为根节点(网络的源或发点)的航班连接树,它的叶节点是基地机场或过夜机场。

(5)在航班连接树中加上终止机场节点(基地机场,是网络的汇或收点),用终止边将叶节点和所有到达机场是基地/过夜机场的航班节线连接到终止机场节点,然后在每条航班节线的航班边上标注飞行时间,在每条衔接边上标注衔接(过站)时间,这样就形成了航班连接网络。

(6)从基地机场节点开始,采用宽度优先或深度优先搜索或混合搜索的方法,搜索航班连接网络的每一条路经,每条路经都是一个航班串。在搜索过程中不断累加路径上的飞行时间和值勤时间(飞行时间再加上过站时间是值勤时间),如果到某节点处,飞行时间或执勤时间已违反了适航规定,就放弃该路径。最后得到的是符合适航规定的可行航班串,其中终止在基地机场的就是由一条航班串构成的航班环。

(7)对于最后终止在过夜机场的航班串,再把第二天从该过夜机场出发的航班串与其连接成多天的航班串。如果这样新连接的航班串最后回到了基

例题 8-8

地,则得到一条多天的航班环。

思考与练习

1. 简述值机柜台的分配方式及其特点。
2. 简述国内航空货物运输的流程。
3. 设高峰小时 10 个国际航班的始发旅客为 2500 人,其中包括 15% 的商务舱旅客。最长排队等待时间 20min,高峰小时之前 1h 的旅客流量为 1900 人(占 PHP 约 80%),高峰小时之后的 1h 内的旅客流量为 1500 人(占 PHP 约 60%),航班值机平均服务时间为 150s,所有的值机服务为开放式值机。又已知安检平均服务时间为 12s。试计算此时的安检柜台数量和最大排队等待时间为 3min 时的最大队列长度。
4. 设某机场高峰小时进港旅客为 3000 人,平均每位旅客在行李提取处逗留 20min,试求 BA。
5. 简述航空货运中的危险品运输流程。
6. 影响机组排班的影响因素有哪些?

第9章 水路运输组织

9.1 水路运输组织基本环节

9.1.1 揽货业务

在市场上揽取到合适的货载是开展运输、创造利润的必要条件。班轮和不定期船的航次货载由不同途径获得。班轮按公布的船期表招揽货主订舱,或通过挂靠港口的代理揽货;航次租船在租船市场上成交,即靠出租船舶来得到货载。航次租船的成交过程如图9-1所示。

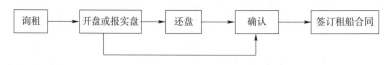

图9-1 航次租船揽货业务成交过程图

9.1.1.1 询租(Enquiry)

船东或船舶经营人会经常把自己控制的船舶寻货情况向市场公布或告之航运经纪人。当货主需要运输一批货物时,通常都通过航运经纪人去寻求与货物数量、装卸港、装卸时间、运价等条件相适应的船舶。经纪人按照货主的委托,立刻就是否有船、是否同意货方提出的条件,以及经纪人自己的意向等,向有关的船舶经营人探寻,要求对方报价。这就是通常所说的询租或询价,其主要内容包括装卸港口、货物名称、货物数量、装货日期等。

9.1.1.2 开盘或报实盘(Firm Offer)

接受询租的船舶经营人认为可以同意货主提出的各项条件时,向货主提出表示同意的书面意见,其上要注明合同成立的必要条件,以及这种表示的有效时间,这叫作开盘或报实盘。接受报实盘的货主,在有效期限内,必须答复是否承诺。按商业习惯,报实盘的船舶经营人在这一有效期内,也不能就同一艘船向第三者提出同样的报实盘。报实盘的主要内容包括船名、保证的载质量或载货容积、装卸港口、受载期、装卸条件和费用条款、租金或运价、滞期费和速遣费、佣金、拟选定的租船合同范本等。

9.1.1.3 还盘(Counter Offer)

在货主不同意船舶经营人提出的开盘或报实盘中的部分条件,而作出部分变更以后,再承诺时所提出的报价叫作还盘。还盘就意味着货主对船舶经营人提出的报实盘部分或全面地拒绝,而提出新的建议。船舶经营人也可以再一次提出报实盘,作为对新建议的回答。但是,如果提出的报实盘被对方所接受,就不能再作任何变动或取消。

9.1.1.4 确认(Confirm)

货主在船舶经营人明示的有效期限内,对报实盘表示承诺的意向,或在一定程度上,对报实盘做些修改后,如果得到对方的承诺,租船合同即告成立,这时即可编制记载有主要条款的订租确认书(Fixture Note)。虽然船舶经营人和货主应分别在这一订租确认书上签字,并且各自保留一份,但是现在几乎都用传真或电子邮件来替代订租确认书。

9.1.1.5 签订租船合同

船舶经营人和货主之间,经过询租、开盘、还盘、报实盘、成约(编制订租确认书)取得一致意见后,即可制定正式的航次租船合同,这个合同和订租确认书一样要由船舶经营人和货主签字,并由合同双方分别保存。

争夺货源是航运竞争的主要内容。除充分利用经纪人外,大的航运企业一般都设有专职揽货人员,必须充分调动揽货人员的积极性,为自己的船队揽取到充足的货载。这要求揽货人员具有高度的责任感和工作热情;能正确处理各种关系;了解不同货种的运输流程;熟悉船舶各种性能,包括速度、载质量、容积、经济性等;掌握本企业所经营航线的港口设施和收费情况;具有良好的气质,仪表端庄,谈吐自如;具备观察、综合判断、决策、应变及说服他人的能力。同时,揽货人员也要具有关于货物性质、价格及国家政策等方面的知识。揽货人员的工作程序如图9-2所示。

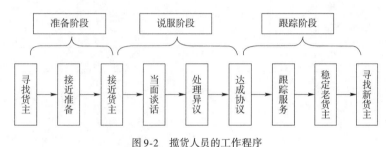

图9-2 揽货人员的工作程序

9.1.2 货运单据流转过程

船舶在运输过程中,除了接受本公司的指挥、领导之外,还有许多业务要与其他有关单位和部门联系、处理。这些联系通常都是以各种单据或文本为媒介来进行的,尤其是在班轮运输情况下。从货物托运装船到卸船交付,整个运输过程的每一个环节,都伴随着各种货运单据:它们是货方、船方、港方等各方交接货物、划分责任范围的凭证和依据。

从托运人开始托运货物到收货人提走货物的整个运输过程中,主要货运单据的流转过程如下。

9.1.2.1 填写托运单

托运人向航运公司或所在港口的船方代理人订舱(Booking Space),填写托运单(Shipping Application,S/A)。货主也可以委托货运代理人编制托运单。托运单的主要内容包括托运人名称、收货人名称、船名、目的港、货物名称、货物件数、重量与尺码、计费币种、运价与支付方式、装船期限、承托运双方的特约事项及签字等。承运人或其代理人如同意承运,并在托运单上签字后,海上货运合同即告成立。托运单如图9-3所示。

9.1.2.2 签发装货单

船公司接受托运单与订舱清单,经核对后,签发装货单(Shipping Order,S/O)交给托运人。装货单是航运公司指示船长将货物装船的单证,如图9-4所示。

海运出口托运单

托运人
SHIPPER

编号　　　　　　　　　　　　船名
No.　　　　　　　　　　　　　S/S

目的港
To

标记及号码 MARKS&NOS.	件数 QUANTITY	货名 DESCRIPTION OF GOODS	重量千克 WEIGHT KILOS.	
共计件数(大写)TOTAL NUMBER OF PACKAGES IN WRITING			净重 NET	毛重 GROSS
			运费付款方式 FREIGHT PREPAID/ FREICHT TO GOLLECT	
运费 FREIGHT			尺码 MEASUREMENT	
备注 REMARK				
通知 NOTIFY	可否转船 TRANSSHIPMENT		可否分批 PARTIAL SHIPMENT	
收货人 CONSIGNEE	装运期 DATE OF SHIPMENT		有效期 DATE OF EXPIRY	
	金额 SUM		提单份数 COPIES OF B/L	
配货要求 APPEAL			信用证号 L/C NO.	

托运人或代理人签字
SIGNED TO THE:
日期
DATE

图 9-3　托运单

装 货 单
SHIPPING ORDER

托运人
Shipper

编号　　　　　　　　　　　　船名
No.　　　　　　　　　　　　　S/S

目的港
To
For

兹将下列完好状况之货物装船后希签署收货单
Received on board the under mentioned goods apparent in good order condition and sign the accompanying receipt for the same

标记及号码 Marks&Nos.	件数 Quantity	货名 Description of Goods	重量千克 Weight Kilos.	
共计件数(大写)Total Number of Packages in Writing			净重 Net	毛重 Gross

日期　　　　　　　　　　　　时间
Date　　　　　　　　　　　　Time
装入何舱
Stowed
实收
Received
理货员签字　　　　　　　　　经办员
Tallied By　　　　　　　　　Approved By

图 9-4　装货单

9.1.2.3 取得出口许可证

托运人持装货单到海关办理货物出口申报手续,取得出口许可证,将经商品检验机构检量的货物运到船边或港口仓库。出口许可证如图 9-5 所示。

中华人民共和国出口许可证
EXPORT LICENCE OF THE PEOPLE'S REPUBLIC OF CHINA

1.出口商: Exporter	3.出口许可证号: Exporter Licence No.
2.发货人: Consignor	4.出口许可证有效截止日期: Export Licence expiry date
5.贸易方式: Terms of trade	8.进口国(地区): Country/Region of purchase
6.合同号: Contract No.	9.收款方式: Payment conditions
7.报关口岸: Place of clearance	10.运输方式: Mode of transport
18.总计 Total	
19.备注 Supplementary details	20.发证机关签章 Issuing authority's stamp & signature
	21.发证日期 License date

对外贸易经济合作部监制

图 9-5　出口许可证

9.1.2.4　编制装货清单

航运公司或其代理人根据装货单留底编制装货清单(Loading List)送至船上。装货清单是将全船本航次待装货物按目的港和货物分类编排的装货单的汇总清单。它是大副编制配载图的主要依据。装货清单如图 9-6 所示。

装货清单　　　船名
Loading List of s.s./m.v." "

关单号码 S/O No.	件数及包装 No.of Pkgs	货名 Description	重量吨 Weight in Metric tons	估计立方米 Estimated Space in cu.M.	备注 Remarks

图 9-6　装货清单

9.1.2.5 编制货物配载图

大副根据装货清单编制货物配载图,交代理人送交理货、装卸公司。

9.1.2.6 货物装船

装卸公司按货物配载图将货物装船。

9.1.2.7 签写大副收据

货物装船后,大副签发大副收据(Mate's Receipt,M/R)给理货员,并由理货员交给托运人。通常,S/A、S/O 和 M/R 为一式三联。

当货主在船边交货时,若货物外表状况不良或有其他原因,大副就会在大副收据上做出相应的批注。如果这种批注转移至提单上,提单就成为不清洁提单。在国际贸易中,一般都要求卖方(托运人)必须凭清洁提单结汇,这样一来卖方(托运人)就不能结汇。承运人、船长或船方代理人应托运人的要求,凭托运人提供的保函而签发清洁提单,使托运人得以顺利结汇。清洁提单表明承运人在装货港收到的货物外表状态良好。因此,对买方或收货人来说,意味着他收到的将是一票与提单标注不符的货物。

9.1.2.8 换取提单

托运人持大副收据到航运公司或其代理人处(在预付运费的条件下)支付预付运费后,用大副收据换取提单(Bill of Loading,B/L)。提单如图 9-7 所示。

海 运 提 单 样 本

(1) Shipper				COSCO (4)B/L No. 中国远洋运输公司 CHINA OCEAN SHIPPLNC COMPANY Cable : Telex: COSCO BEIJING 22264CPCPK CN GUANGZHOU 44080COSCA CN SHANGHAI 33057COSCO CN	
(2) Consignce					
(3)Notify Party					
(5)Pre-camiage by	(6)Port of Rececipt				
(7)Ocean Vessel	(8)Port of Loading				
(9)Port of Discharge	(10)Place of Delivery				
(11)Container No.	(12)Seal No. Marks & Nos.	(13)No. of Containers or Pkgs.	(14)Kind of Packages:Deseription of Goods	(15) Gross weight	(16)Measurement
(17) Total Number of Containers or Packages(in Words)					
(18)Freight& Charges	(19) Revenue Tons	(20)Rate	(21)Per	(22) Prepaid	(23) Collect
(24)Ex.Rate	(25) Prepaid at	(27) Payabte at		(29) Place and Date of Issue	
	(26) Total Prepaid	(28)No.of Original B(s)/L		Signed for the Cairrier COSCO SHANGHAI SHIPPLNG CO.,LTD. ×× (32)COPIES	
LADEN ON BOARD THE VESSEL, (30) Date: (COSCO STANDARD FORM 07) BY:COSCO SHANCHAI SHIPPINGCO.,LTD. ×× (31)ENDORSEMENT:					

图 9-7 提单

9.1.2.9 信用证结汇,提单转移

托运人(或卖方)持提单到议付银行根据信用证结汇,议付银行将提单寄给开证银行,随后将提单转给收货人。提单是承运人接管货物的证明,提单也是货物所有权的证明,在法律上,拥有提单就如同拥有其上指明的货物。提单的这一作用使得它可以用于结汇、抵押等。

9.1.2.10 编制出口载货清单,办理出境

航运公司的代理人根据副本提单编制出口载货清单(Manifest),向海关办理船舶出境手续,并交给船上。载货清单是在货物装船完毕后,按卸货港逐票罗列的全船载运的货物汇总清单,它是船舶办理进出境报关手续的必要凭证之一,也是海关对进出口货物监管的凭证之一。出口载货清单如图9-8所示。

出 口 载 货 清 单
Export Manifest

船名　　　　船次　　　　从　　　　到　　　　开航日期
VESSEL____ VOY.____ FROM____ TO____ SAILING DATE____

集装箱号 Container No.	铅封号 Seal No.	提单号码 B/L No.	件数及包装 No.of Pkgs	货名 Description	重量 Weight	收货人 Consignee	备注 Remarks

图 9-8 出口载货清单

9.1.2.11 运费清单和副本提单的移交

航运公司的代理人将运费清单(Freight Manifest)和副本提单邮寄或交大副随船带给航运公司在卸货港的代理人。运费清单是有关全船货载运费情况的汇总单,它是航运公司或其装卸港的代理人收取到付运费的凭证之一。

9.1.2.12 通知到港

卸货港航运公司代理人接到船舶抵港电报后,通知收货人船舶到港日期。

9.1.2.13 付清货款,换回提单

收货人到开证银行付清货款,换回提单。

9.1.2.14 安排卸货

卸货港航运公司代理人根据装货港航运公司代理人寄来或随船带来的货运单证,约定装卸,理货公司安排卸货。

9.1.2.15 编制进口载货清单

卸货港航运公司代理人编制进口载货清单,向海关办理船舶报关手续。

9.1.2.16 取得进口许可证

收货人向海关办理货物进口申请,取得进口许可证。

9.1.2.17 以提单换取提货单

收货人向卸货港船方代理人（在到付运费的条件下）支付到付运费后，以提单换取提货单（Delivery Order，D/O）。

若船舶抵达卸货港，船方已做好交货准备，收货人尚未收到正本提单，因而不能凭正本提单向承运人或其代理人换取提货单时，收货人可以在向承运人或其代理人提供副本提单的同时，提供一份书面保证（保函），以便换取提货单提货。这种保函通常规定，收货人在收到正本提单后，立即交给承运人或其代理人，换回保函，解除保证。收货人承担应由其支付的到付运费及其他有关费用。因未提交正本提单而提取货物，使承运人遭受的损失或对第三者的赔偿，由收货人负责。提货单如图 9-9 所示。

No. COBO0001139

提 货 单

DELIVERY ORDER

收货人：日清进出口贸易公司　　致:NAGOYA　　港区、场、站

下列货物已办妥手续，运费结清，准予交付收货人。

收货人开户银行账号	6101000019881		
船名 TBA	航次 011W	起运港 SHANGHAI	目的地 NAGOYA
提单号COEL0001082	交付条款 CY/CY	到付海运费 到付	合同号
卸货地点 NAGOYA	抵港日期 2010-06-24	进库场日期	第一程运输

货名	集装箱号/铅封号	
集装箱数 20′CONTAINER X 1		
件数 1000CARTON		
重量 22440 KGS		
体积 22.59CBM		
标志		

请核对发货。

收费人章 日清进出口贸易公司 1	海关章 国家海关 放行章 2	出入境检验检疫局 检验检疫专用章 3	4
5	6	7	8

图 9-9 提货单

9.1.2.18 提货

收货人持提货单到船边或港口仓库提取货物。

在货物装船出口时,货物的外部包装局部破损,或有其他不良状态常常难以避免,托运人又无法及时调换货物包装,或对货物包装加以修复。如签发不清洁提单,托运人无法结汇,贸易合同就不能履行,考虑到收货人的初衷是购买完好的货物,而外部包装轻微不良,一般不会损及货物本身,也不会损害第三者收货人的利益。一旦货物真的发生损坏,收货人也可以就货物的损坏提出索赔。因此,承运人在托运人提供保函后签发清洁提单,使托运人顺利结汇,这是保函积极的一面。但是,从保护收货人利益的角度考虑,一些国家的法院常认为这种保函构成托运人与承运人联合对抗第三者收货人进行欺诈,可能判决保函无法律效力。

9.1.3 船舶应携带文件与证书

(1)租船契约或提单。
(2)载货清单。
(3)应纳税货物表。
(4)载重线证书或载重线免除证书(图 9-10)。
(5)货船安全设备结构证书。
(6)安全证书。
(7)货船安全无线电证书。
(8)船舶登记证书(图 9-11)。

图 9-10 船舶载重线证书

图 9-11 船舶所有权登记证书

(9)船员名单及船员等级证书。

图9-12　航海日志

（10）驾驶、轮机、无线电等各种日志（图9-12）。

除上述各种文件、证书外,根据具体航次及货载的特点,还可能使用到其他一些单证。如,货物容积/质量证明书、积载检验报告、谷物证书、装船证书、油舱清洁证明书、危险货物安全装载证明书、冷藏设备合格证书、货物溢短单、货物残损单、货物查询单等。船方应办妥上述有关文件与证书,并随船携带,以备检查。

9.1.4　生产作业环节

图9-13描述了在国际航线上营运的商船运输的基本作业环节。商船运输的基本生产周期是航次,货船、客船的航次是指它从事货物或旅客运输的一个完整的生产过程。船舶在其营运期内周而复始地、有规律地完成一个又一个航次。为划分航次界限,通常规定:客船、货船或驳船自上航次终点港卸完所载货物(或下完旅客)时起,至本航次终点港卸完所载货物(或下完旅客)时止,计为一个航次,对应的这段时间叫航次时间。航次所包括的一系列作业,可分为三类:一类为基本作业,即装卸货物或上下旅客,船舶航行;一类为辅助作业,如装卸货前的准备作业、办理文件签证、编解船队、供应燃物料、淡水等作业;一类为非生产性作业,如因等泊位、等货、等调度命令的停泊等。一个航次的时间是完成上述三类作业时间的总和时间(重叠部分时间应扣除)。

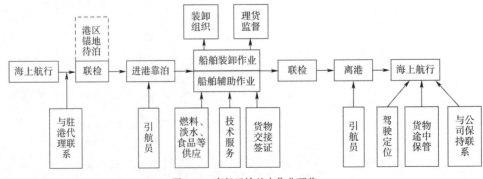

图9-13　商船运输基本作业环节

船舶航次一般分为两种形式:

（1）简单航次——船舶在两港间完成的航次。即船舶在装载港装船(或旅客登船)启程,不在中途挂靠港口,直达卸载港卸空全部货物(或旅客离船)。

（2）复杂航次——船舶在多个港口间完成的航次。即船舶在到达终点港之前,还在中途一个或几个港口装或卸(上或下)部分货物(旅客)。

简单航次的生产过程主要由以下的一些环节组成。

（1）订舱配货。

托运人向承运人(船务公司)预订货运舱位后,船方根据托运人提出的有关托运货物的种类、数量、流向、运送时间等情况，以及能利用的船舶的营运技术性能，为船舶分配货载。分配给各船每一航次的具体任务，即装什么货，各装多少吨，以及装货港、卸货港等，以航次命令及装货清单的形式下达给船长。

(2) 船舶配载。

船舶接到航次命令及装货清单后，由大副负责配载。在保证船舶安全、货物完整无损和力求获得最佳营运效果的前提下，将装货清单上列出的货物正确合理地分配在货舱内(或甲板上)的适当位置上，以配载图(Cargo Plan)的方式表达出来。它是理货员理货、装卸公司装船的依据。配载图要由船长审批。

(3) 装船。

船舶在装货前必须做好一切装货准备工作。对某些要求较高或有特殊要求的货物，在装船前需经检验检疫局(在国外为相应的公证鉴定机构)验舱，取得合格证明后方可装船；装散货时，需申请商检检量；装危险货物时，在我国要向海事管理部门申请监装；为了核实交接货物数量和检查货物外表质量，还需申请理货公司代船方理货。在货物装船过程中，往往由于种种原因需对原配载计划作出部分调整，使货物实际装载位置可能会与原定的配载图有差别。为了确切反映货物的实际装舱位置，采用理货员在货物全部装完后要绘制积载图(Stowage Plan)的方式表示出来。它是理货员理货、装货公司装船的依据。

在货物装船的同时，船方常进行一些其他作业，如补充燃油、淡水、物料及供应品，维修保养船体、轮机或导航设备。有些情况下，特别像滚装船和集装箱船，装载的同时还要随时调节压载水。船舶在港期间补给燃物料、淡水、食品等，由驻港燃料供应公司或外轮供应公司解决。

(4) 运送。

船方在船舶起航前和航行时要尽职尽责，使船舶处于适航状态。船舶适航的含义包括下述三个方面：

① 船体结构、船舶稳性、轮机设备等的性能和技术状态能够抵御本航次航行中通常出现的或能合理预计的风险，并不要求船舶必须具备抵御航次中出现任何风险的能力。

② 妥善地配备船员、装备船舶和储备供应品。配备船员妥善与否，应从船员数量和质量两方面考察。在数量上，要满足正常航行值班与作业的需要；在质量上，各级船员都能胜任本职工作，具有相应的知识和技能，高级船员应持有相应的职务证书，没有不适合船上工作的缺陷。妥善装备船舶是指船舶在航行、载货等各方面的设施完善，使其能装载、运送、保管和卸下货物；要求雷达、罗经等助航仪器，锚、缆等系泊设备，以及海图、航路指南等航行资料齐全，且使用可靠。妥善储备供应品是指船舶必须携带能航行到下一个补给港的充足的燃料、物料、淡水、食品等。在准备这些物品时，除了按正常航程或时间计算外，还要考虑风浪等各种不利因素的影响。

③ 船舶适于货载。要求货舱及其设备功能正常，满足该航次货载的要求包括货舱应清洁、干燥、无味，污水沟和通风筒应畅通，舱盖应水密，吊装、索具等设备应齐全并处于有效状态。如装运冷藏货物，冷藏设备应运行正常。

(5) 卸货。

国际航线船舶运输涉及船员及货物出入国境，各国为了维护本国主权，在船舶进出港方面都有一系列的规定,如进出港强制引航、办理出入境手续、联检等。航行在国内各港口之间的近、沿海船舶通过经常的联系,海事管理部门基本都能够掌握其动态,故不需要进行联检,绝大多数船也不需要申请引航员,船舶可根据港方通知直接进港。

船靠码头后,由港方安排卸货。卸货期间,船方应向理货公司申请理货。如果对货物质量、数量发生争议,还可以申请商检人员来检验,出具检验证明,货物卸完后,船方和港方(或货主)办理交接、签证手续。交货签证标志着船舶承运一批货物运输过程的结束,通过签证表示船方对货物的数量、质量及信用期内所承担的法律责任已经解除。如果在签证中发生分歧,应根据各种原始记录和单据做结论。所有卸货业务完成后,开始下一航次的活动,或等待下一航次命令。

船舶到达国际港口,除了必须向港务管理当局申报并接受海关、移民局、检验检疫机构等的检查与监督外,运输的货物还必须通过商品检验机构的检验,从各种供应公司取得燃料、物料、淡水、食品等的供应,与装卸公司、理货公司、仓储公司以及绑扎、洗舱等各种劳务公司发生联系。

9.2 班轮运输组织

班轮运输是指船舶按预先公布的船期表,在固定航线上的挂靠港口之间进行的有规律运输。班轮运输又称为定期船运输,从事班轮运输的船舶称为班轮。班轮营运组织主要从事班轮航线论证、航线系统配船优化、班轮船期表的编制等工作。

9.2.1 班轮航线参数

班轮航线参数能反映航线的特征,主要包括以下几个方面:

(1)航线总距离($L_{线}$)和港间距离($L_{间}$)。

航线总距离是指第一个始发港至最后一个目的港的距离。对于环状航线,则表示绕航线一圈的距离。港间距离是指两个港口之间的距离。航线总距离可通过累加航线上各相邻两港之间的距离求得。海上运输距离用海里(n mile)表示,内河用千米(km)表示。

(2)航线发船间隔时间($t_{间}$)和发船频率(γ)。

航线发船间隔时间是指一个班次的船舶驶离港口后,直至下一班次的船舶再次驶离该港的时间间隔,可按下式计算:

$$t_{间} = \frac{T_{历}}{\frac{\sum Q}{\alpha_{发} D_{净}}} \tag{9-1}$$

式中:$T_{历}$——该航线的历期时间(日);

$\sum Q$——在历期时间内,航线始发港至目的港所运各种货物之和(t 或 TEU),取往返航次中货运量最大的为计算依据;

$\alpha_{发}$——船舶在货运量较大方向上的发航负载率指标(%);

$D_{净}$——船舶净载质量(t 或 TEU)。

发船频率(也称发船密度)是指单位时间内,在同一航线、同一港口,向同一方向发出的船次数,是发船间隔的倒数。

$$\gamma = \frac{1}{t_{间}} \tag{9-2}$$

这两个指标反映了服务质量的高低。

(3)航线往返航次时间($t_{往返}$)。

航线上船舶的往返航次时间,是船舶在空间上完成一个循环总的延续时间,它包括正向航行时间、反向航行时间,及在始发港、终点港、中途港的停泊时间。

$$t_{往返} = t_{正} + t_{反} + t_{始} + t_{终} + t_{中} \tag{9-3}$$

式中:$t_{往返}$——航线上船舶的往返航次时间(h);
　　　$t_{正}$——正向航行时间(h);
　　　$t_{反}$——反向航行时间(h);
　　　$t_{始}$——始发港停泊时间(h);
　　　$t_{终}$——终点港停泊时间(h);
　　　$t_{中}$——中途港停泊时间(h)。

在一定服务水平下,该指标影响航线配备船舶数的多少。

(4)航线平均装卸总定额($M_{总}$)。

航线平均装卸总定额表示航线上各港口的平均装卸效率,它决定着航线上船舶的在港时间的长短,其数值的大小直接受港口配备的装卸机械配备数量、现代化水平和组织管理的水平等的影响。

(5)航线货流总量($\sum Q$)及各两港间货流量(Q_{ij})。

航线货流总量是指一定时期内在该航线上所承运的或可能承运的各港间的货运量之和。两港间货流量则仅指该两港之间在一定时期内的货流量。该指标与发船间隔、配船数关系紧密。

(6)航线货流方向不平衡系数(μ)。

班轮航线是循环往复的,具有两个方向,即去向和返回。在通常情况下,两个方向货流量是不平衡的。习惯上规定货运量大的方向为正向,货运量小的方向为反向。为了表示和分析航线上货流的这种特性,引进了方向不平衡系数,其计算公式为:

$$\mu = \frac{\sum Q_{正} + \sum Q_{返}}{\sum Q_{正}} \tag{9-4}$$

式中:$\sum Q_{正}$、$\sum Q_{返}$——正向和反向货运量(t 或 TEU)。

班轮航线货流在方向上的不平衡性对船舶运输效率和经济效果有着不良的影响,其主要损失就是船舶载重能力在反向上得不到充分利用,致使船舶运输成本提高和运输效率降低。在某些班轮航线上,由于货物积载因数较大或其他原因,反向货流需要的船舶载货吨位反而比正向要多,这时应以需要船吨位的方向为准来计算方向不平衡系数。

(7)航线货流时间不平衡系数(ρ)。

班轮货流不但在方向上存在着不平衡性,而且同一方向上的货流在不同时期内也具有较大波动性,运输量这种在时间上分配的不平衡现象,用时间不平衡系数 ρ 来表示,它等于全年最高月份的货运量 $Q_{最大}$ 和全年平均每月货运量 $\bar{Q}$ 的比值,其计算公式为:

$$\rho = \frac{Q_{最大}}{\overline{Q}} \tag{9-5}$$

班轮货流在时间上的不平衡性主要受货物运输在各个时期内不均衡的影响,这对船舶营运是不利的。因为在货运量最大时,要求有较多的运力才能满足需求,但在其他货运量较少时期,有一部分运力便不能得到充分利用。在班轮运输中,通常按较为稳定的平均货运量来计算所需的船舶运力。当运力紧张时,可通过租船的方法予以解决。

(8)航线货流密度(λ)。

班轮航线货流量的大小可用货流密度表示。其定义为在一定时期内,每千米(km)或每海里(n mile)航线所通过的货运量,即:

$$\lambda = \frac{\sum Q}{L} \tag{9-6}$$

式中:λ——货流密度(t/km 或 TEU/km);

L——航线距离(km);

$\sum Q$——在航线距离上,一定时期内生成的货流量(t 或 TEU)。

货流密度越大,表明班轮航线货流充沛,即船舶不需挂靠过多的港口即可满足船舶额定载重量,创造较好的船公司经济效益。

9.2.2 班轮运输航线结构的确定

班轮运输航线结构的确定分两步进行,首先确定班轮运输航线形式,然后确定航线挂靠港口及挂靠顺序。

9.2.2.1 班轮运输航线形式选择

班轮运输航线形式通常有多港挂靠和干线/支线转运两种。

传统的班轮运输方式常采用多港挂靠航线形式,其优点是可减少运输中转环节,具有较高的送达速度和货运质量。但是,为增加载箱率而挂靠过多的港口,其时间和成本都会大幅增加。干线/支线转运方式是在航线两端各选择一个枢纽港,两个枢纽港之间构成了航线的干线。干线往往是跨洋航线,运距长,水深条件好,适宜大吨位船舶航行。每一端枢纽港负责所在航线端的集疏运工作,即枢纽港与其他港口之间再组成支线,支线运输可采用小吨位船。但干线/支线转运方式存在一些缺点,即不仅货物装卸费用大幅增加,而且延长了货物运输时间。

由于货流、航线、港口和船舶等诸多因素均会影响船公司的盈利水平,故采用单位运输成本比较法进行定量计算,以选择对船公司较为有利的运输方式。

集装箱船按一个往返航次计的单位运输成本为:

$$S_{TEU} = (K_{单固} + K_{单燃} + K_{单使} + K_{单陆}) \cdot \frac{1}{\mu \alpha_{发}} + K_{单装} \tag{9-7}$$

式中:S_{TEU}——运输每个集装箱的成本;

$K_{单固}$——往返航次单箱固定费用;

$K_{单燃}$——往返航次单箱燃料费用;

$K_{单使}$——往返航次单箱港口使费;

$K_{单陆}$——往返航次单箱滞留码头和内陆费用；

$K_{单装}$——往返航次单箱平均装卸费用；

μ——货流方向不平衡系数；

$\alpha_发$——正向发航负载率。

多港挂靠航线形式单位运输成本可按式(9-7)计算。

干/支线航线形式单位运输成本计算分为两部分，即 $S = S_1 + S_2$。其中 S_1 是干线单位运输成本；S_2 是支线单位运输成本。在 S_2 的计算中，一是要注意扣除以主干港为目的港的集装箱，二是要注意内陆滞留费不要重复计算。

应用上述计算方法，可分别计算多港挂靠和干线/支线两种航线形式的单位运输成本，并加以比较。在其他条件相同情况下，一般选择单位运输成本最低的航线形式。

9.2.2.2　班轮挂靠港口及其挂靠顺序的确定

班轮挂靠港口的多少及其挂靠顺序直接影响班轮航线的运输成本及运输效率与效益，必须慎重选择。不同的班轮航线挂靠港口及其挂靠顺序，其经济效果是不同的。班轮最佳的挂靠港口及其挂靠顺序的定义为能够获得最大的运费收入或利润的挂靠港口及其挂靠顺序方案。由于在一般情况下可组成挂靠港口及其挂靠顺序的方案很多，加之班轮有着需要满足运量、船舶装载能力及班期等条件的限制，计算工作量大。因此，有必要建立数学模型，并通过计算机对其进行求解。

9.2.3　班轮运输航线配船

9.2.3.1　航线配船的原则

航线配船一般遵循"大船大线"理论，即航速高、吨位大的船舶优先配备在长航线、航线挂靠港口装卸效率高的航线上。

在航线配船时，首先应考虑船舶技术营运性能与航线条件、货运任务等是否相适应，主要有：

（1）船舶的尺度性能要能适应航道水深、泊位水深、船闸尺度、回转区水域面积及桥梁或过河电缆的净空高度等。

（2）船舶的结构性能、装卸性能及船舶设备等应满足航线货物与港口装卸条件等要求，如大型单甲板船不适应运输件杂货；船舱通风设备不好的船舶，不宜长途运输散粮；舱口及舱内尺度过小的船舶，不宜用来运送长大件货物；无装卸设备的船舶不宜挂靠装卸设备不能满足装卸货物要求的港口等。

（3）船舶的航行性能要适应航线的营运条件。如续航力低、航速低、抗风浪差的船舶不宜配在航程长、水流速大、风浪大的航线上。

其次，在确定班轮航线船舶吨位、船舶数量配置时，应既考虑货主的需求，也考虑船公司的效益。

9.2.3.2　航线配船应准备的资料

应充分收集以下资料：

（1）各类船舶构造、载重吨位、货舱容积、航速、燃料种类及消耗量、续航力、舱口尺度、装卸设备的起重能力、各种证书的有效起止日期等。

(2)航线两端以及中途挂靠港的水文气象、港口码头、装卸设备、库场、驳运、工人、修船、燃料、淡水供应、锚位等情况,海关、边防、卫检、港口使费等情况。

(3)航线沿途经过港口的燃料供应、燃料价格、进出口港费用等。

(4)货物的性质、包装、积载因数、亏舱率以及贸易条件、合同内双方的权利和义务等条件。

9.2.3.3 航线配船

由于航线配船情况较为复杂和多变,不存在一个万能的方法以适合所有情况,一般是根据具体情况具体分析而提出解决问题的具体方法。

(1)航线配船的评价标准。

船公司精心组织航线配船的目的是最大化获取利润。由于班轮航线一经开辟,不会轻易退出。开辟航线的目的就是要承运此航线上的货运量,在班轮航线货运量、运价及揽货能力基本确定的情况下,航线上的收入也就明确,只要营运成本最低,船公司即可获得最大的经济效益,因此,总成本最低指标往往作为班轮配船的评价标准。

(2)航线配船的常用方法。

航线配船常用方法有两种,一是计算比较法,二是线性规划法。

①计算比较法。

计算比较法就是在具体配船中,根据货源、航线、船舶的具体情况,逐船进行营运总成本的计算,并进行分析对比,从而选择经济效益最佳的船舶。该方法的优点是可行性强,而且针对具体问题进行分析和计算,符合实际情况;缺点是计算量大。

②线性规划法。

应用线性规划进行航线配船的基本思路是:首先明确可供使用的船型、船舶吨位及其数量、各航线及其预测运量,再根据一定的目标及约束条件对船舶进行合理分配。

9.2.4 班轮航线船期表的编制

9.2.4.1 班轮船期表及其作用

班轮船期表是以表格的形式反映班轮在营运的时间和路线上运行的计划文件。班轮船期表的主要内容有航线、船名、航次编号、中途挂靠港、终到港的港名、各港的到离时间等。船期表的具体形式见表9-1。

华东北/美西周班航线船期表　　　　表9-1

船名	航次	新港	大连	青岛	釜山	温哥华	长滩	新港
晶河	115E/W	30-01/10	02-02/10	03-04/10	05-05/10	18-19/10	22-24/10	11-12/10
枫河	102E/W	07-07/10	09-09/10	10-11/10	12-12/10	25-26/10	29-31/10	18-19/10
普河	200E/W	14-15/10	16-16/10	17-18/10	19-19/10	01-02/10	05-07/10	25-26/10
东河	202E/W		24-24/10	24-25/10	26-26/10	08-09/10	12-14/10	02-02/10
泰河	210E/W		31-31/10	31-01/10	02-02/10	15-16/10	19-21/10	09-10/10

制订班轮船期表是班轮营运组织管理工作的一项重要内容。公司颁布班轮船期表有多

方面的作用:首先,是为了招揽航线途经港口的货载,既满足了货主的需要,又体现了服务的质量;其次,是有利于船舶、港口和货物及时衔接,使船舶有可能在挂靠港口的短暂时间内取得尽可能高的工作效率;再次,是有利于提高船公司航线经营管理的质量。

9.2.4.2 编制班轮船期表应注意的问题

在一般情况下制订班轮船期表应满足下列要求:

(1)船舶的往返航次时间必须是发船间隔的整倍数。

由于船舶往返航次时间 $t_{往返}$、发船间隔 $t_{间}$、航线配船数 n 之间存在着一定的关系,见式(9-9),航线上投入的船舶艘数应为整数。因此,船舶的往返航次时间必须是发船间隔的整倍数。

在实际中,按航线参数及船舶技术参数计算得到的往返航次时间往往不能满足这一要求,必须对其进行调整,多数情况下采取延长实际往返航次时间的方法来满足要求。

(2)船舶在各段的运行或作业时间均要留有一定的余地。

船期表制定的船舶各项运行或作业时间应留有余地,以适应航运外界条件变化所带来的影响。如近海班轮航线航程短、挂靠港少,船舶能较为准确地按船期表规定的时间运行,富余时间可少留些;而远洋班轮航线航程长、挂靠港多,航区气象海况复杂,船公司很难掌握班轮运行途中可能发生的各种情况,富余时间可多留些。所以,在船期表制定过程中,需根据统计资料或经验数据,对航行时间加以修正。港口停泊时间的计算也应根据各港具体情况,预先留有一定的富余时间,以避免经常出现"脱班"现象。

(3)船舶到达和驶离港口的时间要恰当。

船舶到达港口的时间应便于靠泊后立即开始装卸作业。由于有些港口工作班制和非作业时间各不相同,尽量避免安排船舶在非工作日到达港口,且船舶到港时间应尽可能安排在港口作业开始之前,以便于及时开工,此外应尽量避免与其他使用同一泊位的班轮同时到港。

船舶出港尽可能避免在非工作时间、节假日出港,以减少船舶在港口的非工作停泊时间和有关费用的支出。港口白天工班雇佣装卸工人容易,且人工费用相对比较便宜,所以船舶应尽可能在当地时间早晨 6:00 左右抵达港口,靠上码头后即可进行装卸作业,减少等工人时间和夜间工作的加班费用。船舶驶离港口的时间也应根据具体的实际情况加以考虑。以船舶出日本港为例,出港口的时间不同,所负担的港口使费大不相同,详见表9-2。

不同时间离港的综合港口使费比较表　　　表9-2

离岗时间	23:00 离港	06:00 离港	09:00 离港
引航费(日元)	460000	460000	330000
拖轮费(日元)	390000	300000	190000
系解缆费(日元)	69000	52000	37000
码头靠泊费(日元)	140000	235000(超12h)	235000
合计(日元)	1059000	1047000	792000

从表9-2中可看出,23:00 离港与 06:00 离港合计费用相差不大,但 23:00 离港可减少 8h 的班期时间。如班期时间允许,选择 09:00 离港可节省 26700 日元,与此同时,船员可得

到充分休息,保障船舶的航行安全。

(4)留出等潮的时间。

在船舶吃水受限的航段或港口,如需利用潮高进出港口,应留出等潮的时间。

9.2.4.3 船期表的编制

(1)班轮往返航次时间的计算。

班轮往返航次时间的计算是以航线里程、船舶平均航速、港口装卸效率和在港装卸货物的数量以及其他可能发生的耗时,并以较大的货运量作为计算依据。

其计算公式为:

$$t_{往返} = \frac{L}{v} + \Sigma \left(\frac{Q_{装} + Q_{卸}}{M} \right) \quad (9-8)$$

式中:$t_{往返}$——船舶往返航次时间(d);

L——航线往返里程(n mile);

v——航行速度(n mile/d);

$Q_{装}$、$Q_{卸}$——航线上各港装货量和载货量(t);

M——航线上各港装卸总定额(t/d)。

(2)航线配船数的确定。

在通常情况下,维持一条班轮航线的正常运转往往需要配置多艘船舶,船舶数的多少主要与往返航次时间、航线货运需求量、船舶载质量、竞争实力和服务水平等因素有关。具体计算公式如下:

$$n = \frac{t_{往返} \cdot Q_{正}}{\alpha \cdot D_{定} \cdot 365} \quad (9-9)$$

式中:n——航线配船数(艘);

$t_{往返}$——船舶往返航次时间(日);

$Q_{正}$——船舶的正向年货物发运量(t);

α——船舶载质量利用率(%);

$D_{定}$——船舶定额载质量(t)。

(3)航线发船间隔的确定。

航线发船间隔时间可按式(9-10)计算,也可根据船舶往返航次时间及航线配船数计算,即:

$$t_{间} = \frac{t_{往返}}{n} \quad (9-10)$$

班轮的发船间隔必须具有一定的规律性,常以旬、周、日为班次。因此,计算所得的发船间隔时间必须按规律加以调整。如计算的发船间隔5.4日,取整为5日,即每5日发一次船。

在充分考虑富余时间、各挂靠港口的条件和规章制度及收费标准、安排最恰当的进出港口的时间等后,即可确定船舶到离各港口的具体时间,编制船期表。

9.3 租船运输组织

租船运输也叫不定期船运输,其主要运输对象是货物本身价格较低的大宗散货,如:煤炭、矿石、粮食、铝矾土、石油、石油产品及其他农、林产品和少部分干杂货。租船合同形式主要有光船租船合同、期租合同、程租合同、航次期租合同、连续航次租船合同、包运合同等。

9.3.1 不定期船航次估算

由于不定期船每一个航次所装的货物不同,始发、终到港不同,航线的具体航行条件不同,因此,产生的成本和收入也不相同。作为船公司必须对船舶可能营运的航次有清楚、全面的了解,以便作出是否承揽或承揽哪一航次的货载经济效益最好的正确决策。

9.3.1.1 收集航次估算所需资料

航次估算所需的资料有:船舶资料、货载信息资料、港口资料、航线资料等。

(1) 船舶资料。

船舶资料包括船名、建造时间、船级、舱室结构和数目、机舱位置、夏季和冬季载重线的载重量、船舶载重标尺、散装或包装舱容、船舶重载或压载速度、航行和停泊燃油消耗、船舶数、船舶营运天费用(包括船员工资、船舶保险费、修理和维持费、船舶物料和杂项费用等)、船舶每天资本成本及企业管理费分摊。其中有些资料是提供给客户的,有些是航次估算所必需的。

(2) 货载信息资料。

货载信息资料是租船人在谈判过程中提供给船东的,事实上也是租船合同中的主要内容,包括航次的货物数量、允许船方选择的货物数量变化范围、货物种类、积载因数、装货港和卸货港、货物装卸时间和除外条件、货物装卸费用分担条款、运费率、佣金、租船合同范本。

(3) 港口资料。

港口资料包括港名、限制水深、港口使费、装卸效率、港口拥挤情况、燃油价格等。

(4) 航线资料。

需要收集的航线资料是港间距离、所经航区及允许使用的载重线、所经运河及运河费用等。

9.3.1.2 航次时间的计算

一般航次时间是由航行时间和停泊时间组成。航行时间又可分为空驶时间和重载时间,停泊时间也可分为装卸时间和其他停泊时间。航次时间的计算公式为:

$$t_{次} = \frac{L_{空}}{24v_{压}} + \frac{L_{重}}{24v_{重}} + t_{装} + t_{卸} + t_{其他} \tag{9-11}$$

式中:$L_{空}$——空航距离(km 或 n mile);

$v_{压}$——压载速度(km/h 或 kn);

$L_{重}$——重航距离(km 或 n mile);

$v_{重}$——重载速度(km/h 或 kn);

$t_{装}$、$t_{卸}$——装货、卸货时间(h);

$t_{其他}$——其他时间(h),如加油、等待泊位、节假日等。

9.3.1.3 航次加油量计算

航次加油量的计算依据是航次燃料消耗量和航次燃料安全储备量,同时需考虑上航次所剩燃料数量和预估下一航次挂靠港可能的油价,最后确定本航次的加油量。

航次燃料消耗量包括主机的燃油消耗量和辅机的柴油消耗量，主机的燃油消耗量(f_{oc})可按下式计算：

$$f_{oc} = t_{航} M_{主航} + t_{停} M_{主停} \tag{9-12}$$

式中：$t_{航}$——航行时间（日）；

$M_{主航}$——主机航行燃料消耗定额（t/日）；

$t_{停}$——加油前停泊时间（日）；

$M_{主停}$——主机停泊燃料消耗定额（t/日）。

辅机的柴油消耗量(d_{oc})可按下式计算：

$$d_{oc} = t_{航} M_{辅航} + t_{停} M_{辅停} \tag{9-13}$$

式中：$M_{辅航}$——辅机航行燃料消耗定额（t/日）；

$M_{辅停}$——辅机停泊燃料消耗定额（t/日）。

航次燃料安全储备量的计算方法有两种：一是根据航次距离的长短，确定燃油和柴油的航行储备天数；二是仅考虑航次最后一个航段所需的安全储备，途中如遇风浪，其消耗的油量可在后续挂靠港补足。而最后一个航段如遇风浪则较难加油，需带足安全储备油量以防万一，安全储备油量一般为该段正常消耗量的25%左右。

由于在每一个航次中，船公司总是希望能充分利用船舶装载能力多装货，以尽可能获得较多的利润。但由于世界各地的油价差异较大，有时甚至会出现多加油比多装货更有利的现象，即油差价比货物运费率更大。因此，在某些情况下，如上航次卸货港或本航次装货港油价过高甚至不能加油，或船舶续航力低需要途中加油，此时，船公司就需首先考虑选择某一合适的加油港，然后再计算加油量。判断是否停靠该港加油可依下式进行：

$$(P_1 - P_2)J > K_{港} + K_{绕} \tag{9-14}$$

式中：P_1——本航次装货港油价或上航次卸货港油价（元/t）；

P_2——加油港的油价（元/t）；

J——需加油的数量（t）；

$K_{港}$——加油港的港口使费（元）；

$K_{绕}$——船舶绕航去加油港所需的航行费用（元）。

9.3.1.4 航次载货量的计算

如果租船人所提供的货物数量小于船舶的航次净载质量，一般有多少货就承运多少。若本航次加油港的油价便宜，可考虑多装燃油以充分利用船舶的装载能力，此时，需计算该船在本航次的净载重量，减去载货量和其他质量，即可得本航次的可装油量。

如果租船人提供货物运量与船舶的净载质量大致相同，并给船公司一定的上下浮动范围，由其选择，则船东必须认真考虑影响船舶载货量的各种因素，尽可能多装货物。为此，首先要查清所挂港口吃水是否有限制，接着确定本航次所允许使用的载重线及其相应的总载重量，取其中小者为本航次的总载重量，然后再计算船舶携带燃料油数量。如果中途加油港的油价太高或下航次加油困难，船东也可以考虑多带一些燃油。对于船员行李、备品、润滑油、淡水和船舶污水、隔舱等质量，估算时可作为常定质量。值得注意的是，当船舶由海水港装货至淡水港卸货时，船舶吃水会增加。吃水增加的量可按下式近似计算：

$$\Delta d = d_{海} \cdot \frac{\rho_{海} - \rho_{淡}}{\rho_{淡}} \tag{9-15}$$

式中:Δd——吃水变化量;

$d_{海}$——船舶海水中吃水;

$\rho_{海}$——海水的密度;

$\rho_{淡}$——淡水的密度。

最后还需考虑货物积载因数对载货量的影响,即根据船舶舱容系数、货物积载因数计算相应载货量。再与预定载货量比较,取小者为本航次可装载的最大载货量。

9.3.1.5 航次收入的计算

航次载货量 Q 一经确定,航次收入 F 很容易根据下式确定:

$$F = QR \tag{9-16}$$

式中:R——预估的运费率(元/t)。

9.3.1.6 航次变动成本的计算

航次变动成本主要计算航次消耗的燃料费用和港口使费。

(1)航次燃料费用。

航次燃料消耗量包括航行和停泊时消耗的燃油和柴油。当上一航次所剩燃料数量多于本航次实际所需数量时,船舶在本航次无须加油,只要根据上一航次燃油价格,即可算出本航次所需燃油费用。如上一航次所剩燃料数量少于本航次实际所需数量时,就需计算船舶在本航次的加油量,根据上一航次燃油价格及本航次加油地点的油价,可算出本航次所需燃油费用。

(2)港口使费。

港口使费在航次费用中占较大比例,与燃料费构成了航次费用中最主要两项费用。港口使费的估算较麻烦,因为世界各港的收费标准不同。通常可以采用三种方法估计:其一是公司保存的该港过去的港口使费记录;其二是可以采用 BIMCO(Baltic and Tnternational Maritime Conference)提供的港口使费资料;其三是可以通过代理或者国际航运组织来提供港口收费的各项标准,然后加以估算。由于前两个提供的资料及时性和可靠性较差,费用也较多,以第三种方法估算得最为准确,但仍要花费一定的代价。

(3)运河费。

运河费是按船舶运河吨位征收的。多数运河对重载和压载船舶分别收取费用。有时,运河当局还对货物征收费用,在这种情况下,船公司需充分了解租船合同的条款,弄清由谁负责该项费用。

(4)额外附加保险费。

船舶保险费是船舶营业费用的组成部分,属固定费用。然而,在以下情况下,由于航次的特殊性,船公司必须加保,支付额外的附加保险费。否则,一旦出现问题,保险人不承担由此引起的损失。

①船舶本航次挂靠的港口或行驶的区域超出了保险的地理区域。

②船舶驶往战争险规定船舶不允许到达的地区。

③货物保险人对 15 年以上的老龄船收取的额外费用,在航运市场不景气时,租船人一般在合同中加入一项条款,让船公司承担此项费用。

(5)货物装卸费。

货物装卸费包括交货、装货、平舱、积载、卸货等费用,这些费用是否由船公司承担,取决于租船合同。在多数情况下,船公司不承担此项费用,但有时租船人要求船公司承担一定比例或全部装卸费用。

(6) 其他费用。

其他变动成本,如理货费、货损货差费、代理费、速遣费、洗舱费以及船舶行驶到非常寒冷的地区,需购买保暖服装等额外费用。

9.3.1.7 航次盈亏估算与分析

通过上述计算,已经确定出航次时间、载货量和航次变动成本,再加上航次营运费、折旧费即船舶固定费用,即可进行航次的盈亏分析。

航次估算盈利的评价指标是每天净收益。其计算按下列公式进行:

$$航次总收入 = 预计运费率 \times 航次货运量 + 滞期费 + 亏舱费 \qquad (9\text{-}17)$$

$$航次净收入 = 航次总收入 - 佣金 \qquad (9\text{-}18)$$

$$航次毛收益 = 航次净收入 - 航次变动成本 \qquad (9\text{-}19)$$

$$每天毛收益 = 航次毛收益 / 航次时间 \qquad (9\text{-}20)$$

$$每天净收益 = 每天毛收益 - 每天营运成本 \qquad (9\text{-}21)$$

$$每天净利润 = 每天净收益 - 每天折旧 \qquad (9\text{-}22)$$

如果航次运费按一次总付方式支付,计算航次总收入时,直接代入该值即可。佣金包括支付给租船人的委托佣金和支付给经纪人的佣金。在一般情况下,此项费用是按运费收入的一定比例支付。

采用此种方法进行航次估算时,每天净收益指标实质上仅反映航次运输结果对船舶资本的贡献程度,并不能反映是否真正盈利,而每天净利润指标则能较好地反映是否赢利。

由于航次估算是在租船成交之前进行的,其运费率并没有确定,在谈判过程中,其数值可以上下浮动。为了能及时反映运费率变化对每天净收益的影响,引入了每 10 美分费率指标。

即当运费率每增加或减少 10 美分时,每天净收益增加或减少的数量,具体计算公式如下:

$$每 10 美分费率 = \frac{0.1 \text{ 美元} \times 航次货运量}{航次天数} \qquad (9\text{-}23)$$

在不定期租船市场上,船公司除航次租船外,还可期租。为了比较航次租船和期租哪一个对船公司更为有利,需要计算航次租船的相当期租租金费率与期租进行比较,即计算采用航次租船方式船舶每载重吨每月可获得的收入。具体计算公式如下:

$$相当期租租金费率 = \frac{航次总收入 - 航次变动成本}{船舶夏季总载重吨 \times 航次天数} \times 30 \qquad (9\text{-}24)$$

将计算得出的相当期租租金费率与市场上的期租租金率比较,如果相当期租租金费率低于市场上的期租租金率,表明采取航次租船方式所获得的收益不如期租方式好,还是应将船期租出去较为有利。

目前国际航运市场上,船公司在选择租船合同时,一般采用计算机进行航次估算。有些船东的估算准则是及时算出相应保本运费率,所需资料和有关数据与航次估算一样。所采用的基本运算公式是:

$$f = \frac{K_{固} \cdot T + K_{港} + K_{燃} + X \pm D}{(1-t)Q} \quad (9-25)$$

式中：f——保本运费率；

$K_{固}$——每天固定成本；

T——航次时间；

$K_{港}$——港口使费；

$K_{燃}$——航次燃料费用；

X——航次其他费用；

D——速遣费（+）或滞期费（−）；

t——佣金所占运费的百分比；

Q——货运量。

在此基础上，还可以测算船舶在不同航速时的相应的保本运费率。

上述计算结果可以作为航次租船决策的重要参考依据，真正作决策时还需考虑一些其他因素。

9.3.2 船舶的经济航速

在相同的经营环境下，船舶采用不同的航行速度，其营运效果是不一样的。航速过低，航次时间延长而可能会失去效益；航速过高，会使燃料费用急剧上升而产生亏损。因此，国际航运界通常做法是船公司在给远洋运输船舶下达航次任务的同时指示船舶的航行速度。经济航速的定义是在具体营运环境和经济条件下，航行 1n mile 或 1km 航行费用最低的航速。

9.3.2.1 按定义推导和确定经济航速

船舶航行一天的费用 $K_{航}$ 按下式计算：

$$K_{航} = K_{固} + K_{航燃} \quad (9-26)$$

式中：$K_{固}$——船舶每天的固定费用（元）；

$K_{航燃}$——船舶航行一天的燃料费用。

$$K_{航燃} = 24 \times 10^{-6} \times g' \times P_b \times C_{燃} \quad (9-27)$$

式中：g'——船舶主机单位燃油消耗定额[g/(kW·h)]；

P_b——船舶主机功率（kW），$P_b = \Delta^{2/3} v^3 / C_{海}$；

$\Delta^{2/3}$——船舶排水量（t）；

v——船舶技术速度（kn 或 km/h）；

$C_{海}$——船舶海军常数；

$C_{燃}$——燃油单价（元/t）。

将 $P_b = \Delta^{2/3} v^3 / C_{海}$ 代入式（9-27）得：

$$K_{航燃} = \frac{24 \times 10^{-6} \times g' \times C_{燃} \times \Delta^{2/3} v^3}{C_{海}} \quad (9-28)$$

令

$$k = \frac{24 \times 10^{-6} \times g' \times C_{燃} \times \Delta^{2/3}}{C_{海}} \quad (9-29)$$

式中：k——船舶机能系数。

利用式(9-23)，$K_{航}$可表示为：

$$K_{航} = K_{固} + kv^3 \quad (9-30)$$

如不考虑船舶速度的增加值，船舶航行 1n mile 或 1km 所需航行费用为：

$$S_{里} = \frac{K_{固} + kv^3}{24v} \quad (9-31)$$

将式(9-25)对 v 求导，并令 $dS_{里}/dv = 0$，得经济航速 $V_{经}$，即：

$$V_{经} = \sqrt[3]{\frac{K_{固}}{2k}} \quad (9-32)$$

9.3.2.2 间接推导和确定经济速度

经济速度的含义是要求采用某一航速所节省的燃油费应大于因延长航次时间而增加的航次固定费用，且使两者之差达到最大。

(1) 采用经济速度增加的航次时间 $\Delta t_{航}$：

$$\Delta t_{航} = \frac{L}{24v} - \frac{L}{24v_0} \quad (9-33)$$

式中：v_0——船舶在航次中某一初始航行速度(kn 或 km/h)。

(2) 采用经济速度节约的燃料费：

$$E_{燃} = kv_0^3 \times \frac{L}{24v_0} - kv^3 \times \frac{L}{24v} = \frac{Lk}{24}(v_0^2 - v^2) \quad (9-34)$$

(3) 增加航次的固定费用：

$$E_{固} = K_{固} \times \frac{L}{24v} - K_{固} \times \frac{L}{24v_0} = K_{固}\frac{L}{24}\left(\frac{1}{v} - \frac{1}{v_0}\right) \quad (9-35)$$

记

$$E = E_{燃} - E_{固}$$

则

$$E = \frac{Lk}{24}(v_0^2 - v^2) - K_{固}\frac{L}{24}\left(\frac{1}{v} - \frac{1}{v_0}\right) \quad (9-36)$$

令

$$\frac{dE}{dv} = -\frac{Lk}{24} \times 2v + K_{固}\frac{L}{24}\frac{1}{v^2} = 0$$

得

$$V_{经} = \sqrt[3]{\frac{K_{固}}{2k}} \quad (9-37)$$

从式(9-37)中可知，经济速度主要取决于船舶的机能系数和船天固定费用。而船舶的机能系数又取决于燃料价格、船舶排水量、主机单位油耗、主机功率等，其中变化较大的是燃油价格。船天固定费用取决于船舶造价、折旧年限、修理费用和船员工资等。

根据经济速度计算公式可以得出：采用经济速度时，每航行天的燃料费用 $kv^3 = K_{固}/2$，即每航行天的燃料费用等于船天固定费用的一半。如果油价提高，每航行天的燃料费用超过船天固定费用,经济速度就要降低;反之,则要提高。因此,经济速度的经济意义在于:在一定油价和一定的固定费用条件下,存在一个航行费用最低的经济速度,而不是速度越低越经济。

9.4 危险货物水路运输组织

危险货物的水路运输组织涉及托运、装卸、平面运输、库场堆存等众多环节,在运输组织过程中不仅关系到水上的船员、船舶及其货物的安全,而且影响港区的安全,稍有不慎,就有可能导致意想不到的严重的灾害发生。所以,危险货物的水路运输组织在它的发展过程中,形成了一系列的申报、核准制度。严格的申报、核准制度是水路运输安全的必要保障。

9.4.1 港口危险货物作业申报

危险货物的港口作业申报是指从事危险货物港口作业的企业,将拟作业危险货物的品名、数量、包装、理化性质、作业时间和地点、安全防范措施等事项及时向所在地港口行政管理部门报告,以征得港口行政管理部门的核准。而由此引起的一系列过程及准则,形成了一整套的申报制度。

9.4.1.1 申报目的和作用

港口危险货物的作业申报审批材料及其申报核准内容是港口作业企业确保作业安全的必需资料。对港口行政管理部门来讲,这些资料首先同意靠泊的前提条件。应根据该作业点是否具备靠泊条件、码头设施、设备是否具备装卸该危险货物的能力,码头附近有否影响装卸该危险货物的不安全因素以及有否特殊情况(如封港等),确定是否同意该载运危险货物的船舶靠泊该作业点作业或指定其他合适的作业点作业。其次是便于掌握情况,实施现场监管。根据申报的内容,结合国家有关的法律、法规,港口行政管理部门有针对性地对港口危险货物作业企业实施监管和检查、抽查等,确保危险货物港口作业的安全。最后是利于管理部门之间的相互通报。

根据《中华人民共和国港口法》第三十五条的规定,在港口内进行危险货物的装卸、过驳作业,应当按照国务院交通主管部门的规定将危险货物的名称、特性、包装和作业的时间、地点报告港口行政管理部门。港口行政管理部门接到作业申报并核准后,掌握了正确、全面的信息,为及时通报海事管理机构奠定了基础,也避免了港口作业企业向多个管理部门重复申报的烦琐手续。

9.4.1.2 申报的范围和内容

《港口危险货物管理规定》(交通运输部令 2012 年第 9 号)第十七条规定:从事港口危险货物作业的港口经营人(以下简称危险货物港口经营人),除应当符合《港口经营管理规定》(交通运输部令 2009 年第 13 号)规定的港口经营许可条件外,还应当具备以下条件:

(1)设有安全生产管理机构或者配备专职安全生产管理人员;
(2)具有健全的安全管理制度和操作规程;
(3)企业主要负责人、危险货物装卸管理人员、申报人员、集装箱装箱现场检查员以及其他从业人员应当按照相关法律法规的规定取得相应的从业资格证书;

(4)有符合国家规定的港口危险货物作业设施设备;

(5)有符合国家规定的事故应急预案和应急设施设备。

从事危险货物港口作业的企业,在危险货物港口装卸、过驳、储存包装、集装箱装拆箱等作业开始24h前,应当将作业委托人,以及危险货物品名、数量、理化性质、作业地点和时间、安全防范措施等事项向所在地港口行政管理部门报告。港口行政管理部门应当在接到报告后24h内作出是否同意作业的决定,通知报告人,并及时将有关信息通报海事管理机构。未经港口行政管理部门同意,不得进行危险货物港口作业。

①危险货物港口作业申报单。各地港口行政管理部门都应设计、制作"危险货物港口作业申报",其中申报的内容,除了港口作业企业作业委托人、作业方式、拟作业危险货物的地点和时间,拟作业危险货物品名、数量、理化性质、安全防范措施外,还应包括货物的状态:包装件(包括集装箱和单一包件)、散装(包括散装液体、固体和气体)、中散(包括柔性和刚性)、移动罐柜(包括集装箱罐柜、槽罐车和其他罐柜)、申报声明(包括"所申报内容准确无误"等)、申报员签名(包括申报员证书编号和紧急联系电话)、核准签注(包括核准部门和核准人员)等。港口危险货物作业企业在申报时应提交填写正确的"危险货物港口作业申报单"。

②对第1、3、4、5、6、8、9类包装危险货物的作业申报。对第1类爆炸品(民用爆炸品)、第3类易燃液体,第4类易燃固体、自燃物品和遇湿易燃物品,第5类氧化剂和有机过氧化物,第6类毒害品和感染性物品,第8类腐蚀品,第9类杂类危险货物的出口申报,港口作业企业应附交中华人民共和国出入境检验检疫机构出具的"出境危险货物包装使用鉴定结果单"正本或"危险货物包装检验证明书"正本,并按交通运输部相关文件规定,逐批核销,不得使用过期或私自涂改的上述证书。

③对第2类包装危险货物的作业申报。第2类气体(压缩气体和液化气体),其使用的包装大多为压力容器,申报时应附交锅炉压力容器检测机构出具的检验合格的检验证书或检验报告(其格式全国各地不同)。

④对第7类包装危险货物的作业申报。第7类放射性物品,其包装是由内容器、吸收材料、屏蔽材料、外包装等构成,其包装质量不但取决于其材质强度,还取决于包装件表面的辐射剂量。辐射剂量的多少,将对作业人员产生不同程度的危害。因此,在申报时应附交国外专业机构出具的近期检测证明(格式不同)或卫生防疫部门出具的"放射性物品包装件辐射水平检查证明书",并按检测部门的要求,对作业现场实施监管。

⑤对中型散装容器装运危险货物的作业申报。中型散装容器,简称中散,有柔性和刚性之分。出口装载危险货物的柔性中散,应附交中华人民共和国出入境检验检疫机构出具的"出境危险货物运输包装使用鉴定结果单"正本;出口装载危险货物的刚性中散,一般情况下,应附交船检部门(船级社)检验合格出具的相关证书。进口装载危险货物的中散时,港口作业企业应附交国外相关专业机构出具的证明书。

⑥对可移动罐柜装运危险货物的作业申报。可移动罐柜有多种形式的罐柜,其中集装箱罐柜可作为船舶设施的延伸部分(或一部分)。所以,对出口装载危险货物的集装箱罐柜申报时,应附交各国(地)船级社出具的证明书;槽罐车和其他罐柜装载危险货物进、出口申报时,应附交国内外专业机构或船级社出具的证明书。

⑦对散装危险货物的作业申报。散装危险货物往往是整船或整舱利用管系或抓斗等来

装卸,在作业前进行申报时须根据对装卸、储存可能造成的危害进行说明,必要时应附交添加剂(稳定剂、抑制剂、阻聚剂、抗氧剂、钝化剂稀释剂等)证明书(格式不同)。

⑧对集装箱装运危险货物的作业申报。集装箱作为装运危险货物的设施,其绝大部分涉及危险货物包装件中散、可移动罐柜等的运输,因此,除了符合上述相应申报应附交的有关单证外,还应附交"集装箱装箱证明书"。

⑨对限量内危险货物的作业申报。限量内危险货物作为特殊包装件或小包装危险货物,申报时应附交"限量内危险"货物证明书,以简化某些手续或免除提交某些单证。

⑩对"未列明"危险货物的作业申报。对任一"未列明"危险货物,无论其以何种形式作业,申报时都应附交有效的"危险货物鉴定表"。

9.4.1.3　申报人及其代理人

危险货物港口作业企业应选派专人担任"危险货物作业申报员",申报员应掌握所从事港口作业危险货物的相关资料和情况以及申报的各项要求,并应经港口行政管理部门专项培训、考核合格,取得申报员证书。为了便利作业企业的申报,减少资料和单证的重复多环节递交,降低港口作业企业申报成本,也可以委托有关人员申报。但是,首先必须有委托凭证或证明;其次被委托者同样应经港口行政管理部门的专项培训、考核合格,取得申报员证书。被委托的申报员,代表从事危险货物港口作业的企业申报,一旦有任何差错(如申报不实、有误等),委托的港口作业企业承担全部责任。

9.4.1.4　申报的方式

(1)当面申报。当面申报适用于在申报时,同时需要附交其他相关单证的作业申报。

(2)传真申报。其关键是传真件必须与原件一致。主要适用于一些申报时不用附交相关单证的作业申报。

(3)网上申报。网上申报主要适用于部分散装危险货物的作业申报,其关键是申报时须附交相关单证。

(4)其他方式申报。

9.4.1.5　申报时间及核准

危险货物港口作业企业的作业申报,必须在作业前24h申报,而且至少提前24h。获得可靠、正确的拟作业危险货物相关资料后,申报时间可提前2日或3日,甚至更长,为港口行政管理部门的核准以及作业准备留有足够的时间。既然是申报,就必须经核准。港口行政管理部门接受申报后,应及时(当场或根据申报时间,亦可提前2日、3日或更长时间)核准。核准方式应根据不同的申报方式,采取相应的核准,一旦核准(许可),就应加注核准(许可)的相应凭据(如"当面申报",应在申报单上加盖港口行政管理部门的"危险货物港口作业核准章")。其他方式的申报,也应如此。

9.4.2　水路危险货物运输的工作流程

由于水路危险货物运输品种多、运量大,且远洋运输外部环境复杂多变,稍有不慎就会造成较大的危险。要做好水路危险货物运输工作,确保船、货安全,作为船方,在危险货物的装运准备、积载、装船、航行、卸船、交付等各个方面必须要有一套完善妥当的工作程序,必须根据国际国内有关法律法规,向有关机关办理申报手续,并遵守国家关于危险货物管理和运输的有关规定。

9.4.2.1 审核清单

这是水路危险货物运输的第一步工作,主要是要弄清危险货物的类别,熟悉其特性,认真把好承运关。在船运危险货物时,托运人需提供给船方一份危险货物清单,船方要认真审核清单中所列的危险货物的正确运输名称、联合国编号、理化特性、所属类别、包装、数量、积载要求消防急救措施及对运输管理的要求等,对性质不清的货物必须明确其性质。对《国际海运危险货物规则》(IMDG Gode)品名表中未另列明的危险货物应要求托运单位提交"危险货物技术证明书",同时要找出《国际海运危险货物规则》(IMDG Gode)分类(主、副标志),凡审核不合要求的,应一律不接受承运。在这项工作中,要以《国际海运危险货物规则》(IMDG Gode)(包括 EMS 及医疗急救措施内容)、相关船运危险货物监管规则,交通运输部、中国国家铁路集团有限公司及有关单位部门颁发的文件为依据。

9.4.2.2 装货前准备

装货前准备的主要工作内容是使船舶做好适航、适货的准备。首先,要明确货类特性及预防措施,针对所装危险品性质、船舶性能、所经航区条件制定安全措施,审核预配图,事先掌握烟火探测器和消防设备使用方法。货舱要保持清洁干燥,管道系统污水沟(井)要畅通,舱盖防漏水,如船舶结构及设备有明显缺陷应积极采取措施进行修复或改装。装运危险货前,船方必须事先申请船检部门对船舶结构、装置及设备进行临时检验,在船检部门检查认可合格,并取得"船舶合格装运危险品证书"后,方可接受承运。同时要使船上设备处于可用状态,包括对救生消防设备、通信设备、主辅机舵机、吊货设备等全面检查,申请船检,取得适航证书。

9.4.2.3 积载计算与装船积载

对已接受承运的危险货物,船上大副应根据货主提供的货物性质,严格按照《国际海运危险货物规则》(IMDG Gode)的规定认真仔细地编制货物积载计划,特别要对所装运的危险品选择适当的货物运输,合理配装方案。在考虑危险货货位时,必须保证船舶、人员和货物的安全,同时要考虑方便绑扎加固等要求,要严格按照货物明细表中提出的积载要求及"危险货物配装隔离表"的规定正确配装。易燃、易爆、遇水会放出易燃有毒气体的货物应远离生活区,船首、船尾尾尖舱不宜装危险品,按港口顺序航线、气候等考虑最危险货后装先卸,装有危险货物的货舱中应避免在中途港继续加载。另外,在货位的选择上要便于使用同一种消防方法,以利于采取灭火和急救措施,对垫舱材料、绑扎工具的选择也不容忽视,一个好的积载计算是保证货物运输安全的前提条件。

装船积载严格按照积载的技术、条件、要求和注意事项执行,以保证装船积载的顺利进行和安全出航。

9.4.2.4 安全航行

船方在危险货物运输过程中,主要做好避碰、防火和检查加固。具体工作有:谨慎驾驶、加强瞭望、防止碰撞、防火防爆,做到万无一失。航行中注意收听气象报告,在大风浪中航行时,应采取改变航向、减速等措施,减缓船舶摇摆,尽量避开大风浪及雷区。按《国际海运危险货物规则》(IMDG Gode)要求测量某些危险货物的温/湿度,进行合理通风,防止货物潮湿、自热、可燃气体积聚、有毒气体泄漏及其他可能引起危险变化的情况发生。航行期间要经常下舱检查危险货物有无移动情况,注意货物的绑扎和加固,但下舱前一定要事先通风。坚持消防值班巡逻及每班经常观察烟火探测器。航行期间,如货舱底下、双层底的燃油舱需要加温,应取得船长、大副同意,并注意将油温控制在50℃以下;为防止装在甲板上的易燃易爆品在高温地区受阳光直射,发生危险,应采取适当的遮蔽及实施浇水降温(遇水发生危险的除外)。船舶在通过运河及所到目的地的港前应及时通报船上装运危险货物的情况,以便对方采取措施及做好危险货物的卸载准备工作。遇有大风浪或视线不良等情况,不宜进出港口和靠离码头。

9.4.2.5 卸货、签单和交付

船方要严格遵守各港口规定,及时将危险品积载的舱容、质量、数量、学名、联合国编号等电告卸货港代理,争取尽快进港。船方在卸货前一天申请监卸,船舶在开舱、起卸放射性物品或能放出易燃易爆有毒气体的危险物前应进行充分的通风;在开启舱盖时,亦应采取防止摩擦产生火花的措施;起卸包装破漏的危险货物时,现场严禁明火,对包装破损严重的要进行必要的修理和清洁工作,以避免危险品大量渗漏。在卸货过程中,监卸人员要制止工人违章操作,如用手钩、拖包、挖井等野蛮卸货;要做好现场货物的原残、工残记录;必要时拍照,申请商检防止扩大化;停卸时应及时关闭照明及电源。卸货完毕认真审核签单,核对残损、现场记录等,妥善保管资料,以便提赔时取证。

思考与练习

1. 班轮运输航线结构有几种?各有什么特点?
2. 制定班轮船期表需考虑哪些因素?
3. 在同一种船型、同一种油价下,不同船公司之间的经济速度可能不一样,可能的原因是什么?
4. 已知某班轮航线年货运量为180万t,拟采用载质量为5000t船进行运输,该航线年运营为200日,发航负载率为90%,试求此航线的发船间隔和发船密度。
5. 港口危险货物作业申报时除了要符合规定的港口经营许可条件,还应当具备哪些条件?
6. 在宜昌大撤退案例中,为了缩短运行时间,整个运输途中采用了什么方法?该方法又是如何具体实施的?

爱国人士
霍英东

宜昌大撤退之
三段式运输

第10章 多式联运

10.1 多式联运概述

10.1.1 多式联运含义与特点

运输按其协作程度可分为单一运输方式实现的运输和多种运输方式联合实现的运输（多式联运），如汽车运输、火车运输等一般运输，铁海联运、公铁联运、公海联运、公铁水联运等多式联运。在多式联运情况下，各种运输方式在运输过程中遵照统一的规章或协议，使用同一运输凭证或通过代办中转业务，采用两种或两种以上的运输方式，联合实现货物或旅客的全程运输。多式联运在运输系统中主要表现出全程性、通用性、协同性的特点。

多式联运是按照社会化大生产要求组织运输的一种方法，它打破了传统的不同运输方式、不同运输企业独立经营、独立组织运输的局面，将不同运输方式、运输枢纽、运输企业、运输服务企业有机地联结在一起，综合利用多式联运系统中各运输方式的技术经济性，扬长避短，以最合理、最有效的方式实现货物运输过程。它在旅客和货物多次中转连续运输的全程运输过程中，在不同运输区段、不同运输方式的接合部（中转、换装地点）发挥纽带、贯通和衔接的作用，可以最大程度地方便旅客和货主，加速客货运输过程，进一步实现运输合理化，从而提高运输的社会经济效益。

多式联运主要特点

10.1.2 多式联运的分类

多式联运的种类可以按不同要求进行划分，按各种运输方式的组合，可以形成铁水联运、公水联运、铁公联运、水陆空联运等多种形式；多式联运按地域概念可以分为国内联运和国际联运；按运输对象可以分为货物联运和旅客联运。

10.1.3 影响多式联运的因素

多式联运过程涉及铁路、水路、公路、航空等多种运输方式，每种运输方式都有自己固有的运输组织方法和固定的线路网，怎样在综合路网中选择合适的线路及恰当的运输方式组合是从事多式联运的决策者应当首先考虑的问题。

10.1.3.1 运输需求角度

多式联运的发展是在运输市场规模不断扩大、运输需求多元化发展、运输方式多样化存在的背景下提出的。运输需求是驱动运输产业的运输资源优化配置的根本动力，因此，多式联运业的发展应该以满足不同产业部门的运输需求为指导思想。运输市场的运输需求涉及的范围相当广泛，影响的因素众多，并且随着经济结构调整具有动态的变化过程，对多式联运方案的选择具有非常大的影响力。多式联运业的发展必须要考虑运输市场的需求特点,有针对性地提供运输服务,才能保证运输过程的高效性,产生经济效益,提高运输业的服务水平。

从事多式联运的企业在运输过程中不但要考虑从运输的供给数量上满足运输的需求,更要考虑提高运输服务的水平以满足相关利益主体的利益。运输需求者出于自身利益及客货运输安全的考虑,都希望货物能及时准确安全地到达目的地。

(1) 安全性。

安全性是所有社会生产活动的首要要求,运输生产也不例外,出于自身利益的考虑,保证运输对象的安全性,既是运输需求者的要求,也是运输执行者自身的运输要求。运输对象的不同性质决定了其运输方案的选择,有些运输需求可以由多种运输方式完成,而有的货物可能只能由某种运输方式完成,在实际运输生产活动中,运输安全是首要考虑的要求。

(2) 时效性。

同一运输需求在不同的时间具有很大的性质上的差异,这种差异性就称为时效性。客货运输需要消耗一定的运输时间,导致时效性发挥作用,有些运输需求时效性不明显,但有些运输需求的时效性却起着很大的市场决策作用,如鲜活货物、易腐易烂货物、高价值量货物等,都对运输的时效性要求很高。运输对象的时效性会对运输方案的选择产生影响,时效性要求运输必须迅速及时。

(3) 经济性。

在运输过程中,实现运输的经济性是运输过程的核心,运输的时效性、准确性、方便性是与运输的经济性相关联的,最后都体现在运输的经济性上,因此,多式联运的决策者必须考虑运输需求的经济性,从经济角度衡量多式联运方案的选择和运输资源的优化利用。运输过程的经济性主要可以从四方面的费用对不同运输方案进行比较,分别是运输费用、运输时间价值成本、运输空间价值成本及运输附加价值成本,如图10-1所示。

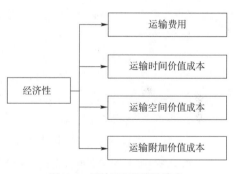

图10-1 运输过程经济性构成

运输费用与运量、运输距离、运输构成有关,包括运输过程中运输需求者需要支付的运费、保险费、办理运输的手续费、货物运输途中的仓储费用及中转费用等。

运输的时间价值是客货运输途中因为运输时间的消耗而损失的价值,包括客货自身的时间价值和货物占用资金的时间价值,不同的客货时间价值不同,比如易腐、易烂及价值量比较高的货物对运输的时效性要求很高,相对来说时间价值就相对较高。

运输的空间价值是客货的起运地与目的地的货物或人力资源价格差异,客货的空间价值通过运输过程得以实现,运输的距离长短是实现空间价值的方式。运输的附加成本是由于多式联运过程是通过多种运输方式,多部门联合协作完成,运输过程涉及的范围广泛,耗时较长,会产生仓储管理费、包装费、货损等相关费用。

(4) 准确性。

准确性即运输对象被准确地运送到目的地,不出现运输差错。出现运输货差既影响运输需求者的利益,也对运输方的利益及信誉造成不利的影响。

(5)便利性。

不管是从运输需求方还是运输供给方,都希望能便捷地实现运输对象的空间转移,越便捷则工作组织越简单,中间环节越少,反之运输过程复杂困难。在选择多式联运方案时,应考虑运输过程的便利性,主要体现在运输换装换乘的便利性上。

对于运输方式的选择主体,运输执行方会在保证运输过程安全性前提下,充分分析各种运输方案的经济性、时效性、准确性、方便性等因素,对运输方案进行选择,这也是运输需求对多式联运方案选择的主要影响因素。

在制订运输方案时,准确把握客户运输需求尤为重要。比如,某制造商要求选择最快的运输方式承运货物,其理由是它目前生产所需要的原材料总是延迟到达,而它的生产线却不允许停工,因此,它认为自己的运输要求是"快"。但事实上,这并不是它的真正要求,他真正的运输要求是"准时"。再比如,某客户需要将一批流行服装空运至欧洲,他声称自己的需求是要求最低的运费。目前,这批货物采用普通的包装,采用挂衣箱会导致运费增加,但如果运费增加额低于因采用普通包装而需增加的拆包、熨平等费用,则采用后一种包装形式更加合理,因此,该客户的真正需要不是要求运费最低,而是要求整个运输产生的费用最低。

10.1.3.2　交通供给角度

多式联运作为综合运输体系的运输组织形式,运输过程涉及采用不同运输方式来完成整个运输过程,不同运输方式的特点、路网的规模、枢纽及换装点间不同运输方式间的衔接能力,都对运输过程的实现及联合路径的选择产生巨大影响。

(1)路网规模。

路网规模对运输路径选择起着重要的影响,路网规模可以用路网密度来描述,即路网总长度与地区面积的比值,路网密度越高,表示路网覆盖率越高,交通越便捷,在进行运输路径选择时可供选择的路径也就越多,组织多式联运的硬件条件越充足。

(2)枢纽的衔接水平。

多式联运过程要求采用不同运输方式或不同运输企业来共同完成客、货的运输任务,因此,运输过程中必然会涉及不同运输方式、不同运输企业间的旅客换乘和货物的换装作业,给换乘、换装提供技术设施及作业的场所可定义为多式联运接合部。多式联运接合部的范围仅限于运输枢纽内不同运输方式联合使用的港、站及其所具有的技术设备,完善枢纽内换装接合部的协调工作,对于多式联运的发展,实现安全、快速、经济的运输服务是非常重要的,要实现运输路径的联合,就必须确保多式联运各运输方式之间能实现良好的衔接,多式联运接合部要有便利的协调各运输方式的条件。

多式联运接合部的协调目的是要实现运输过程的连续性,不同运输方式间技术作业过程能无延误地完成全部作业。多式联运接合部的协调大致可以分为三个方面的协调:经济层面的协调、技术层面的协调、技术作业面的协调。经济方面的协调为运输方式各利益方之间利益的协调;技术层面的协调主要是各运输方式运输设备的协调,主要是确保能力吻合,相互能够衔接;而技术作业面的协调主要是指具体的作业过程的协调,即前一作业与后一作业之间的衔接关系或者并行作业之间的相互关系的协调。

枢纽的运输方式之间的协调能力及协调程度决定了其从事多式联运时的作业效率与成本,多式联运方式的组织比单种运输方式复杂得多,运输单位及企业在选择多式联运方式时,为了保证高效性及经济性,对各运输方式之间的衔接程度及运输成本有较高的要求,因此,枢纽的运输方式衔接水平对路径的选择有重要影响。

比如,仁川机场不断完善联运衔接配套设施,提升联运衔接服务水平,提高物流效率,降低物流成本,使其在国际多式联运中成为具有较强竞争力的联运方案节点。便捷迅速的"一站式"电子通关系统——UNI-PASS投入使用,进出口货物的清关效率得到显著提升,在169个世界海关组织成员国中,其清关效率最高。强大的航空物流信息管理系统——AIRCIS,有效地整合航空物流链信息资源,促进各航空物流参与方,如航空公司、地面服务公司、货运代理和船运公司等之间的相互合作,为客户提供一体化解决方案。此外,AIRCIS S网站还成为韩国最大的航空货运社区,大约有250个与物流行业相关的企业参与其中。其衔接水平可以通过其高效的航空货运地面服务标准展现,见表10-1。

仁川机场航空货运地面服务标准　　　　表10-1

货物类型	服务内容	服务标准
陆侧服务(出口货物)	货车等候时间	<30min
	货物接受	<15min
	货物放行	<30min
	货运单据分类	<3h
集装货物拆解(进口货物)	客机(机腹载货)	<3h
	窄体货机	<4.5h
	宽体货机	<7.5h
	鲜活货物	<2.5h
	快递货物	<2h
	处理出错率	<0.05%

10.1.3.3　不同运输方式的特点

现代五种运输方式中,管道运输由于其在客货运输方面的局限性,多式联运过程中通常不加以考虑,目前,多式联运过程主要为铁路、水路、公路、航空四种运输方式的联合。不同的运输方式在其运载工具的技术特点、路网的建设水平、部门内的管理模式等各方面都存在差异,在一定的区域、范围内具有其他运输方式不可替代的优势。多式联运正是利用不同运输方式的特点,形成优势互补、分工协作的联合关系。各种运输方式的存在是以需求的多样性为前提的,但同时运输方式的特点也可以影响运输需求在不同运输方式间的分配。

不同运输方式在运输速度、运输成本、机动性、安全性、对环境的影响方面都存在差异,对于多式联运的决策者来说,运输过程线路、方式的组合选择,在考虑运输需求、客货特点的前提下,必须根据不同运输方式的特点,进行相应的选择。不同运输方式有其各自的合理运距,其运输的可达性也不同,所有这些都构成联合路径选择的影响因素。

10.1.3.4　运输方式的联合程度

多式联运企业作为运输的代理行业,在为运输需求者提供运输服务的同时也为运输企业服务,是独立核算、自负盈亏的经济实体。多式联运是经济效

运输方式的
联合程度

益高的新型产业,基础差、设备少,必须在铁路、公路、水路及民航等部门的支持下开展多式联运工作,同时,多式联运企业也必须依赖于运输企业的运输生产才能完成运输任务。因此,多式联运的实现必然受到运输方式的联合程度的影响,运输方式的联合程度包括两个方面:不同运输部门的联合程度、运输企业的联合程度。

10.1.3.5 运输方式的可达性

运输方式的可达性对多式联运路径选择的影响不言而喻,若运输方式无法连接到下一目的点,在多式联运组织时,运输任务肯定无法由其承担。在运输过程中,不管采用何种运输方式,在不同运输线路上都会突发一些因素,例如地震、泥石流、道路损坏、交通事故等各种运输障碍,引起运输过程的中断或通行能力的降低,增加运输费用和时间,因此,在联运方案选择时,应尽量选择可达性可靠的路径进行运输。

10.2 旅客多式联运

旅客联运本质上是多式联运的一种类型。联运系统主要由水路、铁路、公路和航空四大运输模式构成,同时,一个完整的旅客联运系统还需要一体化的行李运输系统以及可兼容的联运信息系统。

10.2.1 旅客多式联运概述

旅客多式联运是指通过两种或两种以上的运输方式将旅客安全、快速、舒适地送达目的地,将本来由旅客自己订立的运输合同改由联运企业或联营管理机构统一管理,以提供优质、方便高效的全程运输服务。

根据旅客多式联运的定义,可以概括出其主要的基本特征如下:

(1)全程性。联运企业负责全部运输过程及相关的行包等服务。

(2)票务一体化。旅客只需要购买联运客票,便可直接在铁路、公路、水运、航空四种运输方式间进行换乘。

(3)代理性。旅客只需要直接和代理方签订运输合同,与四种运输方式的合同由代理方负责。代理方可以是船务公司、铁路公司、长途汽运公司、航空公司或者第三方。

(4)硬件匹配性。开展联运服务,四种运输方式的硬件设备必须建立一定的衔接,为旅客办理相关手续提供更大的便利。

(5)组织协调性。旅客多式联运服务需要各运输方式在运输组织和管理上建立一定的协调性,以便于多式联运的开展。

(6)通用性。在旅客多式联运中,各运输方式的相关合同、法规、使用的单证文件都需具有通用性,以适用各运输方式之间的衔接工作。

(7)政策性。由于联运涉及水路、铁路、公路和航空四大运输系统,具体的实施更是与城市发展、区域经济密切相关,需要获得国家和地区一定的政策支持。

10.2.2 组织方法及系统组成

10.2.2.1 组织方法

旅客多式联运是通过将不同的运输方式进行衔接,为旅客提供更为便利的一体化服务。

根据一体化实现程度的高低，旅客多式联运可以分为两种水平的服务（两种联运组织方法）：一是四种运输方式相互衔接，使旅客可以通过一种运输方式换乘到另一种运输方式，办理客票和行李托运等各种手续都在第二种运输方式所在的企业进行办理；二是在第一种服务的基础上所谓的"0"服务，是指在船务公司、铁路公司、长途汽运公司、航空公司或者第三方为旅客提供的联程服务，在两种运输方式之间换乘的旅客视为中转旅客，换乘之间无须再办理任何手续，而且行李自动转运。这样的一体化联运服务系统就要求船务公司、铁路公司、长途汽运公司、航空公司或者第三方提供联程票务系统、旅客信息和引导系统、火车站配备行李输送系统，以及飞机和列车航班表的协调等。

10.2.2.2　系统组成

旅客行李系统及联运信息系统是旅客多式联运系统的两个重要组成部分。

（1）旅客行李系统。

旅客行李可以分为托运行李、自理行李和随身携带物品，在运输过程中，关键是托运行李的处理。如何快速、高效、安全地对托运行李进行运输和管理，是决定整个运输系统效率的重要组成部分。旅客行李系统如图 10-2 所示。

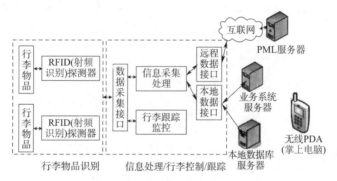

图 10-2　旅客行李系统

（2）联运信息系统。

信息共享是旅客多式联运中的核心内容，其中信息的采集、数据交换、数据挖掘等相关技术都需要在各运输方式间共同实施，必须建立统一标准的数据结构、数据模式。需要共享的信息内容主要为旅客个人身份信息，包括旅客的身份证号、姓名等；旅客的旅行信息，包括出发地、座号信息、出发到达时间、换乘地；旅客在途实时信息，主要为旅客实时位置的确定；其他信息包括旅客的行李等。旅客多式联运中的信息应为一种半开放式信息，对于不同的对象只能获取与之权限相符的信息内容。各部门之间应建立完备的信息安全机制。旅客多式联运信息平台结构如图 10-3 所示。

旅客多式联运系统的整合主要集中在订座信息、清分信息、客票基本信息、旅客信息的整合上。旅客多式联运的信息整合主要采取以下两种方式：①互换式；②中介式（图 10-4）。

互换式信息交互不需第三方参与，在联运初期，各方技术上不成熟时可采用，其缺点是需要提供自身数据访问权限，容易产生安全问题，且此种方式是一对一，发生在联运中容易产生混乱。中介式信息交互是在联运各方技术比较成熟，其已广泛实施数据量及参与方较多时，一对一的数据交换不能满足需求，需要第三方专业部门来完成信息共享及整合工作。

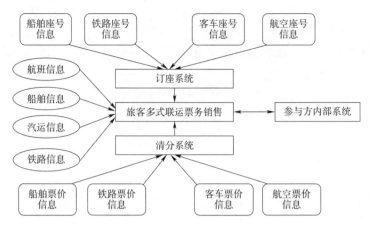

图 10-3　旅客多式联运信息平台结构

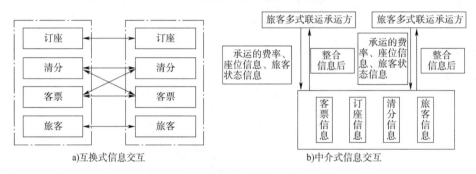

图 10-4　旅客多式联运的信息整合主要方式

10.2.3　旅客综合枢纽

10.2.3.1　旅客综合枢纽概述

从枢纽本身讲,枢纽是一个点,连接两条以上线路,为往来客流提供始发、通过、到达或中转服务;从运输系统的角度说,枢纽只是整个运输系统中的一个组成部分,还包括线路及众多技术设备、人员等;从网络的角度看,枢纽是运输网络上的节点,具有连通不同方向客、货流的作用。

综合运输枢纽具有以下三大特征:在地理位置上,运输枢纽地处两种及以上的运输方式衔接地区或客货流重要集散地;在运输网络上,运输枢纽是运输网络上多条运输干线通过或连接的交汇点,是运输网络的重要组成部分,连接不同方向上的客货流,对运输网络的畅通起着重要作用;在运输组织上,运输枢纽承担着各种运输方式的客货到发,同种运输方式的客货中转及不同运输方式的客货联运等运输作业。因此,综合运输枢纽的概念可以深化为:综合运输枢纽是这样一个地区,它汇集两种或者两种以上的干线运输方式,通过各子系统的协作完成其中转、换乘、换装、集散的运输功能,通过其特定的优势带动经济发展和实现经济功能。在综合运输枢纽系统内可以分为两个分系统,货运枢纽系统和客运枢纽系统。依靠枢纽出入口及其枢纽范围内有专用通道和设备,共同完成客、货运作业。

10.2.3.2　客运枢纽的基本功能

客运枢纽的功能可分为交通和商业功能。一般地,客运枢纽是多种交通功能建筑或集交通功能和商业开发功能于一身的建筑综合体。它的交通功能主要体现为对客流的集散,它的商业开发功能则需根据具体的项目情况而定。在对客运枢纽功能进行定位时应首先确保交通功能的实现。客运枢纽由于其自身交通功能,势必带来周边区域交通状况的改善,便捷的交通与大量的客流使客运枢纽及其周边区域具有巨大的商业价值,往往随着客运枢纽的建设,其周边区域内必然形成高密度的商业区、办公区等。

尽管商业功能在客运枢纽的设计中占重要位置,但是仍属于枢纽的从属功能。客运枢纽的交通功能是研究的重点,即对枢纽站的到、发客流,按不同的目的和方向,实现换乘、停车、集散、引导四项基本功能。

(1)换乘。对于来自不同方向、不同路线、不同运输方式的乘客,需要转乘到其他运输方式而发生的行为称为换乘。因为这些乘客属于中转客流,需要经过换乘才能到达最终目的地。

(2)停车。对于来自不同方向、不同路线、不同的车辆,提供固定的停车位置和乘降位置,并以不同性质的车辆分区停放,配置合理的道路和场地。

(3)集散。对于到达或出发的乘客和车辆,实现聚集会合和疏散分流,提供客流和车流组织的相关措施,保证畅通、安全。

(4)引导。对城市外来客车引导、截流、集中管理,尽量不进市区;引导市内公交车辆与其接驳换乘,向多层次、一体化发展。对充分发挥各种运输方式的优点,改善客运结构导向功能。依托枢纽的作用,可以实现各运输方式在客运交通中的合理分工,有目的地引导个体交通向公共交通转移。

客运枢纽的客流和车流来自多方向、多路径、多种目的、多种运输方式,客流方面具有到发量大而集中、多向集散和换乘、各小时段客流不均衡性等特征。因此,要求做好客流的组织和衔接管理工作,将换乘客流和到发客流分开,将客流和车流分开,既能各行其道,又能相互贯通、相互转换,保证运输网络与相邻径路不间断地协调工作。

10.2.3.3 旅客综合枢纽协调

(1)旅客综合枢纽运输协调的条件。

旅客枢纽内各种设备的布局应服从运输网络的规划,充分保证各种运输方式之间的相互协调。旅客枢纽内各种设备的布局首先应在考虑与相邻枢纽合理分工的前提下进行,不使设备重复或因设备不足而影响运输通畅,并应保证客流在枢纽内的流线顺畅、换乘方便。旅客枢纽作为各种运输方式的主要衔接点,必须充分保证各种运输方式的相互协调。协调的条件主要包括:

①旅客多式联运的连续性;

②与旅客运输过程相衔接的各种设备能力的相互适应;

③各环节作业时间的相互协调。

(2)现代交通换乘衔接的实现。

现代交通换乘衔接系统的建设是实现各种交通方式的协调发展、形成一体化的综合交通体系的有效途径。交通换乘枢纽承载多种交通方式于一处,在换乘枢纽中不同交通方式不是简单地排列和叠加,换乘的本身要求在有限的场地内部解决各种交通工具的流线组织,以及与外部交通系统、周边道路系统的衔接问题,更要求改善整个地区的交通环境问题。因此,交通换乘衔接系统建设作为一个系统工程,它的顺利实现要求具备以下几个条件:

①对外交通与内部交通的整合。

对外交通与内部交通的整合是指从城市对外交通与城市内部交通的协调发展的角度，实现城市内外交通的有机结合，使各种对外交通方式在枢纽所依托的城市内有机衔接，保证最方便、快捷地换乘。内外交通的整合主要反映城市交通能够高效、快速地为城市对外交通枢纽（铁路站、航空港等）集结与疏散客流。比如法兰克福国际机场（图10-5）是德国最大航空站、铁路枢纽，法兰克福国际机场有两座航站楼，两座航站楼由走廊连接，也可以使用旅客运送工具和巴士。AirRail长途铁路车站，位于1号航站楼旁，机场有市郊列车（S-Bahn）及巴士前往法兰克福市区。法兰克福国际机场的空铁联运是目前世界上最成功的联运案例，高速铁路作为航空运输的"零点高度支线航空"，极大地拓展了机场的腹地范围，旅客在火车站、航站楼可以实现1次安检、异地通关。

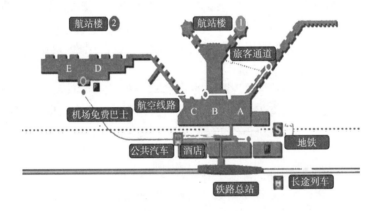

图10-5　法兰克福国际机场空间示意图

②交通设施的平衡展。

交通设施是城市交通的物质基础，交通设施的发展水平决定了城市交通的供需规模、运行模式与服务水平。所谓"设施平衡"，是指在保持城市不同层次的道路网快速平衡发展的同时，重视各种交通方式的换乘、停车与管理设施的建设。"设施平衡"具体包括以下几方面：首先满足各种功能等级的道路分层次地合理衔接，不断优化道路功能，最大程度地提高道路运行效率，保持公交网络、步行网络、自行车网络和机动车网络平衡发展；其次是城市动态交通设施与城市静态交通设施协调平衡，如道路的宽度和车辆数量要保持平衡；再次是通过管理设施将所有交通设施整合在一起，以达到发挥交通设施的综合效益。

③组织调度的相互协调。

交通的良好运行是城市发展的必要条件，其宗旨是为城市发展与市民生活创造优质、安全、高效、舒适的交通空间。由于交通空间包含多种客运交通方式，为维持系统的有序运行，实现不同客运方式的有效衔接，必须满足不同客运方式调度与组织相互协调。通过建立相互协调的运行调度组织系统，提高整个客运系统的机动性、安全性与生产效率，从而实现交通枢纽内客流的顺利集散与接驳。

④管理统一。

管理统一是指不同交通方式的管理部门要协同运作，共享信息资源，以便能够实现高效管理。在交通管理中，应充分发挥政府、市场、公众的各种作用与组合优势，对城市不同交通方式的规划、投资、建设、运行与管理进行综合协调,以达到充分发挥各种交通优势的目的。

总而言之,旅客综合枢纽的协调从时间角度,强调不同运输方式、交通工具到发时刻的衔接,以达到换乘时间最短;从空间角度,协调上表现为场站布局、流线组织的合理性,以达到换乘距离最短,减少人流、车流的交叉冲突,做到衔接、配置合理优化,实现人流、物流和交通流线组织的顺畅、有序(图10-6)。

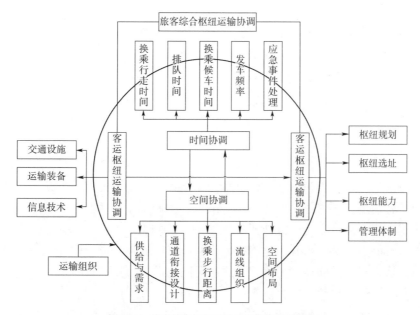

图10-6 旅客综合枢纽运输协调结构模型框架

(3)旅客综合枢纽实现协调的方法。

旅客综合枢纽实现协调的主要方法有以下几种:

①统一技术作业过程。

②制订开行计划。

③建立完善的运输服务网络。

④应用信息协调技术。

10.3 货物多式联运

10.3.1 货物多式联运概述

货物的全程运输,即从起运地到最终目的地的完整的运输过程在大多数情况下需要使用两种或两种以上的运输工具,通过分段接力形式来完成。在这种货物分段运输的组织形式下,运输组织工作中大部分工作都是由货方及其代理人来安排和完成的。货方为完成货物的全程运输,需要与各区段间的运输衔接协调,而各种方式的承运人仅负责组织、完成自己承担区段货物运输。

在选择全程运输的运输线路和选择各区段的运输方式过程中,不仅要考虑每一种运输方式的特点及技术经济特性,更应充分考虑各种运输方式之间优势互补和由不同运输方式组成的运输路线的整体功能,只有综合利用各种运输方式的技术经济优势,扬长避短,相互补充和协调组织,才能把不同运输方式的不同企业有机地结合成一个整体,以提供优质、方便、高效的运输服务和完成全程运输任务。

多式联运与传统单一运输方式相比,其优越性主要表现在:
(1)责任统一,手续简便。
(2)减少中间环节,缩短货运时间,降低货损货差,提高货运质量。
(3)降低运输成本,节省运杂费用,有利贸易开展。
(4)是实现"门到门"运输的有效途径。

多式联运优越性

10.3.2 组织方法及业务流程

10.3.2.1 多式联运组织方法

货物多式联运的全过程就其工作性质的不同,可分为实际运输过程和全程运输组织业务过程两部分。实际运输过程由参加多式联运的各种运输方式的实际承运人完成,其运输组织工作属于各运输方式内部的技术、业务组织。全程运输组织业务过程是由多式联运全程运输的组织者——多式联运企业或机构完成的,主要包括全程运输中所有商务性事务和衔接服务性工作的组织实施。其运输组织方法可以有很多种,但就其组织方式和体制来说,基本上可分为协作式多式联运和衔接式多式联运两大类。

(1)协作式多式联运。

协作式多式联运是指两种或两种以上运输方式的运输企业,按照统一的规章或商定的协议,共同将货物从接管货物的地点运到指定交付货物的地点的运输。

在协作式多式联运下,参与联运的承运人均可受理托运人的托运申请,接收货物,签署全程运输单据,并负责自己区段的运输生产;后续承运人除负责自己区段的运输生产外,还需要承担运输衔接工作;而最后承运人则需要承担货物交付以及受理收货人的货损货差的索赔。在这种体制下,参与联运的每个承运人均具有双重身份。对外而言,他们是共同承运人,其中一个承运人(或代表所有承运人的联运机构)与发货人订立的运输合同,对其他承运人均有约束力,即视为每个承运人均与货方存在运输合同关系;对内而言,每个承运人不但有义务完成自己区段的实际运输和有关的货运组织工作,还应根据规章或约定协议,承担风险,分配利益。这种联运组织下的货物运输过程如图 10-7 所示。

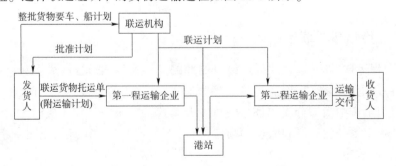

图 10-7 协作式多式联运过程示意图

根据开展联运依据的不同,协作式多式联运可进一步细分为法定(多式)联运和协议(多式)联运两种。

①**法定(多式)联运**是指不同运输方式运输企业之间根据国家交通运输主管部门颁布的规章开展的多式联运。目前铁路、水路运输企业之间根据《铁路和水路货物联运规则》开展的水陆联运即属此种联运。在这种联运形式下,有关运输票据、联运范围、联运受理的条件与程序、运输衔接、货物交付、货物索赔程序以及承运之间的费用清算等,均应符合国家颁布的有关规章的规定,并实行计划运输。这种联运形式无疑有利于保护货方的权利和保证联运生产的顺利进行,但缺点是灵活性较差,适用范围较窄,它不仅在联运方式上仅适用铁路与水路两种运输方式之间的联运,而且对联运路线、货物种类、数量及受理地、换装地也作出了限制。此外,由于货方托运前需要报批运输计划,给货方带来了一定的不便。法定(多式)联运通常适用于保证指令性计划物资、重点物资和国防、抢险、救灾等急需物资的调拨。

②**协议(多式)联运**是指运输企业之间根据商定的协议开展的多式联运。比如,不同运输方式的干线运输企业与支线运输或短途运输企业,根据所签署的联运协议开展的多式联运,即属此种联运。与法定(多式)联运不同,在这种联运形式下,联运采用的运输方式、运输票据、联运范围、联运受理的条件与程序、运输衔接、货物交付、货物索赔程序,以及承运人之间的利益分配与风险承担等,均按联运协议的规定办理。与法定(多式)联运相比,该联运形式的最大缺点是联运执行缺乏权威性,而且联运协议的条款也可能会损害货方或弱小承运人的利益。

(2)衔接式多式联运。

衔接式多式联运是指由一个多式联运企业(以下称多式联运经营人)综合组织两种或两种以上运输方式的运输企业,将货物从接管货物的地点运到指定交付货物的地点的运输。在实践中,多式联运经营人既可能由不拥有任何运输工具的国际货运代理、场站经营人、仓储经营人担任,也可能由从事某一区段的实际承运人担任。但无论如何,他都必须持有国家有关主管部门核准的许可证书,能独立承担责任。

在衔接式多式联运下,运输组织工作与实际运输生产实现了分离,多式联运经营人负责全程运输组织工作,各区段的实际承运人负责实际运输生产。在这种体制下,多式联运经营人也具有双重身份。对于货方而言,他是全程承运人,与货方订立全程运输合同,向货方收取全程运费及其他费用,并承担承运人的义务;对于各区段实际承运人而言,他是托运人,他与各区段实际承运人订立分运合同,向实际承运人支付运费及其他必要的费用。这种运输组织与运输生产相互分离的形式,符合分工专业化的原则,由多式联运经营人"一手托两家",不但方便了货主和实际承运人,也有利于运输的衔接工作,因此,它是联运的主要形式。在国内联运中,衔接式多式联运通常称为多式联运,多式联运经营人则称为联运公司。在《中华人民共和国合同法》颁布之前,我国仅对包括海上运输方式在内的国际多式联运经营人的权利与义务,在《中华人民共和国海商法》和《国际集装箱多式联运管理规则》中作了相应的规定,对于其他形式下国际多式联运经营人和国内多式联运经营人的法律地位与责任,并未作出明确的法律规定。《中华人民共和国合同法》颁布后,无论是国内多式联运还是国际多式联运,均应符合该多式联运合同中的规定,这无疑有利于我国多式联运业的发展壮大。随着市场经济的发展,目前主要采用的组织方法是衔接式多式联运。衔接式多式联运的全程运输组织业务是由多式联运经营人完成的,这种联运组织下的货物运输过程可用图10-8来说明。

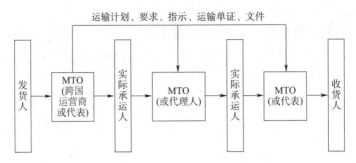

图10-8　衔接式多式联运过程示意图

10.3.2.2　多式联运业务流程

多式联运业务流程通常包括以下环节:

(1)多式联运路线及运输方式的确定,与分包方签订分包合同等;

(2)出运地作业,包括通知相应承运人及场站安排接货装货,托运人根据约定把货物交至指定地点等;

(3)转运地作业,包括通知转运地代理,与分包承运人联系,及时做好货物换装、转运等手续申办和业务安排等;

(4)目的地作业,包括通知货物抵达时间等;

(5)货物运输过程中的跟踪监管,定期向发货人或收货人发布货物位置等信息,及货运事故索赔与理赔业务等。

10.3.3　货运综合枢纽

10.3.3.1　货运综合枢纽概述

货运综合枢纽是综合运输体系的重要组成部分,也是综合运输网络的重要节点。货运综合枢纽作为联结运力和货源的纽带,是在运输线路交汇处或在运输网的节点上,为办理货物的到达、中转、发送所需的兼具各种运输方式设施的货流集散地,对周边地区有较强的吸引和辐射作用。

货运综合枢纽应与交通网络系统实现全面、协调、可持续发展,具体可概括为四个方面的含义:一是指综合货运枢纽规划与交通网络规划保持同步发展;二是整合与优化综合货运枢纽系统与交通网络系统的基础设施,通过综合货运枢纽内部场站设施的合理规划与建设,实现各种交通运输方式之间的有效衔接,从而达到交通系统整体效益最优化的目标;三是综合货运枢纽内部场站系统与交通网络系统的协调运行,通过建立现代化的集中调度指挥系统,实现货物在各种交通运输方式之间的无缝中转;四是通过交通体制、政策法规、运营管理等宏观措施的支持,依靠政府力量推动,保障综合货运枢纽系统与交通网络系统的整体高效运营,实现连续、顺畅、快速、安全的综合运输目标。

10.3.3.2　货运综合枢纽的基本功能

货运综合枢纽应具备以下几个功能:①运输生产组织功能;②中转换装功能;③装卸储存功能;④货运代理功能;⑤通信信息服务功能;⑥其他辅助能。

10.3.3.3 货运信息系统

货运信息系统是枢纽中信息系统的关键部分,因为相对于人流而言,货物的流动更依赖于信息的组织和管理。为此,货运信息系统需要涵盖货物流动的整个过程,包括货物的来货、加工、仓储、配载、发送以及运输的全过程,同时还包含有对运输车辆和货物交易资金结算的管理,因此,货运信息系统能够实现以下服务:

(1)广泛收集并处理来自枢纽管理服务中心及枢纽外部的信息(如货主需求、车主、车辆运用情况以及铁路货站、港口、其他枢纽货运系统和汽车货运站的货运动态),并通过对这些信息资源的有效利用和共享实现运输的组织。

(2)实现货运交易、仓储和配送、配载和运输组织管理与运行的计算机信息化,对进出站场的车流、货物实行有效的核准和管理。

(3)实行理货大厅、交易大厅、堆场、仓库、停车场等要害部位的中央监控,并在紧急情况下组织救援服务和处理。

(4)采集、加工、汇总、传递货运运营计划、统计、财务管理、安全稽查以及货源、运力、仓储、中转换装、停车、费用结算、运输合同、辅助服务等动态信息,保证企业的经营和核算,同时以此为货运站经营管理者提供货源、运力等分析预测及经营决策的数量依据。

因此,货运信息系统主要由货运交易的管理、货运仓储管理、货物配送管理、货物运输的组织和管理、货运车辆管理和货运信息查询、货运情况的统计和分析等功能子系统组成。

货运综合枢纽的基本功能

10.3.4 集装箱多式联运

10.3.4.1 集装箱多式联运基础

集装箱多式联运是一种特殊的多式联运形式,其运输单元为集装箱,通过两种或两种以上的运输方式完成整个货物运输过程,并且在运输方式转换的过程中,不对货物本身进行操作,仅对集装箱进行操作。

(1)集装箱分类。

集装箱种类很多,分类方法多种多样,有以下分类方法:

①按所装货物种类分,有杂货集装箱、散货集装箱、液体货集装箱、冷藏集装箱(图10-9)以及一些特种专用集装箱,如汽车集装箱、牧畜集装箱(图10-10)、兽皮集装箱等。

图10-9　冷藏集装箱

图10-10　牲畜集装箱

②按制造材料分,有木集装箱、钢集装箱、铝合金集装箱、玻璃钢集装箱、不锈钢集装箱等。

③按结构分,有折叠式集装箱(图10-11)、固定式集装箱、薄壳式集装箱,在固定式集装箱中还可分密闭集装箱、开顶集装箱(图10-12)、板架集装箱等。

图10-11　折叠式集装箱　　　　图10-12　开顶集装箱

(2)集装箱货物交接方式及货运过程。

根据集装箱货物装箱数量和方式可分为整箱货和拼箱货两种。

①整箱货(Full Container Load,FCL):由货方在工厂或仓库进行装箱,然后直接交集装箱堆场(Container Yard,CY)等待装运;货到目的地(港)后,收货人可直接从目的地集装箱堆场提走。

②拼箱货(Less Than Container Load,LCL):货量不足一整箱,须由承运人在集装箱货运站(Container Freight Station,CFS)负责将不同发货人的少量货物拼装在一个集装箱内,货到目的地(港)后,由承运人拆箱后分拨给各收货人。

集装箱运输中,整箱货和拼箱货在船货双方之间的交接方式有以下几种:①门到门(Door to Door);②门到场(Door to CY);③门到站(Door to CFS);④场到门(CY to Door);⑤场到场(CY to CY);⑥场到站(CY to CFS);⑦站到门(CFS to Door);⑧站到场(CFS to CY);⑨站到站(CFS to CFS)。集装箱整箱货物运输流程为:CY堆场→Door装箱→运输各个环节→Door拆箱→CY堆场。集装箱拼箱货物运输流程为:货主送货→CFS货运站→运输各个环节→CFS货运站→货主取货。

集装箱货运过程如图10-13所示。

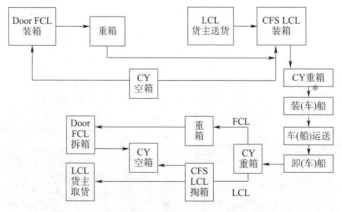

图10-13　集装箱货运过程

(3)国际集装箱多式联运业务流程及运输单证二维码。

国际集装箱多式联运过程复杂、环节多,涉及多个责任人,其业务程序主

国际集装箱多式联运业务流程

要涉及以下几个环节：①接受托运申请，订立多式联运合同；②集装箱的发放、提取及运送；③出口报关；④货物装箱及接收货物；⑤订舱及安排货物运送；⑥办理保险；⑦签发多式联运提单，组织完成货物的全程运输；⑧运输过程中的海关业务；⑨货物交付；⑩货运事故处理。

10.3.4.2　国际集装箱多式联运组织形式

（1）海陆联运。

（2）大陆桥联运。

（3）海空联运。

集装箱多式联运

《联合国国际多式联运公约》中对多式联运经营人的定义是这样的："多式联运经营人是指本人或通过其代表与发货人订立多式联运合同的任何人，他是事主，而不是发货人的代理人或代表或参加多式联运的承运人的代理人或代表，并且负有履行合同的责任。"这就是说，多式联运经营人是多式联运的当事人，是一个独立法律实体。对货主来说，他是货物的承运人；但对于实际承运人来说，他又是货物的托运人。他一方面同货主签订多式联运合同，另一方面又以托运人身份与实际承运人签订运输合同，所以他具有双重身份。但在多式联运方式下，根据合同规定，多式联运经营人始终是货物运输的总承运人，对货物负有全程运输的责任。

多式联运经营人按是否拥有运输工具，实际完成多式联运货物全程运输或部分运输活动的情况，可分为承运人型和无船承运人型两种类型。

（1）承运人型的多式联运经营人。承运人型的多式联运经营人拥有（或掌握）一种或一种以上的运输工具，直接承担并完成全程运输中一个或一个区段以上的货物运输。因此，他不仅是多式联运的契约承运人，对货物全程运输负责，同时也是实际承运人，对自己承担区段货物运输负责。这类经营人一般是由各种单一运输方式的承运人发展而来。

（2）无船承运人型的多式联运经营人。无船承运人型的多式联运经营人是指不拥有（或掌握）任何一种运输工具，在联运全程中各区段的运输都要通过与其他实际承运人订立分运合同来完成的经营人，因此，无船承运人只是组织完成合同规定货物的全程运输。这类经营人一般由传统意义上的运输代理人或无船承运人或其他行业企业或机构发展而来。尽管这类多式联运经营人没有自己的运输工具，但由于在长期工作中与各有关方已建立良好的业务关系，因此，在组织全程联运方面具有一定优势。

在两种或两种以上的运输方式中，每一种方式所在区段适用的法律对承运人责任的规定往往是不同的，当货物在运输过程中发生灭失或损坏时，由谁来负责，是采用相同标准还是区别对待，就必须看经营人所实行的责任制类型。多式联运经营人的责任制主要有分段责任制和全程责任制两种。

多式联运经营人责任制

10.4　集装箱多式联运方案设计

10.4.1　集装箱多式联运方案设计的概念与内容

10.4.1.1　集装箱多式联运方案设计的概念

集装箱多式联运方案设计，也称为集装箱多式联运解决方案设计，有广义与狭义两种解释。广义上，它是指集装箱多式联运经营人针对货主的运输需求，运用系统理论和运输管理的原理和方法，制定出满足客户需求的解决办法、措施的过程；狭义上，它是指根据客户需求，设计出最优的多式联运模式与路线。

10.4.1.2　集装箱多式联运方案设计的内容

集装箱多式联运活动主要是不同运输方式之间跨时间及空间的活动过程，活动的核心是利用现代化的运输设备与设施以满足货主的需求。因此，一个完整的集装箱多式联运解决方案是由流量设计、流程设计和流速设计三部分内容构成的。

(1) 流量设计。

流量设计是指衡量出货主对集装箱多式联运需求的满足状况，即多式联运市场需求分析。它是由货主的运输需求决定的，通常可细化为若干数量指标和质量指标。

(2) 流程设计。

流程设计是指根据流量的要求，设计一个适合的业务流程。因选择的集装箱多式联运模式与路线不同，其业务流程也会有所不同。因而，流程设计实际上包括集装箱多式联运模式与路线设计以及具体的运作流程设计。

(3) 流速设计。

流速设计是指按照流量和流程的要求，多式联运经营人科学地配置其企业内外资源，即集装箱多式联运资源配置，包括运输分包商的选择、运输工具的选择与优化配载、装卸搬运设备的选择与装卸工艺方案设计、集装箱的选择与优化配载等。

上述流量、流程和流速三部分内容分别构成了集装箱多式联运方案设计的三个侧面，形成了三位一体的关系。流量是集装箱多式联运生产的核心内涵，货主需求决定了多式联运生产的要求与目标；流程是反映流量的形式框架，集装箱多式联运模式与路线设计源于对货主需求的系统化分析，同时是多式联运生产活动的实现方法；流速是流程得以实现的实体基础，运输分包商选择等是集装箱多式联运生产活动的实现手段。

限于篇幅，以下仅介绍集装箱多式联运货主需求分析、集装箱多式联运模式与路线设计两方面的内容。

10.4.2　集装箱多式联运货主需求分析

集装箱多式联运方案设计的最终目的在于满足货主的需求，因此，货主需求分析成为集装箱多式联运方案设计时应考虑的首要内容。

10.4.2.1　货主需求分析的基本内容

基于不同的需要，货主需求分析的内容也有所不同。一般而言，货主需求分析主要包括需求量、需求目标、需求方式、需求手段、需求种类、需求层次、需求行为等内容。

10.4.2.2　货主需求的特征要素

设计集装箱多式联运方案时应考虑以下货主需求的特征要素：

(1) 货物特征要素。

货物特征要素主要包括货物的种类、单件体积与毛重、外包装规格与性能、可堆码高度、货物价值，是否是贵重、冷藏、危险品等特种商品。多式联运经营人据此确定装卸方式、运输条件、配载条件及保费、保价。

(2)运输与装卸搬运特征要素。

运输与装卸搬运特征要素主要包括每次发运货物数量(数量有无增减)、装运时间、发运频率、到达时间、可否拼装及分批装运与转运、装货与卸货地点的位置和个数、运输距离的长短等。多式联运经营人据此确定运输总量、运输路线、运输方式、运输时间和运输频率。

(3)仓储保管特征要素。

仓储保管特征要素主要是指货物的物理与化学性质对储运与保管的要求。

(4)其他特征要素。

其他特征要素主要是指货主对运输价格、运输方式、运输工具、运输线路、装卸搬运设备、运输时间、运输单证、运输安全等有无具体的要求。

显然,上述货主需求特征可进一步细化为若干数量指标和质量指标,并最终成为货主要求多式联运经营人保证完成的运输绩效指标。

10.4.2.3 货主需求的特点

集装箱多式联运的货主需求具有以下特点:

(1)无限扩展性,即随着技术设备及通信水平的不断提高,以及市场的变化,货主的需求也不断增多。

(2)理性需求,即货主需求并非随意的、情感性的、冲动性的,而是理性的。

(3)可诱导性,即货主需求有些是可诱导和调节的,具有较大的弹性。

(4)派生性,即货主需求往往是由各种复杂的需要派生出来的。

(5)多层次性,即尽管货主会有多种多样的需求,但不可能同时得到满足,总要按照其经济实力、支付能力和客观条件的可能,根据需要的轻重缓急、有序地逐步实现,这便使货主需求具有多层次性的特点。

(6)货主的分散性,即中小货主数量较多,分布面广,而大货主相对较少,大多数货主每次的托运量较少,且使用频率高。

10.4.3 集装箱多式联运模式与路线设计

10.4.3.1 集装箱多式联运模式与路线设计的含义

集装箱多式联运模式与路线设计,是指多式联运经营人根据货主的需求,在对已有的运输方式及其组织形式进行分析的基础上,在货主指定的始发、终到地点之间,设计出最佳的运输方式组合和运输路线的过程。

为此,作为多式联运经营人,首先,应对现有的运输方式与运输组织形式进行分析;其次,应列出各运输区段可选择的运输方式;最后,应与运输路线设计相结合,统一进行方案比选,以选择确定最优方案。

10.4.3.2 集装箱多式联运模式与路线设计的步骤

(1)确定目标准则。

一般情况下,影响多式联运模式与路线设计的因素主要包括运输成本、运输时间、运输可靠性、运输能力、运输方便性和运输安全性。

在实践中,多式联运经营人首先根据货主需求分析,明确货主对上述影响

影响多式联运模式与路线设计的因素

因素的主要要求,然后,考虑其自身的能力以及市场的竞争程度,基于运输成本与服务水平之间的权衡,确定集装箱多式联运模式与路线选择的目标。一般情况下,集装箱多式联运模式与路线选择的目标是多元的,目前,常见的目标准则包括总运输收益最高或总运输成本最低、总运输时间最短、总运输路程最短、总服务水平最高等。选择时,可根据各目标的重要性,通过权衡来确定各自的权重。

(2)掌握需考虑的约束条件。

目标的实现过程受很多约束条件的限制,因而,必须在满足约束条件的前提下达到总成本最低或总时间最短等目标。在集装箱多式联运下,常见的约束条件有以下几项:

①满足所有货主对集装箱货物品种、规格、数量的要求;
②满足所有货主对集装箱货物发到时间范围的要求;
③在允许通行的时间内进行运输;
④各运输区段的集装箱运量不得超过运输工具的容量和载重量的限制;
⑤在现有运力允许的范围内进行运输。

此外,集装箱多式联运模式与路线选择还要考虑其他约束因素,比如服务时间的限制、是否禁止分批装运、约定的集装箱交接方式、某类运输工具可行的运输路线、途经转运节点应装载或交付的运量、基于安全考虑的驾乘人员的工作与休息时间、有无空箱等。

(3)选择合适的转运地点。

在实践中,除了货主特殊要求,通常需要多式联运经营人自主确定转运地点。在选择转运地点时,主要考虑转运地点的地理位置条件、接入的运输方式、换装作业方式、装卸能力以及进行转运集装箱货物各种相关服务的综合功能等。

(4)列出可供选择的运输模式与路线。

以前述分析为基础,列出所有可供选择的运输模式与路线。需要注意的是,除非货主已明确约定采用多式联运模式,否则,既要列出所有可能的多式联运模式与路线,也要列出所有可能的海、陆、空单一运输方式路线,以及同一种运输方式之间的联运路线,比如国际铁路联运,以便在多式联运、单一运输方式、联运中选择最优的运输模式与路线。

10.4.3.3 集装箱多式联运模式与路线设计的方法与实例

集装箱多式联运模式与路线设计可按照确定的目标准则,根据各种运输方式、组织形式及线路结构的特点,采用定性的方法进行感性的、经验性的选择。但要进行理性的、科学的选择,还需要在定性分析的基础上采取数量化方法。以下仅介绍一种简单的方法——综合评价选择法,以供参考。

运输系统的一般目标是实现货物快速、安全和低成本的运输。然而,运输的速度性、准确性、安全性和经济性之间是相互制约的。若重视运输速度、准确、安全,运输成本就会增大;反之,若运输成本降低,则运输的其他目标就可能难以全面实现。因此,在运输模式和路线选择时,应综合考虑运输的各种目标要求,采取诸如因素分析法、权重因素法以及层次分析法等进行综合评价选择。

假设有一个20ft的集装箱从中国的成都运送到美国的芝加哥,下面采用综合评价选择法确定最终的多式联运模式与路线。

(1)确定可供选择的运输路线集j,如图10-14所示。

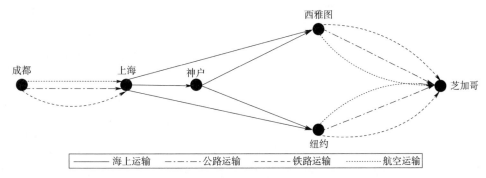

图 10-14 成都至芝加哥的可选择的运输路线

（2）确定运输模式与路线选择的评价因素集 F_i，本例确定运输费用、运输时间和运输质量作为国际集装箱多式联运模式与路线选择中最关键的三个影响因素。

（3）根据各评价因素对运输模式与路线选择所起的作用，对评价因素赋予不同的权数 ω_i。

可根据层次分析法等确定在运输不同价值的货物时这三个影响因素所占的权重分别为：

① 运输低价货物时，运输时间、运输费用和运输质量的权重分别为 0.258，0.636，0.106；

② 运输高价值货物时，运输时间、运输费用和运输质量的权重分别为 0.612，0.083，0.305。

量化每种备选运输路线下各评价因素值 F_{ij}。由于运输费用、运输时间和运输质量的单位不同，因此，需要通过适当变换为无量纲的标准化指标。在本例中，运输费用和运输时间均为反映运输成本的指标，货主或托运人希望成本越低越好运输质量则是越高越好，因此，可采用以下方法将运输费用、运输时间的原始指标标准化。

运输费用、运输时间指标标准化公式为：

$$R_{ij} = \frac{\max(X_i - X_{ij})}{\max X_i - \min X_i} \tag{10-1}$$

式中：R_{ij}——第 j 条路线第 i 个影响因素标准化后的指标值；

X_{ij}——第 j 条路线第 i 个影响因素标准化前的指标值；

$\min X_i$——标准化前各条路线第 i 个影响因素中的最小值；

$\max X_i$——标准化前各条路线第 i 个影响因素中的最大值。

表 10-2 和表 10-3 是根据上述公式将原始指标进行标准化后得到的对应数值。

成都至上海不同运输线路明细表 表 10-2

运输路线	原始值			标准化后		
	运费(元)	时间(h)	运输质量	运费(元)	时间(h)	运输质量
成都—（铁路）—上海	225	3	0.75	1.0	0.33	0.75
成都—（公路）—上海	400	4	0.85	0.8	0	0.85
成都—（航空）—上海	985	1	0.95	0	1.0	0.95

注：运费单位为美元/箱；时间单位为天。

成都至芝加哥不同运输线路明细表　　　　　　　　　　　表 10-3

运输路线	原始值			标准化后		
	运费（元）	时间（h）	运输质量	运费（元）	时间（h）	运输质量
上海—西雅图—(铁路)—芝加哥	3100	20	0.75	0.69	0.81	0.7
上海—西雅图—(公路)—芝加哥	3250	18.5	0.8	0.59	0.89	0.8
上海—西雅图—(航空)—芝加哥	4000	16.5	1	0.13	0.13	1
上海—神户—西雅图(铁路)—芝加哥	2600	24	0.7	1	1	0.7
上海—神户—西雅图(公路)—芝加哥	2750	22.5	0.75	0.91	0.91	0.75
上海—神户—西雅图(航空)—芝加哥	3500	20.5	0.9	0.44	0.44	0.9
上海—纽约—(铁路)—芝加哥	3650	30	0.78	0.34	0.34	0.78
上海—纽约—(公路)—芝加哥	3750	31	0.85	0.28	0.28	0.85
上海—纽约—(航空)—芝加哥	4200	28.5	1	0	0	1
上海—神户—纽约(铁路)—芝加哥	3250	34	0.75	0.59	0.59	0.75
上海—神户—纽约(公路)—芝加哥	3350	35	0.8	0.53	0.53	0.8
上海—神户—纽约(航空)—芝加哥	3800	32.5	0.95	0.25	0.25	0.95

注：运费单位为美元/箱；时间单位为天。

（4）确定每种运输路线的综合评价值，并以其最大者为选择对象。综合评价值按以下公式确定：

$$V_j = \sum_{i=1}^{n} \omega_i F_{ij}, j = 1, 2, 3, \cdots, m \tag{10-2}$$

根据上述公式的计算结果可知：

当运输低价货物时，可以计算得到成都—（铁路）—上海—神户—西雅图—（铁路）—芝加哥这条路线的综合指标值为 1.66，高于其他路线。所以，这是运输低价货物时优先选择的路线。

当运输高价货物时，计算得到成都—（航空）—上海—西雅图—（航空）—芝加哥这条路线的综合指标值为 1.83，高于其他路线。所以，这是运输高价货物时优先选择的路线。

思考与练习

1. 影响多式联运方案决策的因素有哪些？
2. 旅客综合枢纽实现联运协调的方法有哪些？
3. 货物多式联运组织方法有哪些？有何优缺点？
4. 集装箱货物交接方式有哪些？
5. 试找出一种运营中的集装箱多式联运组织形式，并对其运营时间、成本等进行分析，对其优缺点进行评述。

参 考 文 献

[1] 王健,杨磊.智慧客车的理论与实践[J].汽车观察,2011(4):14.
[2] 李维斌.公路运输组织学[M].北京:人民交通出版社,1998.
[3] 孟祥茹.运输组织学[M].北京:北京大学出版社,2014.
[4] 骆勇,宇仁德.道路运输组织学[M].北京:人民交通出版社,2005.
[5] 户佐安,薛峰.交通运输组织学[M].成都:西南交通大学出版社,2014.
[6] 戴彤焱,孙学琴,姜华.运输组织学[M].北京:机械工业出版社,2006.
[7] 李维斌.公路运输组织学[M].北京:人民交通出版社,1998.
[8] 董千里.交通运输组织学[M].北京:人民交通出版社,2008.
[9] 陈坚,李武,吴丹,等.基于 MAST 的智慧公交系统调度优化模型[J].重庆交通大学学报(自然科学版),2016,35(5):140-145.
[10] 肖华刚.基于客流数据挖掘的公交时刻表的研究[D].北京:北京交通大学,2010.
[11] 除梁.突发客流条件下的公共交通人员排班问题研究[D].北京:北京交通大学,2011.
[12] 韩满江.基于 GPS/GIS 的出租汽车调度系统[D].大连:大连理工大学,2006.
[13] 李彬.定制公交与定制公交客车的研究[D].西安:长安大学,2013.
[14] 周骞.运输组织学[M].北京:人民交通出版社股份有限公司,2015.
[15] 金晓红,顾正红,付丽红.道路运输组织学[M].徐州:中国矿业大学出版社,2015.
[16] 魏娟.道路货物运输组织[M].北京:经济管理出版社,2012.
[17] 李维斌,邵振一.公路运输组织学[M].北京:人民交通出版社,2003.
[18] 王业军,关善勇.运输组织管理[M].北京:科学出版社,2009.
[19] 马晓燕.公路零担货运发展方式分析[D].西安:长安大学,2011.
[20] 许智子.公路零担物流企业末端配送路径优化研究[D].成都:成都理工大学,2015.
[21] 吴彪,藏洁,庞然.基于现代物流理论的公路快速货运组织[J].科技与经济,2008(1):72-74.
[22] 曲衍国.汽车甩挂运输的货源条件及组织模式[J].物流技术:装备版,2012,(5):21-36.
[23] 彭勇.变需求车辆路线问题建模及基于 Inver-over 操作的 PSO-DP 算法[J].系统工程理论与实践,2008,(28):76-81.
[24] 陈坚.城市轨道交通概论[M].长沙:中南大学出版社,2014.
[25] 蔡涵哲.城市轨道交通运输组织节能因素及方案研究[J].现代城市轨道交通,2013,(6):68-71.
[26] 毕湘利.从网络化运营角度看当前城市轨道交通应关注的问题[J].地下工程与隧道,2010,(4):8-11.
[27] 朱金福.航空运输规划[M].西安:西北业大学出版社,2009.
[28] 鲍香台,何杰主.运输组织学[M].南京:东南大学出版社,2009.
[29] 王效俐.运输组织学[M].上海:立信会计出版社,2006.

[30] 中国民用航空局.2015年民航行业发展统计公报[R].北京:中国民用航空局,2016.
[31] 谢新连.船舶运输管理与经营[M].大连:大连海事大学出版社,2009.
[32] 方芳.船舶营运管理学[M].北京:人民交通出版社,2007.
[33] 王义源,等.远洋运输业务[M].北京:人民交通出版社,2002.
[34] 吴长仲.航运管理[M].大连:大连海事大学出版社,1992.
[35] 赵刚.国际航运管理[M].大连:大连海事大学出版社,2006.
[36] 毛侠.远洋船队经营管理[M].北京:中国城市经济社会出版社,1990.
[37] 彭勇,殷树才.时变单车路径优化模型及动态规划算法[J].运筹与管理,2014,(2):158-162.
[38] 张军伟.多式联运中全程集装箱运输网络路径合理化研究[D].北京:北京交通大学,2011.
[39] 刘舰.联合运输虚拟企业服务链协调运作的研究[D].兰州:兰州交通大学,2013.
[40] 漆凯.城市客运枢纽站旅客流线优化研究[D].北京:北京交通大学,2013.
[41] 韩增霞.集装箱多式联运路径及运输方式选择研究[D].大连:大连海事大学,2011.
[42] 杨年.国内空铁联合运输网络规划方法研究[D].南京:南京航空航天大学,2012.
[43] 郭嘉.客运专线与城市交通换乘客流预测及衔接方案研究[D].北京:北京交通大学,2008.
[44] 吴思.客运专线综合枢纽换乘条件研究[D].北京:北京交通大学,2009.
[45] 姚凤金.旅客综合枢纽运输协调理论研究[D].北京:北京交通大学,2007.
[46] 黄璇.铁路与航空旅客联合运输可行性研究[D].上海:同济大学,2008.
[47] 孙家庆,张赫,孙倩雯.集装箱多式联运[M].北京:中国人民大学出版社,2013.
[48] 杨友会.基于多式联运的货运枢纽选址研究[D].西安:长安大学,2011.
[49] 苏明.基于运输合理化理论的多式联运方案决策研究[D].长沙:中南大学,2011.
[50] 段满珍.国际集装箱运输与多式联运[M].北京:清华大学出版社,2011.
[51] 马宇鹏.多种运输方式衔接运营管理与组织技术研究[D].西安:长安大学,2012.
[52] 彭勇,刘星,罗嘉,等.考虑班期限制的货物多式联运路径优化研究[J].中国科技论文,2017,(12):787-792.
[53] 交通运输部职业资格中心.道路运输安全[M].北京:北京交通大学出版社,2022.
[54] 北京公共交通控股(集团)有限公司.道路客运调度员技能等级培训教材[M].北京:人民交通出版社股份有限公司,2020.
[55] 刘迪.集装箱运输理论与实务[M].长沙:中南大学出版社,2014.
[56] 吴文静.公路运输组织学[M].2版.北京:人民交通出版社股份有限公司,2021.
[57] 李琼,汪勇杰.道路运输组织学[M].北京:人民交通出版社股份有限公司,2020.